【基金项目】

2011年度教育部人文社会科学研究规划基金项目资助

项目批准号：11YJA710058

课题《科学实践观视域中思想政治教育价值论》

项目负责人　武步成

科学实践观视域中思想政治教育价值论

武步成 王海建 著

山西出版传媒集团
山西人民出版社

图书在版编目(CIP)数据

科学实践观视域中思想政治教育价值论 / 武步成,王海建著. —太原：山西人民出版社，2015.5
ISBN 978-7-203-09068-7

Ⅰ. ①科… Ⅱ. ①武… ②王… Ⅲ. ①思想政治教育—研究—中国 Ⅳ. ①D64

中国版本图书馆 CIP 数据核字（2015）第 117416 号

科学实践观视域中思想政治教育价值论

著　　者：	武步成　王海建
责任编辑：	高美然
装帧设计：	刘彦杰
出 版 者：	山西出版传媒集团·山西人民出版社
地　　址：	太原市建设南路 21 号
邮　　编：	030012
电　　话：	0351-4922220　4955996　4956039　4922127（传真）
天猫官网：	http://sxrmcbs.tmall.com　电话：0351-4922159
E-mail：	sxskcb@163.com　发行部
	sxskcb@126.com　总编室
网　　址：	www.sxskcb.com
经 销 者：	山西出版传媒集团·山西人民出版社
承 印 者：	山西天辰图文有限公司
开　　本：	880mm×1230mm　1/32
印　　张：	12.375
字　　数：	300 千字
印　　数：	1—1000 册
版　　次：	2015 年 5 月　第 1 版
印　　次：	2015 年 5 月　第 1 次印刷
书　　号：	ISBN　978-7-203-09068-7
定　　价：	36.00 元

如有印装质量问题请与本社联系调换

序

一部研究"思想政治教育价值论"的著作即将出版。这部书是武步成教授主持的教育部人文社会科学研究规划基金项目"科学实践观视域中思想政治教育价值论"课题研究成果。作者来自思想政治教育第一线的思想政治教育教师,他们以马克思主义实践观为指导,遵循实践—理论—实践的认识路线科学地总结了日常思想政治教育经验,开展实证调查,组织专题研究,共同切磋,把实践经验上升为理论,又运用于各自的日常思想政治教育,在实践中接受检验、修改、充实,书稿历时五年有余,数易其稿,今日终于与读者见面。文本背后渗透着作者的艰辛劳动,是共同努力的智慧结晶。这一书的公开出版,使我和读者一起能有机会共享书中精神文化成果。

书稿以"思想政治教育价值论"为主题,串联起整本书的结构和脉络,在对历史和现实的关注中显示了科学实践观宽阔的视域和架构价值理论的支点。当下社会价值观念正在发生激烈的震荡,社会转型、价值多元冲击了人们固有的价值观,如何认识正在发生变化的教育对象和教育环境,变革教育观念,创新教育方法,提高思想政治教育实效性；如何根据社会主流思想舆论，引导教育对象树立社会主义核心价值观，将核心价值观内化于心，外化于行，已经成为现时思想政治教育一项十分重要而紧迫的任务，也是当今思想政治教育价值研究必须正面回答的现实问题。

毫无疑问，《科学实践观视域中思想政治教育价值论》是一部以实效性为导向，直面思想政治教育现实的价值理论著作。书中各章所论述的内容都是在历史和现实的交织中展开的，紧扣立德树人的价值导向，遵循马克思主义实践观，全面系统地论述了思想政治教育价值的内涵、实质和生成根源，深刻揭示了思想政治教育价值内核的社会价值和个人价值融合的辩证统一关系；展望预测了思想政治教育价值实现的路径与未来走向。这些论述既视野开阔，又紧密厚重，内在逻辑结构严密，论证是广泛而深入的，不是浅显而表象的，具有一定理论思考的深度和实践操作的广度。著作成果反映了作者所思、所想的价值所求，显示了作者对价值探究的勇气和境界，这也正是思想政治教育价值理论之所以能够获得不断发展的张力所在。理论是行动的指南，"思想政治教育价值论"研究的理论成果，不仅能够充实思想政治教育基础理论，推动思想政治教育学科建设，而且能够增强思想政治教育实效性，促进日常思想政治教育科学化。

思想政治教育是一种特殊的育人实践活动。旨在引导人们形成社会发展要求的思想道德素质，促进人的全面发展和社会的全面进步，以此体现思想政治教育价值的实现。由此可见，思想政治教育实践是思想政治教育价值实现的前提、基础和源泉，离开了思想政治教育实践，思想政治教育价值非但无法实现，也难以评价其育人效果。而思想政治教育价值则是思想政治教育实践经验总结和理论概括，是关于思想政治教育价值的知识体系，为思想政治教育实践提供价值理论依据，离开了思想政治教育价值理论的指导，思想政治教育实践就会出现主观性、随意性和盲目性，就无法取得育人效果。因此，思想政治教育价值是通过思想政治教育实践实现的。为此，《科学实践观视域中思想政治教育价值论》一书，把研究的出发点放在特定的科学实践观视域中进行考察，去探寻思想政治教育价值生成的原因和规律，揭示思想政治教育价值生成的基本矛盾、要素构成和主要形态，始终凸显思想政治教育实践对思想政治教育价值的生成作用。因此，这一著作的理论成果从本源上说是思想政治教育实践的产物，其来自思想政治教育实践，又用于思想政治教育实践，并在思想政治教育实践中得到检验、充实和完善，从而促进思想政治教育价值理论的创新和发展。

思想政治教育活动是思想政治教育实践的主要表现形式，是在思想政治教育过程中完成的。思想政治教育过程是教育主体、教育客体、教育介体、教育环体等多种要素组成统一体，其中教育主体与教育客体是基本要素，在思想政治教育过程中，只有教育主体施加的教育影响与教育客体接受的教育影响保持一致，思想政治教育价值实现才有保证。而事实上，教育主体的教育理念、教育内容、教育方式方法的变革跟不上变化了的教育对象和教育环境的需要，往往会直接影响到思想政治教育价值的实现。因此，思想政治教育过程不单纯是教育主体对教育客体单向传播思想政治教育信息过程，而是教育主体与教育客体双向互动的过程，也就是社会思想政治道德要求个体化与个体思想政治品德社会化结合的过程，在这一过程中实现思想政治教育社会价值和个体价值的和谐统一，形成思想政治教育的整合育人效应。

思想政治教育的社会价值和个体价值的同生互融，同构共进是在思想政治教育实践中完成的，贯穿于思想政治教育价值实现全过程，在不同发展阶段呈现即时性、继生性、终身性三个层面的不同的育人效应，这三个层面的育人效应显示不同的形态，是相互联系的，不存在层次高低的区别。从思想政治教育价值即时效应层面来说，见诸于日常思想政治教育价值实现过程中即时产生的育人效应，这种即时效应是显性的，能直接观察和测定的思想观念变化和行为习惯的改变，能够具有振奋精神状态和改变思想面貌的育人功能。思想政治教育价值继生效应层面，是指与人的思想面貌和精神状态相关的学习、工作、生活、人际关系、社会公益等活动中继生的成就、荣誉、责任、人的良好品质，一般是由即时效应经过量的积累发展而成，具有稳定性、持续性。思想政治教育价值终身效应层面，是指与人的成长成才成功相联系的世界观、人生观、价值观，这是做人做事的根本，是使人终身受益的，可持续发展的健全人格。三个层面的育人效应服从服务于人的思想道德素质发展，进而促进人的全面发展和社会全面进步，从而整体体现思想政治教育价值的育人效应。

《科学实践观视域中思想政治教育价值论》一书，对思想政治教育价值实现的路径和发展趋势进行了科学论证和预测，从方法论视角提出大数据时代的思想政治教育价值传播的话语权、数据分析的舆情引导、情商培育和自我认同的养成等方法，以及融入各种载体的策略，无疑为思想政治教育价值实现提供了可行路径，对实现思想政治教育价值方式、方法创新具有现实意义。

《科学实践观视域中思想政治教育价值论》一书的作者武步成教授是长期从事思想政治教育学科建设的高校教师。早在20世纪90年代初，来我校进修硕士研究生课程时相识，至今已有20余年之久。当时他作为原雁北师范学院骨干教师受组织委派推荐前来我校学习。记得在研究生课程班组织"马列原著"课堂讨论时，他都能认真阅读"马列原著"，做好读书笔记，积极发言，很有自己的思想和见解。回校后仍从事思想政治教育教学科研工作，因与我的教学科研是同一方向，虽然上海与大同两地相隔较远，但相互联系交往较多，我曾四次前往大同大学讲学、编书，参加学术讨论，他都陪同在旁；他也曾多次前来上海共同探讨思想政治教育学科建设问题。随着相识越久、相交越多，相知也就越深。他对思想政治教育学科建设的执着追求，对教学科研的坚持不懈，对课题研究的深入钻研，对中青年教师的爱护、关心和指导，体现了可贵的敬业精神和良好的师德师风，给我留下了深刻的印象。

思想政治教育学是一门年轻的学科，思想政治教育价值作为思想政治教育学的组成部分，其研究还刚刚起步，还有待深入探讨和发展。如今，这一分荣耀和责任同时落在年轻一代思想政治教育教师的肩上，我们满怀信心，深切期待思想政治教育价值理论不断有新的发展。

邱伟光
（写于上海华东师范大学）
2015 年 1 月

目 录

第一章 导论 …………………………………………………… 1
　第一节 问题的提出与选题的意义 …………………………… 1
　　一、问题的提出 …………………………………………… 1
　　二、选题的意义 …………………………………………… 4
　第二节 "科学实践观"和"思想政治教育价值"研究的现状视域
　　　　 ……………………………………………………… 11
　　一、"科学实践观"研究现状及其评析 ………………… 11
　　二、思想政治教育价值研究现状及其述评 ……………… 30
　第三节 科学实践观视域中思想政治教育价值研究的
　　　　 基本思路和框架结构……………………………… 58
　　一、科学实践观视域中思想政治教育价值研究的基本思路 … 58
　　二、科学实践观视域中思想政治教育价值研究的框架结构 … 61

第二章 科学实践观和思想政治教育价值研究的理论渊源……… 65
　第一节 科学实践观的理论来源…………………………… 65
　　一、马克思主义实践观 …………………………………… 65
　　二、中国共产党的科学实践观 …………………………… 71
　　三、科学实践观指导下的思想政治教育价值观 ………… 77

第二节　科学实践观在思想政治教育价值中的地位…………82
　一、科学实践观是认识思想政治教育价值的基础…………82
　二、科学实践观是生成思想政治教育价值的源泉…………83
　三、科学实践观是评价思想政治教育价值的标准…………85
　四、科学实践观是思想政治教育价值实现途径的选择依据…87
第三节　科学实践观在思想政治教育价值实现中的作用……90
　一、科学实践观对思想政治教育价值实现的引领作用……90
　二、科学实践观对思想政治教育价值实现的促进作用……92

第三章　科学实践观视域中思想政治教育价值之诠释………96
第一节　科学实践观视域中思想政治教育价值的内涵与本质……………………………………………………………96
　一、科学实践观视域中思想政治教育价值的内涵…………96
　二、科学实践观视域中思想政治教育价值的本质………101
第二节　科学实践观视域中思想政治教育价值的特征………106
　一、个体性与群体性的辩证统一……………………………107
　二、主体性与客观性的辩证统一……………………………111
　三、社会性与实践性的辩证统一……………………………115
　四、现实性与超越性的辩证统一……………………………119
第三节　科学实践观视域中思想政治教育价值的体现………123
　一、科学实践观视域中思想政治教育价值的即时性………123
　二、科学实践观视域中思想政治教育价值的继生性………127
　三、科学实践观视域中思想政治教育价值的终身性………130

第四章　科学实践观视域中思想政治教育价值的生成根源……134
第一节　科学实践观视域中思想政治教育价值生成的基本矛盾………………………………………………………………134

一、个人需求与社会需求之间的差距是科学实践观视域中
思想政治教育价值生成的内在根据 ……………………… 135
二、个人需要与社会需要贯穿于科学实践观视域中
思想政治教育价值实现过程的始终 …………………… 138
三、个人需要与社会需要规定和制约着科学实践观视域中
思想政治教育价值实现过程的其他矛盾 ……………… 143

第二节 科学实践观视域中思想政治教育价值生成的内在要求
……………………………………………………………………… 147
一、价值主体的需要是思想政治教育价值生成的初因……… 148
二、价值主体的利益是思想政治教育价值生成的动因……… 152

第三节 科学实践观视域中思想政治教育价值生成的外在要求
……………………………………………………………………… 155
一、科学理论是科学实践观视域中思想政治教育价值
生成的理论根源 …………………………………………… 155
二、科学实践是科学实践观视域中思想政治教育价值
生成的现实根源 …………………………………………… 157

第五章 科学实践观视域中思想政治教育价值的要素构成 …… 163

第一节 科学实践观视域中思想政治教育价值实现的主体 … 164
一、科学实践观视域中思想政治教育价值实现的主体结构
……………………………………………………………… 164
二、科学实践观视域中思想政治教育价值实现的主体素质
……………………………………………………………… 169
三、科学实践观视域中思想政治教育价值实现的主体职能
……………………………………………………………… 173

第二节 科学实践观视域中思想政治教育价值实现的客体 … 179
　一、科学实践观视域中思想政治教育价值实现的客体特征
　　……………………………………………………………… 179
　二、科学实践观视域中思想政治教育价值实现的客体结构
　　……………………………………………………………… 182
第三节 科学实践观视域中思想政治教育价值实现的介体 … 187
　一、科学实践观视域中思想政治教育价值实现的目的 …… 187
　二、科学实践观视域中思想政治教育价值实现的内容 …… 191
　三、科学实践观视域中思想政治教育价值实现的方法 …… 194
第四节 科学实践观视域中思想政治教育价值实现的环体 … 201
　一、科学实践观视域中思想政治教育价值实现的宏观环境
　　……………………………………………………………… 201
　二、科学实践观视域中思想政治教育价值实现的微观环境
　　……………………………………………………………… 205
　三、科学实践观视域中思想政治教育价值实现环境的优化
　　……………………………………………………………… 208

第六章　科学实践观视域中思想政治教育价值形态 …………… 212
　第一节 科学实践观视域中思想政治教育价值形态 ………… 212
　　一、价值形态与科学实践观视域中思想政治教育价值形态
　　　…………………………………………………………… 212
　　二、科学实践观视域中思想政治教育价值的一般形态 …… 222
　第二节 科学实践观视域中思想政治教育价值的主要形态 … 238
　　一、科学实践观视域中思想政治教育的个体价值 ………… 239
　　二、科学实践观视域中思想政治教育的社会价值 ………… 249

第三节 科学实践观视域中思想政治教育价值形态的特征 … 264
　一、科学实践观视域中思想政治教育价值形态的历史性…… 264
　二、科学实践观视域中思想政治教育价值形态的实践性…… 267
　三、科学实践观视域中思想政治教育价值形态的社会性…… 270
　四、科学实践观视域中思想政治教育价值形态的时代性…… 274

第七章　科学实践观视域中思想政治教育价值形态的同构 …… 278
　第一节　科学实践观视域中思想政治教育社会价值和个体价值的统一性 ……………………………………………… 280
　　一、本质的一致性…………………………………………… 281
　　二、作用的相互性…………………………………………… 285
　　三、条件的客观性…………………………………………… 288
　　四、过程的共生性…………………………………………… 292
　第二节　科学实践观视域中思想政治教育社会价值和个体价值的矛盾性 ……………………………………………… 295
　　一、整体性与局部性之间的矛盾…………………………… 295
　　二、持久性与暂时性之间的矛盾…………………………… 298
　　三、发展性与适应性之间的矛盾…………………………… 301
　第三节　科学实践观视域中思想政治教育社会价值和个体价值矛盾性的转化 ……………………………………… 304
　　一、提高科学实践观视域中思想政治教育社会价值的兼容性
　　　…………………………………………………………… 304
　　二、增强科学实践观视域中思想政治教育社会价值的认同度
　　　…………………………………………………………… 308

三、扩展科学实践观视域中思想政治教育个体价值的选择性 311

第八章 科学实践观视域中思想政治教育价值实现的路径 314

第一节 科学实践观视域中思想政治教育价值实现的价值传播路径 314

　一、价值传播路径的内涵 316

　二、传统媒体传播路径 319

　三、新媒体传播路径 322

　四、其他传播路径 328

第二节 科学实践观视域中思想政治教育价值实现的教育引导路径 331

　一、教育引导路径的内涵 331

　二、课堂教育路径 333

　三、日常教育路径 335

第三节 科学实践观视域中思想政治教育价值实现的实践养成路径 336

　一、实践养成路径的内涵 337

　二、生活实践养成路径 340

　三、工作实践养成路径 343

第四节 科学实践观视域中思想政治教育价值实现的数据分析路径 346

　一、数据分析路径的内涵 346

　二、网络数据分析路径 348

　三、日常数据分析路径 351

第九章 科学实践观视域中思想政治教育价值实现的发展趋势 ………………………………………………………………… 353
　第一节　注重主导性 ………………………………………… 353
　第二节　注重养成性 ………………………………………… 357
　第三节　注重情感性 ………………………………………… 360
　第四节　注重话语性 ………………………………………… 363
　第五节　注重融入性 ………………………………………… 367

结束语 …………………………………………………………… 371
参考文献 ………………………………………………………… 373
后　记 …………………………………………………………… 379

第一章 导 论

在思想政治教育基础理论研究体系中，有关思想政治教育价值的理论探讨是思想政治教育基础理论研究中的核心问题，它关系到思想政治教育的地位、意义和发展的方向问题。为什么思想政治教育的存在是必须的呢？为什么思想政治教育要趋合社会进步和人的全面发展的要求？这既是思想政治教育亟须回答的现实问题，也是深刻的理论问题。我们把马克思主义科学实践观引入思想政治教育价值的研究领域，是为了拓展思想政治教育价值的研究视野，创新思想政治教育价值研究的思维方式。

第一节 问题的提出与选题的意义

一、问题的提出

思想政治教育实效性问题面临困境和尴尬，对思想政治教育合法性的质疑不绝于耳。时至今日，形式多样、内容丰富的思想政治教育虽然在全国教育中占据了至关重要的地位，承担着十分重要的历史使命，但是思想政治教育实践的效果却不能令人满意。思想政治教育的实效性问题，是摆在所有思想政治教育工作者面前的一个难题。思想政治教育的合法性为何会不断的遭到质疑？实践的效果又为何不理想？要解决这些具有重大现实意义的问题，就需要从全面反思思想政治教育的价值开始。

马克思指出，人的思维是否具有客观的真理性，这不是一个理论的问题，而是一个实践的问题，人应该在实践中证明自己思维的真理性，即自己思维的现实性和力量，亦即自己思维的此岸性。"哲学家只是用不同的方式解释世界，问题在于改变世界。"① 马克思认为，实践是衡量思维的现实尺度，是人们认识世界的最终目的。现代思想政治教育实践的效果并不理想，这是一个较为普遍的现象。那么，产生这一现象的原因是什么？是不是正如有人所说的是思想政治教育本身不具有合法性，没有意义呢？对这一问题的回答无疑将关系到思想政治教育的生死存亡。在理论上，这一现象引发了人们对思想政治教育存在意义的反思，即对思想政治教育价值的思考。那么思想政治教育究竟有没有价值？究竟应该如何正确理解思想政治教育的价值？它的价值又体现在何处呢？这些都是思想政治教育价值论必须解答的根本性问题。目前，思想政治教育学理论界对思想政治教育价值论研究已经取得了阶段性成果。一方面，这些成果的取得与多年来献身于思想政治教育学理论研究的知识分子的辛勤耕耘密切相关，是令人振奋的。然而，另一方面，在思想政治教育价值论这片有待进一步开发的土地上，这些已有的研究成果也并不完全尽如人意。因为这些成果虽然能够为确证思想政治教育价值存在提供依据，却没有对其价值存在做出进一步详细的论证，无法产生强大的说服力。因此，完善思想政治教育价值论势在

---

① 中共中央著作编译局.马克思恩格斯选集.第1卷[M].北京:人民出版社,1995.

必行。

综观近年来的研究成果，不难发现：虽然人们对思想政治教育价值概念的界定，以及对价值内涵、本质、形态、特征、规律的阐述基本上是清晰的，但是问题也仍然存在，主要表现在：首先，思想政治教育价值论本身的特色还不够鲜明，思想政治教育价值论借鉴了价值哲学研究的许多成果，这一点是显而易见的，然而，目前人们从哲学的角度对价值的理论分析和解释还不能准确地将思想政治教育价值及其特点凸显出来。比如，在谈及思想政治教育价值实现的本质的时候，学术界使用了哲学上的"客体主体化"这个术语，提出思想政治教育价值实现的本质就是自身主体化的过程。如果这就是思想政治教育价值实现的本质，那么立刻就会产生两个问题：①如何用"客体主体化"这一术语来准确地描述思想政治教育本身的特征？从逻辑上讲，很多其他类型的实践活动的价值无疑也是主体与客体相互作用的产物，其价值实现的本质与思想政治教育同样可以被视为是客体的主体化过程；②如果将思想政治教育价值实现的本质抽象为客体主体化的过程，那么如何将这一本质与具体的社会历史语境结合起来？主体和客体范畴不过是在逻辑上对实践关系的高度抽象，在具体的社会历史语境中，人们很难据此把握思想政治教育价值实现的过程。对于无法把握的事物，人们自然也就无法真正信服。总之，如果我们只是简单地使用"客体主体化"这样的术语来描述思想政治教育价值实现问题的本质，那么从学术研究的角度来看就显得不够具体、不够严谨。由此，思想政治教育价值论对哲学理论的借鉴就成了简单的套用，而不是理论的提炼。其次，当前的思想政治教育价值论研究在整体上虽然已经摆脱了经验主义和片面的工具主义倾向，然而却又停留在了思辨与逻辑的抽象分析之中，没有实现从经验到理论，再由理论到现实的彻底转化。这种倾向不仅仅表现在围绕着思想政治教育价值论研究而产生的大量文章中，同样也渗透在一些相对权威的理论著作之中。翻阅思想政治教育价值论的相关文献资料，不难发现，诸如主体、客体、关系、本质、条件、途径、规律之类的思辨性的抽象概念比比皆是，而价值论的主客体关系思维、传统的马克思主义研究范式以及源于过去政治话语体系的思维方式至今仍然在学术领域中处于支配地位，这些因素在一定程度上制约了理论向现实的再转化，使得思想政治教育价值论研究不能真正深入实际，难以形成开放的发展格局。从整个研究现状来看，正是由于这样的缘故使得思想政治教育价值论的进展速度在近年来逐渐趋于缓慢。

既然思想政治教育价值论的发展存在问题，那么，对这些问题通过什么样的途径加以解决呢？如果直接从整个理论体系入手无疑是十分困难的，因为思想政治教育价值论涉及思想政治教育这一社会现象的方方面面，泛泛而论，根本无法抓住问题的实质。因此，为了能够有效地解决问题，首先需要选择一个突破口，以便能够迅速地找到问题的症结所在。把马克思主义科学实践观引入思想政治教育价值论研究领域，以科学实践观为视域审视和剖析思想政治教育的价值，其要旨在于应对思想政治教育现有的困境。

二、选题的意义

思想政治教育价值论在整个现代思想政治教育学科体系中，处于关键性的前沿地位。因此，研究思想政治教育价值论具有重要的理论意义和实践意义。

第一，有利于从哲学的视野对思想政治教育的存在根基进行更加深入的理性反思。

把科学实践观引入思想政治教育价值论研究领域，以科学实践观为视域审视和梳理思想政治教育的价值，这不仅是应对现有思想政治教育困境之必须，而且是回应社会对思想政治教育活动的质疑，为新时期开展思想政治教育提供正确的理论指导。我国的思想政治教育工作由于长期受到传统思维定式的影响，存在着理论与实践相脱节的问题，这在一定程度上影响了思想政治教育在人们心目中的形象，也影响了思想政治教育实效性的发挥。在学界和民间，有人始终对思想政治教育的存在持怀疑态度，对其存在的合理性提出了责难。针对来自于社会上的种种质疑，思想政治教育价值论研究显得尤其重要。科学实践观视域中的思想政治教育，跳出了思想政治教育本身，从马克思主义科学实践观的高度，对现代社会发展过程中的思想政治教育理论与实践问题进行了深入的哲学剖析，是现代思想政治教育理论的一次升华，极大地丰富了思想政治教育价值的内涵。

思想政治教育的地位和作用，是思想政治教育实践活动中的一个带有指导思想性质的根本问题。从新中国成立到现在，对思想政治教育的地位和作用的认识有过"中心论""万能论""无地位论"和"无用论"等观点，这些片面的异化的思想政治教育价值观，究其原因是对思想政治教育价值属性没有把握好。我们的这一课题，从人和社会需要的初始角度出发，来探寻思想政治教育价值生成的根源，进而来说明思想政治教育是满足人的发展和社会的进步需要的一种合目的性存在，其地位和作用是客观的，不是人们的主观愿望所能决定的。无限抬高和有意贬低都是不对的。我们既不能走上"万能论"的神坛，也不能走下"无用论"的泥潭。我们更需要从哲学层面对其地位和作用做一透视，做出更加科学的、合理的和具有说服力的分析和解答。也就是说，对思想政治教育意义的研究要求我们从马克思主义科学实践观的高度，对现代社会发展过程中的思想政治教育理论与实践问题进行了深入的哲学剖析。这样有利于我们从根本上排除"万能论"与"无用论"的思想干扰；有利于我们从深层次上科学解答思想政治教育价值问题。由此，科学实践观视域中的思想政治教育价值论便应用而生。

第二，正确认识思想政治教育价值问题是推动思想政治教育科学化的要求。

伴随着30年来的改革开放，国际、国内形势发生重大而深刻的变化。我国正值改革发展的关键时期，各种思想文化相互激荡，人们思想活动的独立性、选择性、多变性、差异性显著增强，价值取向日益多样化。先进文化、有益文化与落后文化、腐朽文化同时并存，正确思想和错误思想、主流意识形态和非主流意识形态相互交织。这给思想政治教育带来教育环境、教育对象、教育方法、教育目标等诸多层面和要素的变化。作为社会大系统之一的思想政治教育，要求我们顺应历史潮流，理解、认识、适应整个社会大系统的变化，并服务于社会发展提出的新的战略目标，努力解决新时期出现的各种思想问题。"世界正在发生深刻的变化，中国正在完善和发展社会主义制度的自我变革。党的思想政治工作面临的形势复杂了，任务更繁重了，工作更艰巨了。党的思想政治工作绝不是可有可无、无所作为,而是必不可少、大有作为。面对新形势、新情况,思想政治工作在继承和发扬优良传统的基础上,必须在内容、形式、方法、手段、机制等方面努力进行创新和改进,特别要在增强时代感和加强针对性、实效性、主动性上下功夫,这要成为今后加强和改进思想政治工作的重点。"① 2015年1月19日,中共中央办公厅、国务院办公厅印发《关于进一步加强和改进新形势下高校宣传思想工作的意见》中指出"坚定理想信念,深入开展中国特色社会主义和中国梦宣传教育,加强高校思想理论建设,加强具有中国特色、时代特征的高校哲学社会科学学术理论体系和学术话语体系建设,进一步增强理论认同、政治认同、情感认同,不断激发广大师生投身改革开放事业的巨大热情,凝心聚力共筑中国梦。巩固共同思想道德基础,大力加强社会主义核心价值观教育,把培育和弘扬社会主义核心价值观作为凝魂聚气、强基固本的基础工程,弘扬中国精神,弘扬中华传统美德,加强道德教育和实践,提升师生思想道德素质,使社会主义核心价值观内化于心,外化于行,成为全体师生的价值追求和自觉行动。"因此,思想政治教育的科学化,是时代提出的要求,是思想政治教育自我完善、自我发展的课题。思想政治教育科学化的程度,一方面有赖于对传统思想政治教育价值的梳理和传承,另一方面则要根据现实的需要定位思想政治教育新的价值使命。② 为此,我们研究、探索和确立了一种能体认社会发展规律、反映社会需要和人的需要张力关系的思想政治教育科学化范式,即科学实践观视域中的思想政治教育。这一课题从马克思

---

① 江泽民.在中央思想政治工作会议上的讲话[N].人民日报,2000-06-29(1).
② 郑杰.思想政治教育实现机理研究[D].河海大学学报,2005.

主义科学实践观的高度，研究、探讨思想政治教育价值，既可以为真正实现思想政治教育科学化范式提供指导，又可以为充实、丰富思想政治教育学科的理论体系提供新的内容。

第三，充分认识思想政治教育的价值是时代提出的客观要求。

马克思主义哲学认为，人的社会存在决定人的社会意识，而在社会存在系统中，经济基础又是起根本制约作用的。因此，讨论新时期思想政治教育的价值，我们必须从这个前提出发。只有充分地了解制约思想政治教育变化的客观条件，才能准确地认识和诠释新时期思想政治教育的价值。在以开放社会和社会主义市场经济为主要特征的时代背景下，经济成为我国社会和人们生活的主导因素，经济的地位、经济的价值在社会生活中空前凸显。经济的价值凸显之后，在传统社会中占据重要位置的思想政治教育的价值又是什么，会以何种形态显现？如何看待现代社会思想政治教育的价值，新中国成立以来的经验告诉我们：用政治冲击一切、代替一切受到惩罚并付出了惨重的代价。现实社会中出现的所谓"信仰危机""道德失范"则是另一种形式的代价。所以，人类社会在曲折的发展过程中，总会去寻找一种合理的张力来保持社会的政治、经济、文化的协调发展，现代社会在这个问题上只会显得更加敏锐和自觉。习近平总书记在中央政治局第十二次集体学习时强调指出："我们必须毫不放松理想信念教育、思想道德建设、意识形态工作，大力培育和弘扬社会主义核心价值观，用富有时代气息的中国精神凝聚中国力量。"因此，思想政治教育面对现代社会，特别是思想观念和意识形态领域的问题，有赖于我们对思想政治教育的角色和作用认同，有赖于社会新价值体系的确立。所以富有时代精神的社会共同理想和核心价值体系为主要任务的思想政治教育,使其变得愈益倚重。

党的十八大报告为新时期的思想政治教育提出了许多新的要求,使思想政治教育的社会目标更加全面,个人目标更加理性。思想政治教育目标的社会指向就是指思想政治教育在促进社会发展和进步方面的目标。党的十八大把我国的社会发展目标规定为"五位一体",这无疑为使思想政治教育的社会目标指向更加全面,从而为思想政治教育增加了新的内容,为思想政治教育富有了新的价值,为思想政治教育的实效性提供了新的衡量依据。思想政治教育应该依此为依据,致力于为建设"经济持续健康发展""人民民主不断扩大""文化软实力显著增强""人民生活水平全面提高""资源节约型、环境友好型"社会的全面的社会目标指向服务。思想政治教育目标的个人指向主要表现为及时解决人们的心理问题,提高人们的思想道德素质、树立人们高尚的理性信念和人生追求,最终实现人的全面发展。党的十八大报告在"注重人文关怀和心理疏导"的基础上又提出了"培育自尊自信、理性平和、积极向上的社会心态"的目标。这一目标是在正确判断我国国情的前提下,在对我国思想政治教育现状做出了客观总结之后,提出的理性目标。党的十八大报告指出,经过长期的精神文明建设,"社会主义核心价值体系深入人心,公民文明素质和社会文明程度明显提高"。但同时,"一些领域道德失范、诚信缺失"的问题依然严重,"少数党员干部理想信念动摇、宗旨意识淡薄,形式主义、官僚主义问题突出,奢侈浪费现象严重"。这些问题的存在导致人们对经济发展和社会建设存在疑虑,对政府官员和党的认同度不高,对社会发展的前景存在怀疑。今后很长一段时间，思想政治教育要针对这一系列的问题开展工作，对社会发展中存在的暂时不合理、不公平问题能够及时做出回应，引导人民"理性平和"的对待社会发展过程中存在的各种问题，既要清楚认识社会问题的存在，同时又要以开放的、历史的角度看待和处理这些问题。

党的十八大报告对新时期的思想政治教育的内容创新也是多方面的。思想政治教育内容是思想政治教育目标和任务的具体化。在我国，思想政治教育是由世界观、政治观、人生观、法制观和道德观组成的一个相互联系、相互作用的系统。马克思主义认为，世界是不断变化发展的。思想政治教育内容也应随着历史的发展和时代任务的变化不断做出调整和创新，党的十八大报告提出的加强信念教育、开展民族团结教育、社会主义核心价值观教育、重视生态道德教育就是为思想政治教育提供了新的内容。

总之，中国特色的社会主义建设是一项前无古人的开创性事业。在整个中国特色社会主义建设的进程中，党的理论、路线、方针、政策和奋斗目标，需要更深入更广泛地宣传，以为群众所理解和掌握；党和政府所采取的一系列推动改革和建设的新举措，需要向群众做解释；人民群众创造的新经验，需要总结和推广；各条战线涌现出来的先进人物和事迹，需要讴歌和传播；群众日益增长的精神文化需求，需要努力满足；实践中提出的许多课题，需要认真研究和探讨；在改革过程中由于利益关系的调整而出现的思想认识问题和人民内部矛盾问题，需要疏导和解决；社会生活中存在的消极因素和倾向，需要加以克服；这些任务的完成都离不开思想政治教育。可以说，越是深化社会主义改革和加强现代化建设，越需要切实做好思想政治教育工作,因为它是一项战略工程、固本工程、铸魂工程。肩负着为实现中华民族伟大复兴的中国梦提供人才保障和智力支持的重要任务。也正因为如此,思想政治教育的意义或价值才能更加凸显。

第二节 "科学实践观"和"思想政治教育价值"研究的现状视域

一、"科学实践观"研究现状及其评析

纵观国内学术界的研究成果,基本达成共识,认为马克思主义的实践观就是科学实践观。我国理论界对马克思主义关于实践问题的大讨论,开始于20世纪70年代末期的真理标准大讨论。在讨论中,各学者深入考察了实践在马克思主义哲学中的地位,并指出了原有体系在马克思主义哲学根本特征表述上的缺陷,进而提出了以"实践唯物主义"来表述对马克思主义哲学根本特征的看法。这样就涉及对实践概念理解的问题,涉及实践在马克思主义哲学中的真正地位问题。下面就学术界对实践的概念,实践的地位和"实践唯物主义"做简单地介绍。

(一)实践的概念

对于实践概念本身的理解,学界的观点大体有以下几种:①哲学原理教科书中,认为实践是认识的基础、动力、源泉,又是检验真理的唯一标准。实践观点是"认识论"的"首要的"观点。②"实践是主体通过中介(手段、方法和思想等)探索和改造客体以实现主体目的的对象性物质活动。"①"马克思的实践范畴是广义的，实践就是人的各种生活活动的最一般的抽象，是指主体人使用一定的'劳动资料'，把一定的'原材料'加工为一定产品的劳动过程。"②③"实践既是人们能动地改造客观世界的感性物质活动，又是人作为历史活动主体的形成和发展。二者是辩证的统一。"③"马克思主义的实践概念，从本源的意义上来说，指人们的物质生产活动，这构成人类社会起源、存在、发展的基础。从现实的意义上来说，科学的马克思主义的实践观，指物质劳动和社会实践，即马克思所说的'客观的''对象性的'活动。"④"实践的基本内容和基本形式，就是制造和使用生产工具的劳动生产实践活动，即对自然和社会的理论关系和实践关系。"⑤"实践从狭义说，它是人改造现实世界的有意识的活动；从广义说，它是人的一切有意识的实际活动。实践是一种关系，它的关系者一头总是人，另一头可以是自然界，可以是社会，可以是他人，可以是自己，可以是物体，可以是关系，可以是运动，可以是精神。"⑥"马克思所理解的实践，并不是我们一般所说的'人类有目的的改造世界的物质活动'，而是改造世界与发展人的主体性相一致的自主活动，是以人的内在尺度来把握物的尺度、以人类的发展来规范物质转换活动运行方式和方向

---

① 兰明.对马克思主义实践观的再理解[J].马克思主义研究,2008,2:16.
② 黄树光.论马克思的实践范畴[J].理论月刊,2008,8:20.
③ 陈筠泉.实践概念和哲学基本问题[J].高校理论战线,2010,3:33.
④ 陈诚."实践存在论"的理论实质及其思想渊源——对朱立元先生反批评的初步回答[J].文艺理论与批评,2010,2:17.
⑤ 朱传棨.马克思主义实践观与唯物史观的统一[J].武汉大学学报(社会科学版),1986,5:27.
⑥ 黄楠森.论实践论在马克思主义哲学中的地位[J].教学与研究,1996,1:41.

的过程。"① ④ "实践是人的生存性活动,也是人特有的存在方式和区别于物的存在本性。按照马克思的分析和解释,实践是人依一定目的、运用工具变革对象和创造价值的活动。在实践中,人以物的方式去活动,换来的则是物以人的方式的存在。"② "实践其实是指人的生活。"③ "马克思哲学的基本概念实践其实可以理解为人类生活或人类活动的同义语。"④ "实践概念本质上是'本体论解释框架内的实践概念'。它是一个涵盖人类全部社会生活的统一的概念。"⑤ "实践作为人的生存基础和生命活动的体现,既带有意识、目的和价值追求,体现了主体性的特征,又通过对外部世界的对象化,承载着人的生存和发展,对人来说也是客观的物质性的东西。"⑥ "在马克思的理论探索中,实践既指称人的存在方式,也指称具有本体地位的社会存在或者说日常生活世界,还指称马克思的方法论,即实践分析方法和历史分析方法。"⑦ ⑤ "实践活动具有两重性质,体现着人与自然、主体与客体、主观性与客观性双向本原作用,是人与自然、主体与客体、主观性与客观性相互规定、相互作用、相互转化的活动。它既是分化世界的活动,又是在更高基础上统一世界的活动。它是人类面对的一切现实矛盾的总根源,又是解决这一切

---

① 陈志良.实践范畴再认识[J].哲学动态,1988,12:40.
② 高清海.传统哲学到现代哲学[M].长春:吉林人民出版社,1997.
③ 李文阁.实践其实是指人的现实生活——实践唯物主义研究之反思[J].哲学动态,2000,11:10.
④ 陈晏清.马克思主义哲学高级教程[M].上海:南开大学出版社,2001.
⑤ 俞吾金.如何理解马克思的实践概念——兼答杨学功先生[J].哲学研究,2002,11:17.
⑥ 张奎良.辩证法的实践内涵[J].哲学研究,2008,5:41.
⑦ 邓晓臻,温立武.马克思实践概念的文本探究[J].北方论丛,2008,3:117.

矛盾的力量和方法的源泉。"① "实践是主体能动性和客体规律性辩证统一、社会历史性和直接现实性辩证统一、科学理性和群众创造性辩证统一的活动。"② "实践不是主观性的、个人的内心活动,而是一种对象性的活动,客观的活动。实践活动总是受客观实在及其规律的制约,它必须建立在客观规律的基础之上才能成功,实践主体一定要使自己的主观符合客观,行动服从规律,自由服从必然,即一切服从于物质运动的必然法则。人类要改造世界,首先要认识和服从客观规律,然后才能使规律'服从'人。"③ "实践是主体和客体之间能动而现实的双向对象化过程。人的实践活动并不单纯是主体和客体之间的物质变换过程,它同时也包含着主体和客体之间的能量和信息变换过程。"④

（二）实践的地位

实践在马克思主义哲学中的真正地位问题,学界主要从以下四个方面展开论述。

1. 实践本体论

代表观点有：杨耕,"实践构成了人类世界得以产生、存在和发展的源泉、根据和基础。正是在这一意义上,实践是人类世界的真正的本体。"⑤ "实践本身乃是自因自律、自本自根的,即无须借

---

① 高清海.走哲学创新之路（续）——关于哲学教科书体系改革的心路历程[J].开放时代,1996,4:12.
② 王思浚.马克思主义实践观和脑力劳动[J].内蒙古社会科学,1990,2:8.
③ 李为善.分清辩证唯物主义、历史唯物主义同唯心主义形而上学的界限[J].马克思主义研究,1997,5:42.
④ 欧阳康,张明仓.在观念激荡与现实变革之间：马克思实践观的当代阐释[M].北京：中国人民大学出版社,2008.
⑤ 杨耕.物质、实践、世界.关于马克思主义哲学三个基本范畴的再思考[J].北京社会科学,2000,3:27.

助他物来规定和说明自身,而是在自身内并唯一地通过自身而被确定的东西。只有实践,才能在本体意义上消解心物的二元对立模式,作为人的存在和活动的此在性之呈现与表征的基本方式,实践既非心,亦非物,也不是二者的统一规定。"① "实践区别于其他全部经验事实的独特性在于它同时还能够而且必须在另一种截然不同的意义上被领会,即它是向未来敞开着的可能性(正因如此,它才是真正的时间性之源)。"② "实践具有本体性的意义,实践不是世界的本体。"③ "实践具有本原意义,但它又必须以'外部自然界的优先地位'为前提。实践是必须同物质相结合、物化在自然物质之上才能成为世界本原的。"④

2. 实践生存论

代表观点有:俞吾金指出:"马克思实践哲学的本质是生存论的本体论,马克思的实践概念本质上是'本体论解释框架内的实践概念'。"⑤ 何中华指出:"实践是人类特有的存在方式,实践同人的存在的等价性,主要表现在三个方面:第一,实践是人的本质力量的直观和确证;第二,实践以其双重品格表征着人的存在的特质;第三,'劳动创造人'的命题意味着实践对于人的存在所具有的逻辑先在意义。"⑥

---

① 何中华.物质本体论的困境与实践本体论的选择[J].南京社会科学,1994,11:33.
② 何中华.马克思实践本体论:一个再辩护[J].学习与探索,2007,2:28.
③ 田心铭.实践在世界中的位置[J].教学与研究,2010,1:36.
④ 徐崇温.关于马克思的新唯物主义——纪念马克思写作《关于费尔巴哈的提纲》150周年[J].南京社会科学,1996,1:6.
⑤ 俞吾金.如何理解马克思的实践概念——兼答杨学功先生[J].哲学研究,2002,11:17.
⑥ 何中华.实践、辩证法与马克思主义哲学新诠[J].学术月刊,1996,1:34.

3. 实践生成论

代表观点有：韩庆祥指出："马克思的哲学本质上是感性实践生成本体论。关系、过程和人的生成性的存在（生存结构、生存方式、生存处境及其改变），是人的生活世界首先面对的核心问题。这些核心问题，实质上就是人的生活世界中的本体论问题。"① "要进一步反映和体现马克思主义哲学的本质特征，就必然在坚持物质本体论的前提下，强调生成本体论，即主张人和历史是在不断创造的历史过程中成为自己和确立自己。"②

4. 实践思维方式

高清海指出："对于'实践'观点，不能只看作仅仅用来回答认识基础、来源和真理标准等问题的一个原理，而应看作马克思主义哲学用以理解和说明全部世界观问题的一种崭新的思维方式。"③王庆丰指出："马克思的实践观点是一种思维方式，是马克思主义哲学的解释原则和看待一切问题的思维逻辑。同时，马克思的实践观点是对传统主体概念的否定与解构，超越了传统哲学主体与客体的二元对立，实现了主客同一。实践观点的思维方式是马克思的哲学革命的实质，以实践这一本体的中介为基础，超越了传统唯物论与唯心论两极对立的思维模式。实践观点的思维方式理解的实践既不是一种'实体'范畴，也不是客体意义上的'关系'范畴，而是一种哲学意义上的解释原则。这种解释原则，就是从'现实的个

---

① 韩庆祥.实践生成本体论：马克思本体论思想解析[J].江海学刊，2002，6：22.
② 韩庆祥.我们说了哪些新话——谈当代中国马克思主义哲学十大创新[N].北京日报，2004-07-05(2).
③ 高清海.论哲学观念的转变——哲学探进断想之一[J].哲学研究，1987，10：19.

人'即'从实践活动的人'出发,去理解和解释全部哲学问题。"①

(三) 实践唯物主义

1. 研究概况

关于实践唯物主义的讨论正式开始于1988年,在20世纪90年代达到高潮。这个问题成为讨论的热点和焦点,与此前进行的两场讨论有关。一是1978年进行的关于实践是检验真理标准的讨论,提高了对实践的认识,引起学者们对实践的含义、属性、要素、结构、功能、类型的全面研究,其成果之一是拓宽了实践的领域,使实践的范围不只是在认识论范围里,而且也扩展到历史观和本体论的范围。二是1985年开始的关于如何改革旧的哲学体系的讨论。有的学者认为,马克思主义哲学是实践唯物主义,现行的旧哲学体系是走了样的马克思主义哲学,应该按照实践唯物主义的原则改造现行的体系。在这场讨论中,学者们对实践唯物主义是马克思主义哲学这一论断没有分歧,但对如何理解实践唯物主义及其与辩证唯物主义和历史唯物主义的关系等等问题,引起了较激烈的争论。总体来说,关于实践唯物主义的讨论主要涉及这样一些问题:第一,关于实践唯物主义概念的基本内涵。对实践唯物主义概念的理解,是研究实践唯物主义一系列问题的基本前提。在这一问题上,主要有两种观点:一是有的学者认为,马克思本人并没有提出"实践唯物主义"这一概念,因此,他们仅从马克思主义哲学的功能方面来理解实践唯物主义的理论内涵。另外一种观点认为实践唯物主义的命题,其侧重是在"实践"方面,不能把它简单地理解为"行动的唯物主义",应从马克思主义哲学理论本身所引起的伟大变革方面去

---

① 王庆丰.论实践观点的思维方式[J].广西社会科学,2005,6:39~41.

考虑。第二，对实践唯物主义与本体论的关系的理解。主要有四种意见：一是认为实践唯物主义并没有否认物质本体论，从根本上说，它就是物质本体论；二是认为实践唯物主义就是实践本体论；三是认为实践唯物主义是物质——实践本体论；四是认为实践唯物主义是超越本体论。第三，关于实践唯物主义与辩证唯物主义的关系。主要有三种观点：一是认为应当用实践唯物主义取代辩证唯物主义；二是反对用实践唯物主义取代辩证唯物主义；三是主张实践唯物主义与辩证唯物主义具有一致性。第四，实践唯物主义研究的理论贡献。学者们对这一问题也从不同方面进行了评价。

2. 论点摘要

（1）关于实践唯物主义概念的基本内涵

对实践唯物主义概念的理解，是研究实践唯物主义一系列问题的基本前提。关于实践唯物主义概念内涵的理解，可以概括为以下几种观点：

有的学者认为，马克思本人并没有提出"实践唯物主义"这一概念，它是从《马克思恩格斯全集》第3卷第48页中的一段话引申出来的，即"实际上对实践的唯物主义者，即共产主义者说来，全部问题在于使现存世界革命化，实际地反对和改变事物的现状。"这句话不过是说作为共产主义者的唯物主义者是革命的实践的。如果从"实践的唯物主义者"中可以逻辑地引申出"实践唯物主义"的话，那么实践唯物主义不过标明了马克思主义哲学的重要功能，即改造世界。实践唯物主义也是以马克思和恩格斯为代表的实践唯物主义者即共产主义者这一"实践的党派"的主张，它是马克思在批判旧哲学又主要针对费尔巴哈的直观唯物主义提出来的，其本意是指革命的实践活动。仅从马克思主义哲学的功能方面来理解实践唯物主义的理论内涵。

有的学者认为实践唯物主义的命题，其侧重是在"实践"方面，不能把它简单地理解为"行动的唯物主义"，应从马克思主义哲学理论本身所引起的伟大变革方面去考虑。马克思提出这一命题是为了把自己的哲学同旧唯物主义区别开来，而不是一般地号召人们去实行唯物主义原则。其基本观点是：第一，实践唯物主义这个提法就理论本身来说合乎逻辑地包含着两层肯定性的含义：在要不要坚持唯物主义基本路线的问题上，它的回答是肯定的，也就是说，它首先是一种唯物主义，而不是一种唯心主义，在"要什么样的唯物主义"这个更具体、更现实的问题上，它的回答是要实践的唯物主义，而不是停留在一般唯物主义的水平上。第二，实践唯物主义主要包含两个方面的内容：一方面要从主体出发，把现实、事物理解为人的活动多；另一方面又要从客体出发，承认"自然界的优先地位"，亦即承认外部自然界始终是人类劳动实践的物质前提。第三，实践唯物主义毋庸置疑地包含着唯物主义，但又不能归结为它的实践理论，它是一种新型的唯物主义，其新颖之处在于实现了从客观性原则向主体性原则的转换，即从主客体相互生成、相互规定以及主体把握客体的两个尺度中去理解现实、感性、事物。

有的学者认为实践唯物主义首先把实践作为理解世界的基础，从"基础""统一者"的意义上把实践看作本原，超越了旧唯物主义物质本体论；其次实践唯物主义具有革命的批判性，也就是说，它不限于对事实的描述，同时也包含着对现实的改造。这两个方面构成了实践唯物主义的完整内容，缺一不可。因此，从理论本身来看，只有实践唯物主义才能够在实践基础上把唯物论和辩证法、唯物辩证的自然观和历史观以及认识论、逻辑学统一起来，建立起理论形态的辩证唯物主义和历史唯物主义，从哲学的功能来看，也只有实践唯物主义才是人们认识世界、改造世界的强大武器，旧唯物主义的根本失误在于"不了解'革命的''实践批判的'活动的意义"，从理论本身及哲学功能的内在统一方面理解实践唯物主义。

还有一些学者从哲学基本问题的现代形式方面赋予实践唯物主义以新的阐释，认为实践唯物主义超越了唯物主义和唯心主义，是一种新形态的唯物主义，但是，这一"超越"并没有超越哲学的基本问题，也没有否定唯物主义本身。实践唯物主义的创立是对哲学基本问题现代理解的结果，即实践唯物主义是从间接的形式、从主体的、活动的、功能的形式来理解哲学基本问题而产生的现代形态的唯物主义的推广和运用，历史唯物主义是对辩证唯物主义和实践唯物主义的运用、实现、验证和具体化。

（2）关于实践唯物主义和本体论的关系

对实践唯物主义与本体论的关系的理解，大致有以下四种意见：

实践唯物主义并没有否认物质本体论，从根本上说，它就是物质本体论。实践的观点在马克思主义哲学中占有十分重要的地位。但是，我们决不能用实践取代物质，决不能认为马克思主义哲学是实践本体论，而不是物质本体论。原因有三：一是实践乃是人的一种活动，是人们改造世界的创造性活动，而不是一种可指性对象，不是一种实体；二是实践不可能成为世界的本原，实践不可能先于人而存在，自然界对于人类的实践活动始终处于优先地位，无论是在实践之前还是在实践之后，其优先地位是不会也不可能改变的；

三是在社会历史领域，社会本体是社会存在，而不是社会实践，社会存在的要素有三项：主体、客体和实践。社会存在不是指生产劳动本身，而是指人们在生产劳动过程中所结成的物质关系即生产关系，它是人类社会生活中所特有的一种物质存在形态，社会本体的客观性也就在于此。因此，马克思主义哲学是物质本体论，或物质一元论。其内容包括辩证唯物主义和历史唯物主义。马克思主义哲学是彻底完备的唯物主义，物质本体论是其哲学的出发点和根本点，也是历史唯物主义的依据。没有物质本体论，就不可能揭示社会存在的本质，也不能正确说明社会和人的存在。

实践唯物主义就是实践本体论的。实践唯物主义否定了旧唯物主义抽象的物质本体论，否定了那种以"实体"为核心的静态的、一经把握就永恒不变的本体，确立了现代的、以人的实践活动为基础的本体论，即实践本体论。实践是整个人类世界、整个现存世界的基础和本质。实践本体论的本体，是一种以物质实践活动为基础的、动态的、不断发展的、不断生成的本体。这种本体论的特点就在于：它把人的存在本身作为哲学所追求的本体，它立足于人类本身的活动并关注人类自身的发展。在实践唯物主义中，实践获得了充分的解放，成为全部哲学的基础和出发点。因为现存世界和对象，是在人们的实践中生成并被把握的；人在本质上也是实践的，思维不过是人类实践结果的内化和升华，人类自身的发展和解放，也只有通过实践这个唯一途径才能切实地达到。正是在这个意义上，实践的观点在马克思主义哲学中首先具有本体论的意义。马克思主义哲学变革的实质就在于实现了本体论的转换，即从传统的物质本体论转换为实践本体论。在实践的基础上把人和感性世界统一起来,是马克思主义哲学本体论思想中最主要、最具当代意义的成就。也有学者指出,实践之所以能成为实践唯物主义的本体,根据在于:其一,实践要素具有本体论性质,实践的主体、对象、手段、结果都是客观的,人的本质力量的显现要以客观存在的对象为前提,并且在活动中要遵循对象的规律,这样才能使自身的本质力量对象化;其二,实践是人的感性活动,是一种主观见之于客观的活动,它具有可感知的直接现实性;其三,实践不仅构成社会存在的本质,而且是社会存在形式、变化和发展的决定力量。这说明实践具有本体论的意义,是实践唯物主义的本体论

实践唯物主义是物质——实践本体论。马克思的实践唯物主义既坚持唯物主义的基本观点,又强调实践的世界观意义。首先,实践唯物主义承认物质本体论。马克思主义哲学认为,自然与物质是不可分离的,自然界就是物质的自然界,物质就存在于自然界之中。其次,实践唯物主义的自然物质本体论又是与人类社会本体论联系在一起的,在马克思主义哲学看来,人类社会是自然界发展到一定阶段的产物,人本身也是自然界的一部分。而作为自然界一部分的人类社会,又是通过人的劳动而产生的。人既是自然界的一部分,但是又不同于其他的自然存在物。所以,马克思主义哲学的本体论,不能不涉及自然界,因为自然界是人类存在的基础。但自然界又是在人类实践中发生变化的,是马克思所说的人化自然。正是在这个意义上说,实践对于人化自然具有本体论的地位。总之,只有确认自然物质是整个世界的本体,同时又确认从自然物质发展而来的生产实践是人类社会的本体,才能使问题得到明晰合理的解决。只有以自然物质本体论为前提和基础的实践本体论,才是马克

思主义哲学对本体论问题的科学解答，才是马克思所说的实践唯物主义。也有学者认为，实践唯物主义本体论扬弃了唯客体主义和唯灵主义的僵硬对峙，它以世界的物质统一性为前提，以社会物质实践为核心来把握整个世界的本质，因之，实践唯物主义的本体论是有层次的，是历史和逻辑地发展的。在世界观上，是物质本体论，在社会历史观上，是物质实践本体论，物质本体论是这一体系最终的基础和前提，物质实践本体论则是物质本体论的历史和逻辑发展，是它的高级形态，二者最终统一于实践唯物主义的理论体系中。正由于此，所以在实践唯物主义那里，虽然实践被提升到世界本原的行列，它却没有因此而把物质从世界本原中排列出去，也没有使实践成为独立于物质之外的另一个独立本原，实践必须同物质结合，物化在自然物质上面，才能成为世界的本原，两个本原互相补充、互相渗透，密不可分。

实践唯物主义是超越本体论。有学者指出，对于马克思的实践唯物主义，关键的问题是把握其思维方式的转换。无论从唯物论，还是从本体论的意义上去理解实践的地位、性质和作用，都没有从根本上跳出传统的思维方式的限制。传统的唯物主义只能坚持物质本体论、实践本体论，不想改变旧的思维方式，却要把实践提升到世界观的地位。而要做到这一点，就必须打破本体论的思维方式。实践唯物主义的意义，就在于克服了本体论的思维方式，确立了实践的思维方式。因此，我们既不能在唯心主义的意义上，也不能在唯物主义的意义上去理解马克思的实践唯物主义。实践唯物主义超越了唯物主义和唯心主义的对立，它以人本学为骨架展开了自己的理论体系，人本主义是实践唯物主义的核心内容。

(3) 关于实践唯物主义与辩证唯物主义的关系

应当用实践唯物主义取代辩证唯物主义。一些学者认为,在马克思主义发展史上,恩格斯公开发表了第一次表述实践唯物主义思想的《关于费尔巴哈的提纲》,马克思和恩格斯合著的《德意志意识形态》正式提出了实践唯物主义的世界观。恩格斯在《自然辩证法》中和马克思一样重申,劳动和自然界一起构成一切财富的源泉。但需要指出的是,在《费尔巴哈论》中,恩格斯在论述旧唯物主义的局限性时,没有提到在《关于费尔巴哈的提纲》中被马克思批评的旧唯物主义对现实世界只是从客体方面,而没有从主体方面,没有当作实践活动去理解。恩格斯在《反杜林论》第三版序言中,讲到马克思和他一起创立的现代唯物主义的特征时,也没有突出马克思主义哲学批判改造黑格尔唯心主义的能动性理论,特别是创立实践唯物主义的问题。应当说,在这些方面,恩格斯所说的现代唯物主义与马克思的实践唯物主义并不是完全一致的。在列宁的哲学思想中,有一些思想与实践唯物主义是一致的或是相近的,但列宁在分析旧唯物主义的缺点时,基本上遵循的是恩格斯的论述,而没有突出马克思所说的从主体方面、从实践活动的方面去理解客观对象的实践唯物主义思想。特别是斯大林1938年的《辩证唯物主义和历史唯物主义》问世以后所形成的马克思主义哲学体系,很难说是体现了马克思的哲学思想的实质。所以,从实践唯物主义到辩证唯物主义,在很大程度上是对马克思哲学思想的偏离。因此,从辩证唯物主义回到实践唯物主义,是破除对马克思主义的教条式理解和附加到马克思主义名下的错误观点,是恢复马克思哲学思想的本来面目。

不能用实践唯物主义取代辩证唯物主义。一些学者认为,把马克思和恩格斯哲学的一个本质特征标明出来,称之为"实践唯物主义"是可以的,但不能作为它的标准的名称,因为它的本质特征很多,除"实践的"之外,还有"革命的""科学的""辩证的""共产主义的"等等。唯物主义实践论作为马克思主义哲学的一个组成部分,当然是可以成立的,但是,如果以它取代辩证唯物主义世界观,使之成为马克思主义哲学的称呼,那就是以局部代替了整体,实际上,是把世界观取消了。不仅如此,甚至把历史观也取消了。因为尽管人类社会历史是一切人们社会实践的总和,但历史观和实践观研究的对象还是不同的,历史观研究的是作为一个整体的人类社会历史,而实践论研究的是构成人类社会历史的实践活动,二者大体上是一致的,有许多交叉,但不能完全等同。

实践唯物主义与辩证唯物主义具有一致性。强调实践唯物主义是马克思主义哲学的本质特征,并不应该否认辩证唯物主义的重要特征。马克思主义哲学在哲学史上的重要贡献之一,就是在科学实践观的基础上实现了唯物主义和辩证法的有机统一。正是在这个意义上说,马克思主义哲学是辩证唯物主义。与辩证唯物主义相并列,加上历史唯物主义,以此来称谓马克思主义哲学,是为了强调马克思主义哲学的另一个重要特征,即是历史观上的唯物主义。尽管马克思从来没有使用过辩证唯物主义这个术语来称谓自己的哲学,但辩证唯物主义同实践唯物主义并不矛盾。按照马克思的观点,实践首先是以人自身的活动引起的人与自然的物质交换过程。在实践中,人是以物的方式去活动并同自然界发生关系,得到的却是自然以人的方式而存在,从而使人成为主体,自然成为客体。实践不断改造和创造现存世界的同时，也在不断改造和创造着人本身。马克思通过对人的实践活动及其意义的全面而深刻地分析，把唯物主义和人的主体性真正统一起来了，使唯物论和辩证法真正结合起来了。这就充分地表明，实践的观点是辩证唯物主义的首要的基本的观点，实践唯物主义与辩证唯物主义具有一致性。也有学者认为，实践唯物主义和辩证唯物主义是对同一马克思主义哲学的两种不同的表述，二者起着同一作用：把马克思主义的唯物主义同以往的一切旧唯物主义哲学区分开来。针对旧唯物主义的形而上学性，马克思主义哲学是辩证唯物主义；针对旧唯物主义的直观性，马克思主义哲学是实践唯物主义；针对旧哲学特别是旧唯物主义的不彻底性，马克思主义是彻底的唯物主义。从此可以看出，实践唯物主义、辩证唯物主义和历史唯物主义三者之间存在着密不可分的内在联系。

（4）实践唯物主义研究的理论贡献

有学者认为，这一研究恢复了马克思主义哲学理论和实践相统一的基本原则，恢复了实践在马克思主义哲学中应有的基础地位。理论和实践的统一是马克思主义哲学的最基本原则，是马克思主义哲学的本质，马克思主义哲学的核心与灵魂。传统马克思主义哲学的理解虽然也强调理论和实践的统一，但它被局限于认识论范围，并且世界的物质统一性是马克思主义哲学传统理解的最基本原理，作为其核心与灵魂。马克思创立的新唯物主义，不是体系哲学，而是认识世界、改造世界的方法论原则，其核心是理论与实践的统一。实践唯物主义的兴起，是对马克思主义哲学理论与实践相统一的最基本原则的自觉意识。

有学者认为，对实践唯物主义的研究有力地冲击了"教条主义"与"本本主义"。斯大林等对马克思主义哲学的理解不再被看成唯一正确的理解，他们的理解也不能等同于马克思创立的新哲学。要真正理解马克思主义哲学，最根本的是要重新回到马克思自己的著作。

有学者认为，马克思是马克思主义哲学的创始人，但在传统马克思主义哲学中，马克思的著作却被忽视了。"重读马克思""回到马克思"的口号极大地推进了马克思哲学文本的研究。可以说，对马克思文本的研究，在我国马克思主义哲学研究历史上，达到了从未有过的高度。实践唯物主义就是重新研究马克思的哲学文本后提出的一种最早、最有影响的理解方式。同时，在实践唯物主义的讨论中，人们提出了很多正确的观点。这些观点在传统马克思主义哲学史著作中或者没有或者不明确，而它们体现了马克思的新哲学精神。这些观点主要有：马克思主义哲学的主题是人类生活；马克思主义哲学的基本问题是理论和实践的关系问题，是以唯物史观取代唯心史观；实践是人的根本存在方式，是社会生活的本质，马克思主义哲学基本的出发点；哲学的真正任务不在于解释世界，而在于改变世界。

（四）科学实践观述评

中国共产党科学实践观是在马克思主义理论指导下，结合中国革命和建设实际形成的。毛泽东同志在马克思主义实践论的基础上，结合中国革命和建设的经验，提出了实践论的思想，邓小平同志在毛泽东实践论的基础上，把"实事求是"作为科学实践观的基本内核，形成了科学实践观的基本思想。

毛泽东同志在 1937 年 7 月发表了具有创造性贡献的马克思主义哲学著作《实践论》，阐述了其科学实践观的基本思想。此后，在革命和建设中，毛泽东同志进一步阐述了他的科学实践观思想，综合起来，毛泽东同志的科学实践观主要有以下观点：

其一，实践是认识的来源，也是认识发展的动力。毛泽东在《实践论》中指出，"辩证唯物论的认识论把实践提到第一的地位，认为人的认识一点也不能离开实践，排斥一切否认实践重要性、使认识离开实践的错误理论。""实践的观点是辩证唯物论的认识论之第一的和基本的观点。"[1] 可见，实践是认识的来源，无论是直接的实践或间接的实践，都能促使人们更深入地认识事物，察觉事物的本质，把握事物发展的规律。毛泽东同志指出，"马克思主义者认为人类社会的生产活动，是一步又一步地由低级向高级发展，因此，人们的认识，不论对于自然界方面，对于社会方面，也都是一步又一步地由低级向高级发展，即由浅入深，由片面到更多的方面。这种基于实践的由浅入深的辩证唯物论的关于认识发展过程的理论，在马克思主义以前，是没有一个人这样解决过的。马克思主义的唯物论，第一次正确地解决了这个问题，唯物地而且辩证地指出了认识的深化的运动，指出了社会的人在他们的生产和阶级斗争的复杂的、经常反复的实践中，由感性认识到论理认识的推移的运动。"[2] 可见，实践也是人们认识活动得以发展的动力。

其二，实践是认识的标准和目的。毛泽东同志在《矛盾论》中指出，"判定认识或理论之是否真理，不是依主观上觉得如何而定，

---

[1] 毛泽东选集.第 1 卷[M].北京：人民出版社，1991.
[2] 毛泽东选集.第 1 卷[M].北京：人民出版社，1991.

而是依客观上社会实践的结果如何而定。真理的标准只能是社会的实践。"① 只有在社会实践中,才能检验认识是否正确、是否符合真理,也只有在实践中,认识才能得到进一步的发展。毛泽东同志还说:"认识的能动作用,不但表现于从感性的认识到理性的认识之能动的飞跃,更重要的还须表现于从理性的认识到革命的实践这一个飞跃。抓着了世界的规律性的认识,必须把它再回到改造世界的实践中去,再用到生产的实践、革命的阶级斗争和民族斗争的实践以及科学实验的实践中去。这就是检验理论和发展理论的过程,是整个认识过程的继续。"② 人们的认识过程,只有经过实践-感性认识-实践-理性认识-实践的反复过程,才能完成,也就是说,任何阶段的认识,实际上要回到实践中来推动实践的发展,这也是毛泽东同志科学实践观的基本观点。

邓小平同志的"实事求是"思想是对马克思主义理论和毛泽东思想的继承和发展,在毛泽东《实践论》的基础上,把"实事求是"提到了世界观和方法论的高度,是马克思主义在当代中国的新发展,具体来讲,邓小平同志的"实事求是"思想包括以下内容:

其一,解放思想是实事求是的题中之义。邓小平站在人类社会发展的高度,创造性地提出,解放思想"是指在马克思主义指导下打破习惯势力和主观偏见的束缚,研究新情况,解决新问题";"解放思想就是使思想和实际相符合,使主观和客观相符合,就是实事求是。"③ 这就要求我们在实际工作中,要坚持根本原则和策略灵活

---

① 毛泽东选集.第1卷[M].北京:人民出版社,1991.
② 毛泽东选集.第1卷[M].北京:人民出版社,1991.
③ 邓小平文选.第3卷[M].北京:人民出版社,1991.

结合起来，重视运用切合实际的策略解决现实问题，解放思想是为了更好地从实际出发，认识事物的本质和发展规律，在认识的前提下，实现主观认识向客观实践的飞跃，最终实现国家建设的顺利完成。在对待解放思想中出现的问题，邓小平同志坚持"实践是检验真理的唯一标准"，在事物发生变化或事物处在不同的时间、地点、条件当中，必须要从发展的观点去理解实事求是，这才是科学实践观的基本要义。

其二，创造性是实践的本质特点。实事求是，不仅是世界观，也是方法论，也就是说，实事求是不仅是一种思维方法，更是一个实践过程。实事求是实际上是一个探求客观规律的实践过程，只有深入实践，进行调查研究，掌握实际情况，才能实事求是地解决思想上和实践中遇到的问题。科学实践创造了理论，这些理论又要在新的实践中不断丰富和发展，勇于实践的过程，实际上是一个创新的过程。中国化的马克思主义就是在几代中国共产党人敢于走自己的路，敢于提出新理论的过程中产生的，也是在这个过程中实践的。可见，实践不仅仅是一个认识事物、发展事物的过程，更是一个创新的过程，邓小平同志的这一思想为我们正确认识科学实践观厘清了思路，指明了方向。

二、思想政治教育价值研究现状及其述评

思想政治教育价值研究是思想政治教育学基础理论的重要组成部分，是具体思想政治教育实践活动开展的内在依据，是目前我国核心价值体系建设的重要内容之一。对思想政治教育价值的研究近年来学界普遍关注，相关的研究成果见于哲学、教育学以及政治学

等领域，其研究成果相当丰富。本文就思想政治教育价值研究进行梳理、评析，提出思想政治教育价值研究应遵循"三双二实"思路，以期求得思想政治教育价值研究沿着正确的路经，落实思想政治教育的实效性。

(一) 思想政治教育价值研究回顾

思想政治教育价值研究始于20世纪80年代中后期，随着思想政治教育科学化和思想政治教育学科的创立和发展，许多理论和实际工作者都从自己的研究领域对其进行了发掘。第一次将价值引入思想政治教育领域的专家是李德顺教授，他于1989年在《思想政治工作研究》上，开创了思想政治教育价值问题研究的先河；此后，吉林大学陈秉公教授明确指出对思想政治教育的价值须有科学的认识，否则便会陷入盲目性。到了20世纪90年代中后期，张耀灿教授开始在华中师范大学讲授思想政治教育价值问题。2000年中山大学郑永廷教授出版了《现代思想道德理论与方法》专著，系统地介绍了现代思想道德理论及其价值。张耀灿和郑永廷在2001年6月，人民出版社出版了《现代思想政治教育学》一书，对思想政治教育价值问题进行了详细的论述。此后，2002年上半年"人大复印资料"《思想政治教育》开辟专栏，转载了思想政治教育价值理论研究的新成果，推动了研究的纵深发展。2003年，中国社会科学出版社出版了武汉大学项久雨的专著《思想政治教育价值论》，学界普遍认为该书是思想政治教育价值研究的新突破。2009年，浙江教育出版社出版了胡国义的《思想政治教育价值论》，这是思想政治教育价值研究中的第二本专著。到目前为止，我国关于"思想政治教育价值"的研究主要散见于一些专业教材的部分章节和部分学术期刊中的各级各类论文。① 笔者通过中国期刊网检索，从1994年到2013年，以思想政治教育价值为主题的论文有676篇，其中硕士论文18篇。自1994年至2014年，收入到"人大复印资料"政治类、教育类、文史类以此为主题的文章有6篇。在"百度搜索"中检索该主题，结果显示相关网页有1130篇。其研究领域主要涉及以下几个方面：

1. 关于思想政治教育价值内涵的研究

价值从哲学层面上来看，它是揭示外部客观世界对满足人的需要的意义关系的范畴，是主客体相统一的关系。思想政治教育的价值也是一种关系范畴，如何正确理解思想政治教育价值对于主体的有用性，如何体现它的有用性，首先我们应准确把握它的内涵。目前学界对此有着不同的理解。张国启认为："思想政治教育是超前性投资而滞后性效应的社会事业，其价值主要包括社会价值和个人价值。"② 冯达成认为："思想政治教育价值就是思想政治教育对人的发展和社会进步的效用和意义问题。"③ 董浩军指出："思想政治教育的价值就是对人与社会发展需要的满足，对人和社会在导向、动力、保证等问题上的满足。"④ 李江凌把思想政治教育价值表述为："作为客体的思想政治教育活动对于作为主体的思想政治教育的倡导者和组织者的积极意义。思想政治教育价值具有客观性、社会性、主体性、相对性、时效性和规定性。"⑤ 沈晓梅的表述也很简

---

① 王威孚.思想政治教育价值研究综述[J].重庆广播电视大学学报,2006,2:21~24.
② 张国启.浅谈高校思想政治教育的价值[J].黑龙江高教研究,2000,05:44~46.
③ 冯达成.新时期思想政治教育价值初探[J].学术论坛,2002,3:140~144.
④ 董浩军.论思想政治教育的价值[J].学术论坛 2001,6:157~159.
⑤ 李江凌.论思想政治教育的价值[J].学校党建与思想政治教育,2005,11:10~13.

单,她认为:"思想政治教育的价值指的是思想政治教育实践活动对人的发展和社会进步所起的作用,它通过社会价值和个体价值来体现出来。"① 赖荣珍认为:"思想政治教育价值是指思想政治教育实践对人的发展和社会进步的意义和效用。"② 胡国义认为:"内在价值和外在价值是思想政治教育价值的两个组成部分。思想政治教育的内在价值是指思想政治教育在其教育活动之中合乎受教育者思想品德发展的目的而呈现出的一种肯定意义关系。思想政治教育的外在价值则是指思想政治教育在社会关系中合乎人类社会进步的目的而呈现出的一种肯定意义的关系。"③ 褚凤英认为:"思想政治教育的价值是在思想政治教育与现实的个人的关系上产生的,也是以思想政治教育与现实的个人的关系作为基础的;思想政治教育的价值始终是指向人的,首先体现为对于现实的个人的价值,即人本价值。"④ 罗洪铁认为:"思想政治教育价值,也就是指思想政治教育以自己的属性和功能满足个人与社会发展需要的效益关系。"⑤ 从上述介绍可以看出,这些观点有一个共性,即都强调思想政治教育的客观有用性,这个"有用性"都是从不同层面揭示而已。目前,学界普遍认为最较有权威性的表述是武汉大学项久雨对思想政治教育价值概念的界定。他认为思想政治教育价值是人和社会在思想政治教育实践认识活动中建立起来的,以人的思想政治品德形式和发展

---

① 沈晓梅.论思想政治教育个体价值的回归[J].黑龙江高教研究,2005,10:85~87.
② 赖荣珍.论思想政治教育社会价值和个体价值的统一[J].学术论坛,2003,3:149~152.
③ 胡国义.思想政治教育价值论[M].杭州:浙江教育出版社,2009.
④ 褚凤英,孔超.论思想政治教育的人本价值[J].学校党建与思想教育,2010,20:8~11.
⑤ 罗洪铁.思想政治教育学原理[M].成都:西南师范大学出版社,2009.

规律为尺度的一种客观的主客体关系,是思想政治教育的存在及其性质是否与人的本性、目的和需要等相一致、相结合、相接近的关系。这种关系是思想政治教育在其教育活动社会关系中合乎人的发展(尤其是思想品德的形式和发展和人类社会进步,以及精神文明进步)的目的而呈现出一种肯定的意义关系。[①] 至此以后,许多主要论者都引用了这一提法。

2.关于思想政治教育价值形态的研究

关于思想政治教育价值的形态,在思想政治教育价值研究中涉及最多,学界一般认为思想政治教育价值包括社会价值和个体价值两大形态,但对社会价值和个人价值的内容、社会价值和个人价值之间的关系等问题,学界却各抒己见。除此之外,由于不同学者的研究角度和学术背景不同,对思想政治教育价值形态进行了多种区分,主要有以下几种观点:按存在状态可分为理想价值和现实价值;按性质作用分,有正面和负面价值;按效果显现,有直接价值和间接价值;按评估可分为绝对价值和相对价值;按价值主体可分为个体价值和社会价值。从结构角度来看,可划分为内容价值、过程价值和结果价值;从价值的效用范围来看,可分为宏观价值和微观价值、动力价值和导向价值、精神价值与物质价值;从价值功能来看,可划分为政治价值、经济价值、文化价值、社会稳定价值和生态价值;就劳动效能来说,可分为现实价值和潜在价值;从文化的运行过程来分析,有文化渗透价值、文化传承价值、文化过滤价值、文化控制价值、文化纠偏价值和文化变迁价值。此外,还有的学者提出政治价值与服务价值、内在价值和外在价值的区分等观

---

① 项久雨.思想政治教育价值论[M].北京:中国社会科学出版社,2003.

点。复旦大学刘顺厚也从功能的视角认为，思想政治教育价值包括导向、提升、塑造、激励和调控价值。① 以下介绍个体价值和社会价值的研究现状。

关于思想政治教育的个体价值，这是近年来思想政治教育价值论研究最为深入、成果最为丰富的一个问题。大多数学者认为"思想政治教育的个体价值主要表现在个体思想和行为的导向、精神动力的激发、个体人格的塑造、个体思想和行为的规范"② 等几个方面。主要有以下四种观点：①从价值客体的角度来看，思想政治教育的个体价值主要表现在引导政治方向、激发精神动力、塑造个体人格和规范调控行为四个方面。②从个体主体的角度来看，个体价值主要体现在三个方面：一是思想政治教育在各个教育对象的社会化方面的价值，特别是思想政治教育对于个体政治社会化的意义；二是体现在人的全面发展方面的价值，主要是指思想政治教育对于个体思想政治道德素质的提高；三是体现在解决人生课题方面的价值，主要是指思想政治教育作为一种人生观教育对于人生意义、人生态度和处世技巧的价值。③从教育主体的视角来看，思想政治教育的个体价值不仅包括实现受教育者的个体价值，而且客观存在对教育者精神需要的满足，因而还包括对于思想政治教育者的个体价值。需要指出的是，思想政治教育工作者虽然是一些个人，但他们代表着社会一方；思想政治教育的对象尽管也可以是广大群众，但就他们的实际存在状态而言，却是具体的个人。因此，思想政治教育的个体价值主要是针对受教育者而言。④从人的全面发展与思想

---

① 赵自力.思想政治教育价值论研究综述[J].长江师范学院学报,2008,2:40~45.
② 张耀灿.现代思想政治教育学[M].北京：人民出版社,2006.

政治教育的关系来看，可以把思想政治教育的价值分为导向价值、提升价值、塑造价值、激励价值和调控价值。

关于思想政治教育的社会价值，是价值论研究的主要方面。学界最普遍的观点认为："社会价值是指思想政治教育作用于政治、经济、文化和生态等所呈现出的政治、经济、文化和生态价值。"①理论界的研究成果概括起来主要有以下观点：①贯彻党的路线、方针和政策，传达党和政府的声音。②思想政治教育遏制社会腐败，促进社会和谐稳定发展，帮助人们树立正确的义利观、荣辱观，从而最大限度地发掘人的主观能动性，教育广大人民群众自觉为建设社会主义做贡献。③思想政治教育传播政治意识，引导政治行为，造就政治人才，营造和谐的政治关系。④保证我国经济建设的发展方向，为经济建设提供强大的智力支持、人才资源和精神动力。⑤为广大人民群众提供健康而又丰富多彩的精神食粮，引导人民群众在全社会养成崇尚科学、反对迷信的氛围，以热爱祖国为荣，以背离祖国为耻，以热爱自然、热爱生命为荣，以破坏生态、破坏自然环境为耻，进而在全社会形成一种健康、有序、和谐的生活方式。⑥从具体领域的思想政治教育价值来看，不同领域的思想政治教育价值各异，如有学者提出高校思想政治教育是培养"四有"新人的方向性保证；是素质教育的灵魂；对创新精神和能力培养起到动力作用；对民族优秀传统文化的继承价值和对社会主义精神文明建设的辐射价值。

关于社会价值与个体价值的关系，多数研究认为，思想政治教育的社会价值与个体价值犹如"车之两轮，鸟之两翼"，二者相辅

---

① 张耀灿.现代思想政治教育学[M].北京：人民出版社,2006.

相成,辩证统一。社会价值是其价值的主要方面,起主导作用。忽视了这一点,思想政治教育的价值就无从谈起。而且从某种意义上讲,社会价值就内在地包含了个体价值,个体价值只有在社会价值中才能实现。另一方面,由思想政治教育的根本目的所决定,个体价值是思想政治教育价值的重要方面。个体价值是社会价值的基础,脱离了具体的个人,社会价值就会成为空洞的、与人无关的东西,只是观念的虚设。二者在相互实现中为对方的实现创造了条件。典型的代表观点有:张耀灿等认为:"一般来说,个体价值是社会价值的基础,社会价值则是个体价值的延伸和验证。"① 刘建军认为:"个体价值是社会价值的基础,离开了个体价值,社会价值也就变成了空洞的与人无关的东西,忽视了个体价值,也就无法全面把握思想政治教育的价值。"② 王淑芹认为:"个体价值是社会价值实现的基础,社会价值是个体价值的综合表现和整体效应。"③ 李绍伟认为:"思想政治教育的社会价值不是直接实现的,而是必须经过'现实的个人'这个中介,思想政治教育的社会价值只有通过其对个体价值的实现而实现。思想政治教育最一般的意义和最直接的、本体的价值在于人的改变。"④ 马宁认为:"思想政治教育的最终价值在于'现实的个人',即通过思想政治教育调动'现实的个人'的实践活动并在实践中实现'现实的个人'的物质需要、精神

---

① 张耀灿.现代思想政治教育学[M].北京:人民出版社,2006.
② 刘建军.论思想政治教育的个人价值[J].教学与研究 2001,8:48~52.
③ 王淑芹.思想政治教育价值基本问题研究[J].思想教育研究,2010,11:12~16.
④ 李绍伟.马克思主义人学视域中思想政治教育价值的哲学反思[J].中国矿业大学学报(社会科学版),2009,4:76~79.

需要和发展需要。"① 在长期的思想政治教育实践中,我们谈得较多的是思想政治教育的社会价值,即思想政治教育对于社会进步的作用,而关于思想政治教育对个人发展的价值意义则很少涉及。这种社会价值和个人价值的相分离,正是导致思想政治教育不具吸引力、功能得不到充分实现的重要原因。从理论上讲,个体价值是思想政治教育价值体系的重要内容,是现代思想政治教育的应有之义和追求目标。从现实来看,社会主义市场经济条件下,人们的主体意识进一步强化,一切活动的取向具有明显的个体利益驱动性,思想政治教育要充分发挥应有的作用,就必须承认并适应这一现实,在把握思想政治教育社会价值与个体价值辩证统一关系的基础上,突出对思想政治教育个体价值的定位与开发,把思想政治教育个体价值的实现作为社会价值实现的手段和方法,实现二者的有机融合。

3. 关于思想政治教育价值特征的研究

对于思想政治教育价值特征的研究,主要有以下几种观点:闵绪国认为"思想政治教育价值具有有效性与有限性、独特性与多样性、滞后性与超前性"。② 李江凌指出"思想政治教育价值具有客观性、社会性、主体性和相对性"。③ 罗洪铁认为:"思想政治教育价值特征有客观性与主体性;社会性与历史性;阶级性与实践性。"④ 黄世虎认为:"思想政治教育价值的两个基本特征是主体性和客体

---

① 马宁.思想政治教育的价值复归:现实的个人[J].湖北社会科学,2010,3:178~180.

② 闵绪国.试论思想政治教育个体价值的特征[J].学校党建与思想政治教育,2005,12:24~26.

③ 李江凌.论思想政治教育的价值[J].学校党建与思想政治教育,2005,11:10~13.

④ 罗洪铁.思想政治教育学原理[M].成都:西南师范大学出版社,2009.

性。具体来说,思想政治教育价值的主体性表现为价值关系的多维性、价值意义的变动性、价值主体的创造性,思想政治教育的客体性表现为价值主体需要产生的物质性、价值客体功能属性的客观性、价值中介作用方式的实践性。"[1] 华中师范大学陈华洲[2]教授采取辩证综合的方法概括了思想政治教育价值的五大特征,即在存在方式上的内隐性和外显性。思想政治教育的成果是精神性价值和物质性价值、有形价值和无形价值的有机统一,其内隐性价值必然要反映到各项实际的工作之中,产生外显性价值。在作用方式上的直接性与间接性。思想政治教育虽然不直接作用物质形态的生产工具和劳动对象,但思想政治教育是通过直接作用于劳动者,通过劳动者这个中间环节以间接的形式作用于生产工具和劳动对象,以满足劳动创造价值的需要,也就是以间接的形式参与创造了物质价值。在时序上的长期性与近期性。思想政治教育能发挥在解决思想问题上的"短、平、快"作用,但其价值更多的是在长期的熏陶中逐渐地、长期地发生作用,尤其是涉及世界观、人生观和价值观的转变、理想信念的树立等理性层面的东西更是如此。思想政治教育近期价值与远期价值相统一的特点,要求我们既要立足于近期价值,努力做好经常性思想政治工作,及时解决各种现实思想问题,同时又必须着眼于远期价值,引导人们树立正确的世界观、人生观、价值观。在评价方式上的精确性与模糊性。思想政治教育价值的模糊性,主要是相对于物质形态而言的,不宜使用数据进行定量表示。

---

[1] 黄世虎.主体性与客体性:思想政治教育价值基本特征分析[J].理论与改革,2005,2:148~151.

[2] 陈华洲.试论思想政治教育价值的特征[J].高等函授学报,1999,5:21~24.

但思想政治教育的价值又有精确性的一面,有些内容存在着一定的数量关系可以用数据或比例表示。由于精确性的成分在思想政治教育中所占的比例有限,所以在实际工作中,要注意从实际出发,将定量评估与定性评估有机结合起来。在对象范围上的个体性与群体性。武汉大学项久雨认为"思想政治教育价值的基本特征应包括:阶级性、实践性、社会性、历史性和客观性。"① 此外,他进一步指出,思想政治教育价值的具体特征主要是内隐性与外显性相表里,个体性与群体性相伴生,精确性与模糊性相渗透。思想政治教育是一种主体性存在,因而表现出多维性、独特性和历时性等特点,而且这些特点又分别是由内主体的多样性、个体性和发展性所决定的。另外,理论界还有许多学者认为思想政治教育价值还具有反证性。这种反证性主要表现在,思想政治教育愈是受到贬抑和削弱时,其对人的思想、劳动、工作及对社会的发展影响愈大。

4. 关于思想政治教育价值生成的研究

思想政治教育价值生成问题是当前理论界研究的一个重点问题,也是思想政治教育价值研究中最为薄弱环节。学术界主要从思想政治教育价值生成的根源对其进行分析。关于这一问题的探讨主要存在几种不同的理解。田霞、李然认为"思想政治教育价值生成可以从价值生成的逻辑根源与价值生成的历史根源两方面进行分析,逻辑根源包括人的需要、人的利益、人的实践活动、人的存在。同时还需要明确两点:第一,思想政治教育价值生成的逻辑根源事实上是形式根源,它以历史根源为质料或内容。这一点也是由人本身的存在决定的。第二,逻辑根源与历史根源结合在一起就构

---

① 项久雨.思想政治教育价值论[M].北京:中国社会科学出版社,2003.

成了思想政治教育价值生成的全部根源与根基。"① 闵绪国认为："思想政治教育价值生成的深刻根源是人的社会性。"② 项久雨指出："价值主体的需要是思想政治教育价值生成的前提；价值主体的利益是思想政治教育价值生成的动因；实践活动是思想政治教育价值生成的源泉。"③ 胡国义指出："社会历史的发展需要是思想政治教育价值的现实根源；主体的利益是思想政治教育价值生成的社会根源；人的需要是思想政治教育价值的主体根源。"④

5.思想政治教育价值的评价

目前学术界对思想政治教育价值评价的研究还处在起始阶段，研究的比较少，主要有以下几个方面：价值评价的含义：思想政治工作价值评价，是指按一定的原则和标准，通过系统地采集和分析信息，对思想政治工作活动满足人的需要的程度做出判断，以期达到思想政治工作价值增殖的过程。它首先是一种价值判断活动，是以思想政治工作活动满足社会和个体需要的程度为准则的价值判断活动，其最终目的是价值增殖，是对思想政治工作现实的、潜在的价值做判断的活动。价值评价的功能：管理功能、反馈指导功能、教育导向功能、社会心理功能和科学研究功能。价值评价的原则：评价思想政治工作的价值，必须坚持实事求是的观点；不能单纯用量化指标去衡量思想政治工作价值；要用发展的眼光，全面地去衡

---

① 田霞、李然.简论思想政治教育价值生成的根源[M].中国青年政治学院学报，2007,6:68~71.
② 闵绪国.人的社会性:思想政治教育价值生成的根源[J].学校党建与思想教育，2010,35:13~15.
③ 项久雨.思想政治教育价值论[M].北京:中国社会科学出版社,2003.
④ 胡国义.思想政治教育价值论[M].杭州:浙江教育出版社,2009.

量和评价思想政治工作的价值。价值评价的类型：社会评价、个体评价和政治工作者的自我评价。价值评价的标准：实践是思想道德教育价值评价的最高标准；"三个有利于"是思想道德教育价值评价的根本标准；其具体标准体现为：一是在树立共产主义理想信念和人生观方面体现价值；二是在培养高尚的品质方面体现价值；三是在培养集体主义思想和为人民服务的奉献精神方面体现价值；四是在遵守社会主义法制和加强组织纪律性方面体现价值；五是在促进各项业务工作方面体现价值；六是在建立和发展社会主义的新型关系方面体现价值；七是在掌握科学的方法论方面体现价值。此外有学者提出要构建全新的价值评价体系：一是要确立注重发展的思想政治工作价值评价取向；二是要建立以人性化为主的思想政治工作价值评价方法；三是要设定多元化的思想政治工作价值评价标准；四是要确立"为发展而评价"的观念；五是要形成使评价功能充分实现的思想政治工作价值评价结果。①

6.关于思想政治教育价值实现的研究

对于思想政治教育价值实现的研究，目前学术界的研究还比较少，它主要涉及思想政治教育价值实现的内涵和本质、实现的条件、实现的途径、实现的规律。

（1）关于思想政治教育价值实现本质的研究

当前学界对思想政治教育价值实现本质的研究比较单一，普遍认为，思想政治教育价值实现的本质即是思想政治教育的价值由潜在的价值向现实性价值转化的过程。从受教育者方面来说，当思想政治教育作为客体并没有满足社会与人的生存和发展时，其价值是

---

① 赵自力.思想政治教育价值论研究综述[J].长江师范学院学报,2008,2:40~45.

潜在的，只有当思想政治教育作用于社会和人并对之发生功能和作用时，其价值才会显现出来。例如，满足人非智力因素发展，促进社会和谐稳定，推动经济健康、快速发展，繁荣文化，提升人的精神状态等价值，当这些价值处于潜伏期时，它的价值只是潜在的可能性价值。从思想政治教育本身来看，其价值实现的本质即是客体主体化的过程。仅把价值的实现理解为客体对主体需要的满足，是表面的、肤浅的。价值的真正实现是客体对主体产生实际的效应，即思想政治教育在教育对象身上产生的影响。思想政治教育作为客体作用于主体——社会和人，客体的属性作用于主体，内化为主体的意识和动机，再由主体将其外化为良好的行为和品德，从而得到进步和发展。这是思想政治教育客体的主体化，是其价值实现的本质。需要说明的是，思想政治教育价值的实现，不是简单的客体作用于主体的过程，而是两者相互作用的过程，包括客体的主体化和主体的客体化。项久雨认为，价值的实现是客体作用于主体，对主体产生实际的效应，这个过程是主客体相互作用的过程。客体主体化正是价值实现的实质。"思想政治教育价值的实现，其内涵是价值由'潜'到'显'，其实质是价值客体的主体化。"[①]

（2）关于思想政治教育价值实现条件的研究

总的来说，思想政治教育价值实现的条件包括"人"的条件和"物"的条件。就前者来说，作为教育者应着力提高其业务水平，强化教育者的思想政治教育责任意识和敬业精神。教育者应热爱自己的事业，信奉自己的事业，对自己所从事的事业有真切的情感体验，才能恰当地运用教育方法，全身心地投入到思想政治工作中

---

① 项久雨.思想政治教育价值论[M].北京：中国社会科学出版社，2003.

去。反之,"以其昏昏,使人昭昭。"就不会对受教育者产生情感的感染、人格魅力的震撼和意识力量的征服。对于受教育者,必须端正对思想政治教育的错误认识,在内心接受思想政治教育的实践意义,着力提高思维能力。同时,在思维力指引下,达到思想的内化和行为的外化。①

就"物"的条件来说,学界研究的成果斐然。归纳起来,主要观点为:思想政治教育内容的合理性、合法性和有效性。这是其价值实现的第一步。思想政治教育本身必须以现实社会中具体存在的社会性的人作为根基,这也是思想政治教育存在的理论前提。我们要重视思想政治教育环境研究,并力促其优化,营造一个使思想政治教育价值转化的良好空间氛围。

(3) 关于思想政治教育价值实现途径的研究

思想政治教育实现的途径丰富多样,但目前学术界普遍认同的基本途径是灌输途径和接受途径,二者共同构成了思想政治教育价值实现活动的两个轴心。张耀灿、郑永廷认为,思想政治教育价值实现的途径多种多样,但基本的途径是灌输和接受途径,二者共同构成了思想政治教育价值实现活动的两个轴心。② 就前者而言,科学的灌输,并不是把马克思主义硬塞进人们的头脑,也不是越俎代庖地代替群众思考,而是作为思想政治教育的一个原则,采用多样的教育方法和教育形式,指导人们掌握科学的世界观和方法论,启发自觉,提高人民群众的思想政治觉悟和认识能力,从而引导正确的行为。就后者而言,是指主体出于自身需要,以其自身的素质、

---

① 刘建军. 论思想政治教育的个人价值[J]. 教学与研究,2001,8:48~52.
② 张耀灿. 现代思想政治教育学[M]. 北京:人民出版社,2006.

知识、能力、情感、意志对思想政治教育客体所传递信息和要求加以理解、评价、筛选、择取、整合、认同及践行的过程。思想政治教育必须从满足人们的需要、促进人的发展入手，推动主体接受活动的进行。学界其他学者从不同层次进行了研究。郑杰认为，要探寻思想政治教育在社会中的角色定位与价值定位的构建，既有"利益认同"，又有"价值认同"的理论体系。① 王小莹认为，思想政治教育必须要"以人为本"，把"柔性管理"贯彻到思想政治教育工作中去。② 涂刚鹏认为，思想政治教育价值的实现必须要结合经济和业务工作一起去做，以个体价值实现作为手段。③ 唐晓慧认为，思想政治教育必须与时俱进，创新思想政治教育观念，树立主体、客体、介体、环体四要素相结合的结构观。"④ 李俊勤，曾宇辉指出，"组织的目标与个人的需要兼顾，重视人的潜能开发，提倡竞争，善于激励，积极营造一个共同的文化、价值、行为准则，制定手段的思想政治教育工作评价标准"。⑤ 项久雨认为，实践是思想政治教育价值实现的根本途径，离开实践，人就不成为其主体，一切价值，包括思想政治教育在内，都是人在实践中主体改造客体、主体作用于客体的结果。其具体的途径包括课堂教育、管理教育和自我完善教育。⑥

---

① 郑杰.思想政治教育有效性缺失及提升途径[J].江淮论坛,2004,1:77~83.
② 王小莹.论以人为本在思想政治教育中的价值[J].理论学刊,2004,8:87~89.
③ 涂刚鹏.论新时期思想政治教育的价值及其实现[J].湖北社会科学,2004,8:121~122.
④ 唐晓慧,连淑芳.与时俱进,创新思想政治教育观念[J].思想政治工作,2002,2:159.
⑤ 李俊勤,曾宇辉.谈新形势下思想政治工作的价值[J].高校理论战线,2001,3:54~56.
⑥ 项久雨.思想政治教育价值论[M].北京:中国社会科学出版社,2003.

(4) 关于思想政治教育价值实现规律的研究

关于思想政治教育价值实现的规律，学界研究很少，其中，张耀灿等人认为："思想政治教育价值的实现规律是一个多角度、多侧面的规律体系，其中神形统一律、真善美统一律、虚实转化律是其中的几种具体规律。"① 张亚丹认为："大学生思想政治教育价值实现的基本规律可以分为对立统一律、转化提升律和自我实现律。"② 归纳起来有以下几种观点：一种观点认为，思想政治教育价值实现的过程，就是思想政治教育的实施过程。因此，思想政治教育价值实现的规律，就是思想政治教育过程的规律。根据思想政治教育过程的规律是教育者、教育对象、教育活动三大要素之间的稳定的、必然的联系的界定，有的学者将其概括为三大规律，即教育者与教育对象的人际关系影响教育过程的规律；教育者施加教育影响的规律；教育对象内化教育影响的规律。另一种观点认为，"生命线"论断是认识思想政治教育价值的基本指导思想，因此，对思想政治教育价值实现规律的概括，必须从思想政治教育与经济业务工作的效用关系着手，总结为三条规律：一是真善美统一律。这一规律强调了思想政治教育必须做到科学性与价值性相统一，尤其强调了思想政治教育的价值性，也即对于人们的有用性，增强对于人们的吸引力。二是神形统一律。只有当思想政治教育能为经济工作和其他工作提供导向、动力、保证等服务从而与其保持统一时，才符合思想政治教育价值实现的规律，才能产生价值。三是虚实转化

---

① 张耀灿.现代思想政治教育学[M].北京：人民出版社，2006.
② 张亚丹.浅析大学生思想政治教育价值实现的层次和规律[J].思想教育研究，2011,3:103～106.

律。思想政治教育要实现价值，促进人的全面发展和社会的全面进步，就不能脱离实际孤立地进行，不能搞"两张皮"，而是要结合经济业务工作一道去做，落实到经济的增长和发展上。还有学者提出思想政治教育的价值规律分为基本规律和具体规律。基本规律：思想政治工作总是经济工作和其他一切工作的生命线规律。经济工作和其他一切工作必然需要思想政治工作指引方向、提供动力、给予保证，而思想政治工作又必然能够满足经济工作和其他一切工作的上述需要。具体规律：第一，思想政治教育价值与其具体满足社会发展需要的程度成正比的规律。第二，思想政治教育价值与其具体满足个人发展需要的程度成正比的规律。第三，思想政治教育价值与其自身具体的科学化程度成正比的规律。[①]

（二）思想政治教育价值研究的评析

思想政治教育价值的研究起步较晚，经过十几年的努力，学界的同仁们取得了丰硕的研究成果。总的来看，对于思想政治教育价值的内涵、形态、特征的研究比较多，有的成果已经相当成熟。但某些方面的研究还存在不足或欠缺，不妥之处比比皆是，还有很大的研究空间。下面就思想政治教育价值理论研究存在的不足进行探究。

一是对于思想政治教育价值的研究，在研究过程中存在简单的概念移植现象，存在学术概念定义复杂化，成果深奥化趋向，缺少思想政治教育价值研究的独特分析框架和特殊话语体系。把价值概念从哲学层面上引入思想政治教育领域，应该构建思想政治教育价值领域的专业话语，由于没有规范的术语，在研究过程中引起许多

---

① 赵自力.思想政治教育价值论研究综述[J].长江师范学院学报,2008,2:40~45.

不必要的争议。思想政治教育价值是一个关系范畴，只能在一定的主客体关系中才能产生，而不能把"关系"本身理解为思想政治教育价值。思想政治教育价值应该是在主客体相互作用的过程中所产生的客体对主体的需要的满足的事实，在这一论域始终不能忘记这个"客体"既是存在着的客体，又是活动着的主体。有的概念存在复杂化倾向，应该简约。有的学者在表述概念时繁杂拗口，使人既不好理解又不好记忆。思想政治教育价值理论的研究日趋精细，体现在近年来思想政治教育学科的硕士、博士学位论文之中。精细发展推动了思想政治教育价值理论研究的深化，是思想政治教育价值理论发展的必经阶段，是思想政治教育专业化进程不断推进的重要标志。但精细化发展也使得思想政治教育价值的理论研究存在日趋闭守或僵硬的危险，其表现便是思想政治教育价值理论研究中论证的日趋烦琐，"寻章摘句"不及问题；成果的日趋深奥，回避社会现实，人云亦云。思想政治教育价值理论正在演化为远离生活和现实的"玄学"。

二是如前所述的思想政治教育价值形态研究，部分环节杂乱无章，重复性研究多，原创性研究不足，区分标准缺乏科学依据，所选标准缺乏理性推断。对思想政治教育价值的社会价值和个体价值之间的关系认识，学界争执的焦点是社会价值和个体价值孰前孰后，孰轻孰重。究其争执的根本原因在于人们未能很好地把握二者的辩证关系，即统一性与矛盾性。思想政治教育价值的个体价值和社会价值是同生共建，互促共进的有机地统一在思想政治教育过程中，二者在思想政治教育实践中得到辩证统一。在宏观和微观之间，现在的思想政治教育价值形态理论研究更关注微观而忽视宏观。在内容和形式之间，更关注形式而忽视内容。

三是在思想政治教育价值研究学术共同体内部由于研究领域和方向的差异而导致各取所需、自说自话的现象或趋势，把许多问题缠绕在一起，像一团"乱麻"，剪不断，理还乱，像"盲人摸象"不识庐山真面目。有的学者"自设理论困境"，在困境中试图通过理论上的一些约定，商榷分歧以寻求理论共识。"其突出表现在：把简单的问题说得很复杂，把复杂的问题说得很哲学；把本已清晰的问题说得很模糊，把模糊的问题说得让人别想弄明白。"① 有的在读博士未出茅庐，不知深浅就撰文，歇斯底里地喊叫"思想政治教育不是普通的教育，它是思想政治方面的教育"，下文不做任何解释，令读者费解和错愕。

四是思想政治教育价值理论研究越来越"学院化"，有的学者致力于或局限于在"象牙塔"内构建自己的理论体系。有的学者试图把思想政治教育价值理论构建成为思想政治教育学的一个分支学科。试问这一领域有没有自己特有的研究对象，有没有研究对象所具有的特殊的矛盾性，是否具有特殊的研究领域，该领域的特殊矛盾是什么？

五是思想政治教育价值理论研究，正如同其他步入这一阶段的科学一样，着力于扩展学科知识的广度和深度。然而在思想政治教育实践发展方面、在解答思想政治教育面临的重大理论和现实问题方面，客观地表现出一定程度上的乏力。习近平总书记指出："要学习掌握事物矛盾运动的基本原理，不断强化问题意识，积极面对

---

① 钱广荣.本世纪以来思想政治教育基本理论的哲学样式成果述评[J].思想政治教育研究,2013,4:33～39.

和化解前进中遇到的矛盾。问题是事物矛盾的表现形式,我们强调增强问题意识、坚持问题导向,就是承认矛盾的普遍性、客观性,就是要善于把认识和化解矛盾作为打开工作局面的突破口。我们党领导人民干革命、搞建设、抓改革,从来都是为了解决中国的现实问题。"[1] 新的思想政治教育价值理论研究,应当以对问题的发展、回应为研究的基点,而不是以学科体系的建构和完善为研究的基点。问题是公开的、无畏的,问题就是时代的口号。在发现问题、回应问题与发展理论、构建体系之间,发现问题、回应问题更具有第一性、前提性,学科体系只能在对问题的有力回应中才能得以科学地建构,舍此无它。所以关注新问题、切准真问题、聚集大问题,同时也不忘老问题,才是思想政治教育价值理论研究对"问题"的关注。应该进一步提升其回应重大理论和现实问题的能力。在关切中国利益、张扬中国立场这种独特的实践活动中而滋育学术自信。不"盲目崇外""盲目借鉴",吸纳借鉴是可以的,但简单盲目是不可取的。

六是研究思想政治教育价值,从本质上讲是把思想政治教育存在的意义作为研究对象,是对思想政治教育地位和作用的抽象和升华,其目的是研究思想政治教育存在的"合目的性"的意义,它是思想政治教育赖以立足的根本问题。这种研究旨在帮助人们正确认识思想政治教育的价值问题,使思想政治教育真正成为一种自觉的价值追求,价值创造和实现活动。把价值作为思想政治教育研究的内容,既是时代发展的客观需求,又是思想政治教育学科发展的内在要求,同时还是研究者的理论自觉。鉴于此,笔者认为思想政治

---

[1] 习近平总书记在中央政治局第十二次集体学习时的讲话,2015.

教育价值研究应清醒地把握"三双二实"思路。三双即"双主体""双需要""双价值";二实即"实践""实现"。以期求得思想政治教育价值研究沿着正确的路经,落实思想政治教育的实效性。

(1) 所谓"双主体",就是思想政治教育价值研究中主体(教育者)、客体(受教育者),受教育者是存在着的客体又是活动着的主体,所以称为"双主体"

价值是一个具有普遍意义的哲学范畴。价值从哲学层面上来看,它是揭示外部客观世界对满足人的需要的意义关系范畴,是主客体相统一的关系。通俗地说,价值就是事物满足人们某种需要的客观属性,即价值体现了主体和客体之间的一种关系。① 把价值概念从哲学层面上引入思想政治教育领域,这里的主客体就同哲学范畴里主客体有着不同。哲学范畴的主体是人,客体是物。而思想政治教育价值领域的主体是人,客体也是人(是存在着的客体活动着的主体),所以称为"双主体"。在思想政治教育主体、客体的讨论中存在着歧异,争论的焦点不在于教育者是否可以成为主体,而在于教育对象是否能成为主体。反对双主体说的观点认为,双主体说转移了思想政治教育的主要矛盾,降低了思想政治教育者的责任意识,混淆了主体与客体关系,失落了思想政治教育的社会属性和功能。在思想政治教育价值研究领域,教育者和教育对象都符合哲学认识论中关于主体的界定,因此,教育者和教育对象都应该成为主体这种说法的哲学依据是正确的。在思想政治教育价值领域的主体客体不是人与物的关系,而是人与人的关系。在这里不仅不转移、降低、混淆、失落,而是找回了、提升了、分清了思想政治教育价

---

① 王兴祥,武步成.人生哲理[M].太原:山西人民出版社,1991.

值领域应该坚持的应有的一切。

思想政治教育价值的"双主体"内涵是由思想政治教育主体演变而来的。就思想政治教育价值的关系范畴而言，教育者和受教育者的主体性是在思想政治教育活动中生成、实现和发展的；思想政治教育活动的主体性是教育者和受教育者主体性的有机整合。它们是同生共建、互动共进的有机统一。思想政治教育是一项有目的的价值活动，在我们所认定的价值关系中，教育者和受教育者在思想政治教育过程中是两个实体，即"双主体"。二者都是思想政治教育的主体，都具有主体性。教育者是起主导的主体，受教育者是存在着的客体，活动着的主体，是在教育者指导下的主体，是有主导的主体。我们知道，思想政治教育学科的特殊性，是研究人的思想道德品德的形成、变化和发展规律的科学。教育者和教育对象作为"人"的因素，是思想政治教育活动中联系最紧密的因素，二者都以对方的存在为前提，它们相互规定和相互依存。没有教育者，受教育者在成长过程中就缺乏必要的引导和激励。没有受教育者，教育者就失去了存在的意义和依据。双方会随时空的变化而变化，这是一个问题的两个方面，二者同生共建，相互作用，相互渗透，相互吸引，互动共进。

（2）所谓"双需要"，就是思想政治教育价值研究中的"社会需要"和"个人需要"

"个人需要"与"社会需要"的矛盾是思想政治教育价值实现过程的基本矛盾，是思想政治教育价值存在的内在依据与发展的主要动因。抓住它就找到了开启实现思想政治教育价值的入门钥匙。在认识和改造世界的过程中，作为主体的人类与对象之间一方面建立了实践关系和认识关系，另一方面还建构了价值关系，从这个意义上，思想政治教育不仅是社会主体的一种实践活动，而且也是一种价值创造活动。所以，思想政治教育价值的产生归根到底源于一定主体的利益需要，实现一定主体的利益和价值，满足一定主体的需要，这是思想政治教育价值产生的真正根源。从一定意义上来说，思想政治教育价值得以实现的过程就是一个谋求"个人需要"和"社会需要"的过程。

①"个人需要"和"社会需要"之间的差距是思想政治教育价值存在的内在依据。思想政治教育价值主要有两个方面：一是贯彻主流意识的工具价值或社会价值，即满足社会需求；二是培养具有健全人格的人—个体价值，也就是对个人需求的满足。从思想政治教育价值关系的角度来说，个人和社会是价值的主体，思想政治教育是价值客体，思想政治教育只有不断满足个人和社会的需求，才能创造和实现自身的价值。思想政治教育如何才能认识、缩小、协调二者的差距呢。思想政治教育研究的对象是人的思想品德形成和发展以及人们进行思想政治教育的规律。因此对人们思想品德结构的分析，尤其是分析哪些因素制约人的思想变化和发展，同时也要研究如何确立社会要求，如何通过思想政治教育引导人们的思想向社会要求的方向发展。在现实社会中，人们的思想品德表现总是与一定的社会发展要求有矛盾，不可能完全一致，多数人的思想行为与社会规范之间总是基本一致又不完全一致，这是符合唯物辩证法有关矛盾的学说。思想政治教育领域的特殊矛盾，实质上就是揭示一定社会发展所要求的思想观念、政治观点、道德规范与人们的思想观念、政治观点、品质道德之间的矛盾。它们之间的差距也就是

这里所谈的矛盾,同时也是思想政治教育价值存在的内在依据。由此而言,思想政治教育的任务就是要协调、化解二者之间的差距,以期达到所期望的结果。

②"社会需要"和"个人需要"贯通思想政治教育价值实现过程的始终。自从阶级产生以来,人类社会实践活动的一个重要方面体现为思想政治教育就客观地存在着,古今中外概莫例外。在阶级社会中,一个阶级是社会上占统治地位的物质力量,同时也是社会上占统治地位的精神力量。就具体情况而言,一是为了确证自己统治地位的合法性;二是要在社会上营造利于自身统治的氛围。所以统治阶级一方面追求掌握经济基础,另一方面还要掌控上层建筑,使自己成为思想的生产者和分配者。统治阶级为了给自身营造舆论氛围,提供理论依据,确立思想基础,思想政治教育便应用而生了。也就是说为了维护阶级统治,统治阶级必须要用思想政治教育作为手段来传播意识形态、协调社会矛盾、规范社会成员,从而维护社会稳定。在阶级社会中,个体认识和阶级认识的矛盾,阶级与阶级之间的矛盾永远存在。一个社会的正常运行,必须力争形成社会共识,最大化地弥合认识上的差异。也就是说,统治阶级内部不仅要达成共识,而且要全社会成员形成共识。个体认识和社会认识这一对矛盾就需要思想政治教育来化解、来协调。换言之,思想政治教育就是一种社会认识向个体认识转化的活动。在阶级社会中,思想政治教育的基本任务,就是协调"社会需要"和"个人需要",力争让"社会需要"被内化为"个人需要"。"社会需要"和"个人需要"在相异的历史阶段,或者在同一历史阶段的相异社会中需要是不同的,但是这始终不影响思想政治教育是围绕这个问题而

展开。

③价值主体的需要是思想政治教育价值生成的初因。人的需要是人生命活动的内在原因与依据。需要是人的个体内部有机体缺失某种元素而产生的一种对客观条件的依赖要求，正是这种元素的缺失，人才会产生某种欲念或动机，由此推动着人们去主动实践，并在实践中衍生出各种社会关系，最终构成人的本质。需要是人的本性，是一切行动的根源，既是人得以存在和发展的引擎，也是人类社会生存和发展的始因。马克思关于人的需要的理论告诉我们，个人虽然是人类社会存在的基本结构单位，但需要的主体不能只归结为个人，应该是从个体到群体，再到类的统一。换言之，个人可以作为需要的主体，但更重要的主体应是群体和整个社会。由此，人的需要既承担着社会发展源动力的任务，又承担着人的社会关系形成基础的角色。随着社会的不断发展，社会化的大生产会进而调动人的需要。从需要是社会发展的引擎和生命活动的内在根据角度讲，思想政治教育就应当而且必须遵从人这一需求本质。从客观来看，人的需要是非常丰富的，有合理的，有不合理的。我们之所以要进行思想政治教育就在于要纠正、调整、引导不符合人和社会发展的方向性和价值趋向。调整和解决社会现实可能与需求之间的矛盾，引导、调整和处理"社会需要"和"个人需要"之间的关系，缩小矛盾的分歧点，扩大利益的交汇点，寻求需要的平衡点，实现思想政治教育价值的最佳点。

（3）所谓"双价值"，就是思想政治教育价值研究领域的社会价值与个人价值

对思想政治教育价值形态研究，在本文的第二个问题中已作了

评析，这里无需赘述，但需要强调的是思想政治教育具有社会价值和个体价值，二者的产生就像无产阶级和资产阶级一样，是一对"孪生"兄弟。思想政治教育的个体价值和社会价值是同生共建，互促共进的有机地统一在思想政治教育过程中，二者在思想政治教育实践中得到辩证统一。（个体价值与社会价值是思想政治教育价值的两大形态，是从主体结构上划分的）

在"双主体"论域里，我们已明确了思想政治教育价值领域的主客体与哲学范畴里的主客体的区别，同样在思想政治教育领域的价值与哲学范畴里的价值也有着区别。哲学范畴里的价值是研究人与物的关系，这里的客观性成分比较多，而思想政治教育价值领域里的价值是研究人与人的关系，这里既有客观性，又有人的主观能动性。思想政治教育的价值体现在做人的思想政治教育工作的过程中，体现在思想政治教育效果显现中。这是思想政治教育的一次效果，也叫显性价值，或叫直接价值、现实价值。由于人的主观能动性，由于人的思想品德形成与发展规律的作用，思想政治教育还会产生二次、三次等效果，这是思想政治教育的隐性价值，或叫间接价值、潜在价值。所以思想政治教育价值不是只体现在一次的效果中，它有继生效应，终身效应。（具体在第三章、第三节中展开论述）

（4）所谓"二实"，就是思想政治教育实践和思想政治教育价值的实现

马克思主义认识论认为实践是人类正确认识的基础和源泉，是检验理论正确与否的唯一标准。"思想政治教育是一项工作，是一种社会实践活动，是完善人的心理结构、个性品质，激发人的精神

活动，发展人的思想道德素质的自觉的社会实践。"① 马克思主义为我们科学认识思想政治教育实践提供了正确的理论指导。邱伟光教授从工作层面给思想政治教育的内涵做了严格的界定。那么实践在实现思想政治教育价值中的地位便一目了然。实践是认识思想政治教育价值的基础；实践是思想政治教育价值生成的源泉；实践是检验思想政治教育价值理论正确与否的唯一标准；实践是思想政治教育价值实现的根本途径。思想政治教育从本质上讲，是培养、塑造社会新人品质的一种特殊实践活动。这种实践性突出地表现在它是直接建立在长期的思想政治教育实践经验基础之上的，其基本理论问题归根到底应是实践中的问题。思想政治教育是一项实践活动，那么思想政治教育价值也必须是在实践中去实现。思想政治教育价值的基本理论本质上都应当是实践的。因为思想政治教育是一种动态的实践活动，是一种超越现实、追求理想的创造性活动，其本身具有强烈的目的性和超越性。离开了思想政治教育实践，思想政治教育价值研究就会成为无源之水，无本之木。

　　思想政治教育价值的实现问题是思想政治教育价值研究的一个极为重要的问题，它是思想政治教育本质的外在表现和集中表露，是思想政治教育的归宿和落脚点，同时也是从理论研究转入实践研究的重要环节。思想政治教育的价值如何实现，目前学术界主要是从思想政治教育价值实现的内涵、实质、途径、规律四个方面进行阐发。我们认为除了前四个方面，还应把研究的触角伸向思想政治教育价值实现的各个环节，特别是思想政治教育价值实现所涉及的要素、条件、过程、结果中去求得答案。也就是说思想政治教育价

---

① 邱伟光. 明德－邱伟光德育文选[M]. 上海：上海中医药大学出版社，2006.

值的实现应以实际活动展开为序,从教育者、教育对象、教育目的、教育内容、教育方法、教育情境六个方面,分析思想政治教育要素的有效价值;从思想政治教育过程的内在结构及其运作的角度,揭示思想政治教育过程的有效价值;从思想政治教育结果的教育性、个体需要满足性以及社会需要满足性等层面,探讨思想政治教育结果的有效价值。

总之,思想政治教育价值的实现要涉及思想政治教育这一社会现象的方方面面,要内涵外延整体把握,因为思想政治教育内涵与外延是紧密联系的统一整体,它具有完整性、方向性、时代性与继承性的特点。我们要确实把握主体性,聚焦需要论,践行实践观,实现双价值,共享实效性。我们要确实把握实现思想政治教育的规律,因为它是思想政治教育实现终极目标的依据,也是增强思想政治教育有效性与科学性的操作准则。

第三节 科学实践观视域中
思想政治教育价值研究的基本思路和框架结构

一、科学实践观视域中思想政治教育价值研究的基本思路

在思想政治教育价值论研究中,首先要解答的问题是思想政治教育价值究竟是什么,在如何解释这一最根本的问题上,学者们存在着分歧和争论。对于思想政治教育价值问题的解答表面上看是概念和逻辑的问题,本质上却是思维方式的问题。从价值思维的多样性和多维性来看,实现价值思维突破,关键在于打破各种思维模式

的局限。长期以来,在思想政治教育价值研究中,大多数学者都在使用主客体关系价值思维这一模式。然而,思想政治教育价值实现研究涉及极其广阔的领域,如果仅仅从一种思维模式出发进行探讨无疑是很难取得突破的。为了实现思想政治教育价值思维的转变,我们只好另辟蹊径,确立了科学实践观视域中思想政治教育价值论。本课题选择以科学实践观为视域,其重大意义就在于转换思维方式,为突破思想政治教育价值论原有的思维模式寻求新的路径,以求取得思想政治教育的实效。即从根本上扭转长期以来人们对思想政治教育的错误认识和静态评价;从根本上以马克思科学实践观中的"现实的人"来代替目前思想政治教育过程中仅把人看成是"抽象的人"的现象。科学实践观为认识思想政治教育价值提供了新的视野和思维方式。必须以马克思主义价值观为根本观点,以科学实践观为认知方式,在准确把握思想政治教育价值发展历史的基础上,回答什么是科学实践观视域中思想政治教育价值的内涵和本质。

我们把科学实践观视域中思想政治教育价值的内涵定义为:科学实践观视域中思想政治教育价值是思想政治教育对人的发展和社会发展的意义,是思想政治教育与人的发展需要相结合的程度,是思想政治教育与社会发展阶段相吻合的程度,是思想政治教育与历史发展规律相接近的程度。从这个意义上讲,科学实践观视域中思想政治教育价值不仅体现在思想政治教育对人和社会的意义有多大,更体现在思想政治教育是否能符合社会历史发展规律,根据宇宙万物发展趋势进行发展变化。科学实践观视域中思想政治教育价值不仅关注思想政治教育价值的实现,更关注思想政治教育价值的发展，这种价值的发展是符合宇宙发展规律的发展。

对科学实践观视域中思想政治教育价值本质的正确认识，只能通过实践结果来证明。我们认为科学实践观视域中思想政治教育价值的本质是实践的、是实效的、是发展的。实践性是思想政治教育的根本属性，思想政治教育是以人为实践对象的活动。因此，科学实践观视域中思想政治教育价值的本质，从根本上说是实践的。科学实践观视域中思想政治教育价值本质的实效性，不仅有利于确证思想政治教育价值的客观存在，也使我们对思想政治教育价值存在有了更深层次的认识。科学实践观视域中思想政治教育价值的客体相对于主体是什么的问题，即思想政治教育主体尺度问题，这个问题才是科学实践观视域中思想政治教育价值实质的核心和关键。科学实践观视域中思想政治教育得以存在和发展，是当前社会历史发展的需要，也是现代人性发展的需要，对当前社会历史发展具有重要的价值意义。这就要求科学实践观视域中思想政治教育价值必须接受社会的检验，符合社会需要的思想政治教育活动才是科学的和有价值的。

科学实践观视域中思想政治教育价值的内涵、本质是我们正确认识科学实践观视域中思想政治教育价值的基本前提。在这样的基本前提下，我们对科学实践观在思想政治教育价值中的地位、科学实践观在思想政治教育价值实现中的作用，科学实践观视域中思想政治教育价值的特征、价值的体现、价值的要素、价值的生成根源、价值的形态、价值形态的辩证关系、价值实现的路径、价值实现的发展趋势作了具体的论述。这是我们为求解科学实践观视域中思想政治教育价值论域的问题提出一种建设性的思路。

二、科学实践观视域中思想政治教育价值研究的框架结构

基于上述的理性思考,本课题拟订九章内容具体展开对思想政治教育价值论域的研究。

第一章导论部分,从思想政治教育的实效性说起,论述选题的意义,梳理"科学实践观"和"思想政治教育价值"研究的现状视域。在厘清科学实践观视域中思想政治教育价值研究的基本思路后,构建科学实践观视域中思想政治教育价值研究的框架结构。

第二章追溯考察科学实践观和思想政治教育价值研究的理论渊源,提出科学实践观视域中思想政治教育价值观,确立科学实践观在思想政治教育价值中的地位,明确科学实践观在思想政治教育价值实现中的作用。这样在理论上夯实了科学实践观视域中思想政治教育价值研究的根基。

第三章揭示科学实践观视域中思想政治教育价值的内涵与本质,论证科学实践观视域中思想政治教育价值的特征和价值的体现。在马克思主义价值观引领下,通过抽象到具体、现实到理想两个阶段的演进,完成了科学实践观视域中思想政治教育价值内涵定义的界定。揭示了科学实践观视域中思想政治教育价值的本质是实践的、是发展的、是实效的。在此基础上对科学实践观视域中思想政治教育价值的特征作了高度的概括,提出四个辩证统一,创新性地提出科学实践观视域中思想政治教育价值体现的即时性、继生性和终身性。

第四章从三个层面剖析科学实践观视域中思想政治教育价值的生成根源。第一个层面是从科学实践观视域中思想政治教育价值生

成的基本矛盾入手，得出的结论是，个人需求与社会需求之间的差距是思想政治教育价值生成的内在根据，个人需要与社会需要贯穿于思想政治教育价值实现过程的始终，个人需要与社会需要规定和制约着思想政治教育价值实现过程的其他矛盾。第二个层面是从科学实践观视域中思想政治教育价值生成的内在要求来分析，认为价值主体的需要是思想政治教育价值生成的初因，价值主体的利益是思想政治教育价值生成的动因。第三个层面是从科学实践观视域中思想政治教育价值生成的外在要求来分析，认为科学理论是思想政治教育价值生成的理论根源，科学实践是思想政治教育价值生成的现实根源。这三个层面中基本矛盾是问题的关键，内在要求是发展的根据，外在要求是变化的条件。

第五章研究科学实践观视域中思想政治教育价值的要素构成。本章从科学实践观视域中思想政治教育价值实现的主体，科学实践观视域中思想政治教育价值实现的客体，科学实践观视域中思想政治教育价值实现的介体，科学实践观视域中思想政治教育价值实现的环体这"四要素"展开分析。认为科学实践观视域中思想政治教育价值的要素构成是一个多要素的综合系统，其内部构成十分复杂，涉及思想政治教育的方方面面，是思想政治教育学原理的主要内容。如果说思想政治教育工作者不求思想政治教育的实效是失职，那么科学实践观视域中思想政治教育价值论的研究者不研究思想政治教育价值构成的各要素是认识上的缺失。

第六章论述科学实践观视域中思想政治教育价值的形态。本章在分析科学实践观视域中思想政治教育价值的一般形态结构基础上，重点阐述科学实践观视域中思想政治教育价值的主要形态个体价值和社会价值。在此基础上科学地总结出科学实践观视域中思想政治教育价值的形态特征,即科学实践观视域中思想政治教育价值形态的历史性、实践性、社会性和现实性。

第七章阐述科学实践观视域中思想政治教育价值主要形态的辩证关系。思想政治教育具有社会价值和个体价值已是毋庸置疑的,学界争执的焦点是社会价值和个体价值孰前孰后,孰轻孰重。就其争执的根本原因在于人们未能很好地把握二者的辩证关系。为此,我们用一章的篇幅专门来阐述论证二者的辩证关系。我们认为科学实践观视域中思想政治教育价值主要形态,即社会价值和个体价值既有矛盾性又有统一性。矛盾性表现为整体性与局部性之间的矛盾、长期性与暂时性之间的矛盾、发展性与适应性之间的矛盾。统一性表现为本质的一致性、作用的相互性、条件的客观性、过程的共生性。科学实践观视域中思想政治教育就是为了解决、化解、协调矛盾,从而使社会价值和个体价值的矛盾性达到转化,统一性达到共生。提高社会价值的兼容性、增强社会价值的认同度、扩展个体价值的选择性。使科学实践观视域中思想政治教育的个体价值和社会价值同生共建,互促共进的有机地统一在思想政治教育过程中,二者在思想政治教育实践中得到辩证统一。

第八章探讨科学实践观视域中思想政治教育价值实现的路径。思想政治教育价值的实现问题是科学实践观视域中思想政治教育价值研究的一个极为重要的问题,它是科学实践观视域中思想政治教育本质的外在表现和集中表露,是科学实践观视域中思想政治教育的归宿和落脚点,同时也是从理论研究转入实践研究的重要环节。研究科学实践观视域中思想政治教育价值的目的就是为了探讨思想政治教育价值实现，所以本章着重从科学实践观视域中思想政治教育价值实现的路径来探寻思想政治教育价值实现的最佳途径。我们从科学实践观视域中思想政治教育价值实现的价值传播路径、教育引导路径、实践养成路径、数据分析路径入手，具体展开论述。上述四条路径有机地构成了科学实践观视域中思想政治教育价值实现的途径体系。

第九章探讨科学实践观视域中思想政治教育价值实现的发展趋势。根据当代思想政治教育价值实现的发展趋势和方向，科学实践观视域中思想政治教育价值实现的发展趋势体现在五个方面：注重主导性、注重话语性、注重情感性、注重养成性、注重融入性。

第二章　科学实践观和思想政治教育价值研究的理论渊源

第一节　科学实践观的理论来源

一、马克思主义实践观

马克思主义实践观是科学实践观和思想政治教育价值研究最根本的理论来源。马克思主义认为，为了科学地改造世界，满足人类的需要，就要形成关于对世界的正确认识，即真理。这种认识不仅要从实践中来，还必须把实践作为检验真理的唯一标准。马克思主义实践观是一个蕴含丰富内容的整体：一方面，马克思认为，"全部社会生活在本质上是实践的"；另一方面，他又认为，"对实践的唯物主义者即共产主义者来说，全部问题都在于使现存世界革命化，实际地反对并改变现存的事物"，[1] 即要以合理的实践改变不合理的实践，即以合乎历史必然性的实践改变正在失去历史必然性的实践。[2] 马克思主义实践观揭示了社会生活的本质和社会意识形态的物质根源，为探寻人类认识的本质和解开人类社会历史之迷提供了钥匙。

---

[1]　马克思恩格斯选集[M].第1卷,北京：人民出版社,1995,P75.
[2]　李国锋,任凤琴.再论科学实践观的当代价值[J].学理论,2009(22).

马克思认为实践活动是人所从事的"感性活动""对象性活动",实践是人与外部世界之间相互作用的感性活动。通过这种活动,人在改变外部世界的同时也改变着自己。人们只有在一定的社会联系和社会关系中才能对自然界产生影响,才能进行生产。因此,在生产过程中既发生着人与自然界的关系,也发生着人与人的关系,并且随着人与自然界之间关系的改造和发展,人与人之间的关系也会得到改造与发展。① 马克思所讲的实践就是人们所从事的改造自然、改造社会和改造自身的物质活动,是人与对象、主体与客体通过相互作用而实现统一并使人类获得生存、发展和解放的社会历史进程。

科学实践观从根本上实现了"本体论"和"认识论"的统一,是马克思主义认识论的基础。因为它确立了实践相对于认识的基础地位,即认识来源于实践;阐明了实践是认识真理的标准,即实践是检验真理的唯一标准;指出实践是人的认识能力得以提高的根本途径,即人的认识能力的提高与发展是在实践活动中实现的。马克思主义实践观体现了自然观和历史观的统一。它把实践理解为人类存在的基本方式,揭示了人和社会的实践本质,通过揭示自然界对于人和社会的先在性,人的物质实践活动对于自然条件和其他物质条件的改造作用,阐明了人类实践活动中物质生产活动对于政治活动、精神活动的基础作用,也就是把解决人和自然的矛盾的物质生产活动视为基础性的实践活动,把人类历史归结为在本质上是物质生产资料生产的历史,用物质资料生产的发展去说明人和社会的历史发展,通过生产力和生产关系,经济基础和上层建筑的矛盾去解

---

① 吕晓丹.马克思主义实践观及其在中国的发展[J].前沿,2007(3).

第二章 科学实践观和思想政治教育价值研究的理论渊源

释人类社会的发展规律。[①]

马克思主义实践观体现了唯物论和辩证法的统一。从科学实践观出发,被旧唯物主义当作"感性存在"的人,现在则被理解为从事着感性活动的主体;被旧唯物主义在直观、静止、孤立、片面看待的世界,现在则被理解为在自身矛盾的推动下发展的历史过程。这样,建立在科学实践观基础上的唯物主义,就克服了旧唯物主义的直观性、机械性和形而上学,包含着辩证法,成了辩证唯物主义。马克思主义认为,实践是自在世界和人类世界分化与统一的基础。[②] 生产实践不仅使天然自然发生形态的改变,而且把人的目的性因素注入其中,从而改变物质的自在存在形式,使天然自然这个"自在之物"转化为体现人的目的、满足人的需要的"为我之物",这就是自然"人化"的过程。人们在从事生产实践改造自然的同时,又形成、改造和创造着自己的社会联系和社会关系。没有人与人之间的社会关系,也就不可能有人与自然的现实关系。自然的"人化"过程,也是人类社会形成和发展的过程。在人的实践活动中生成的人化自然和人类社会及其统一,构成了人类世界。自在世界和人类世界具有内在联系,这种内在联系体现在两个方面:首先,在实践中,自在世界和人类世界这两个方面是不可分割的;只要有人存在,自然史和人类史就彼此相互制约。其次,天然自然通过人的实践活动转化为人化自然,人化自然又不可避免地要参与到整个大自然的运动过程中,这会出现两种情况:一是自在世界的运动以其强大的力量强行铲除人化自然的痕迹,使人的活动成果趋于

---

① 吕晓丹.马克思主义实践观及其在中国的发展[J].前沿,2007(3).
② 吕晓丹.马克思主义实践观及其在中国的发展[J].前沿,2007(3).

淡化和消失；二是人化自然改变了自然规律起作用的范围和结果，改变了各种自然过程，特别是生物圈内物质、能量的流通与变换，出现生态失衡、全球危机。① 总之，人的实践活动是一种不断分化世界，不断使世界二重化，又不断统一世界的活动。

第一，实践是人的现实的感性活动。马克思把整个工业的历史和工业已经产生的对象性存在，看作是人的本质力量打开的"书本"，是感性地摆在我们面前的。人的这种感性活动不断改变着外部自然界，同时也不断改变人自身的自然。② 原始人最初的感性活动，使用最粗陋的石器工具割断了人与自然母体之间的天然"脐带"。古人在较进步的感性活动基础上，发明了文字符号的形式，将人类生存的经验变成为理性的精神产品保留下来。依靠它，人类逐渐由自在走向自为，由自发走向自觉。在现代人的感性活动基础上，创造了先进的科学技术，使人能思考地球以外的生存价值，把人的生命意义提升到从未有过的高度。所有这一切无可辩驳地证明了这种连续不断的感性劳动和创造，这种生产，是整个现存感性世界的非常深刻的基础。

第二，实践是人的有意识的活动。任何实践的过程都是人借助一定的手段，改变客观对象，使客观对象满足自身需要，在改造客观对象中实现了预定目标过程。目的性在人的实践活动中发挥着极其重要的作用，人与自然之间的物质能量变换活动始终离不开具体的目的，在人从事具体的实践活动之前，目的早以观念的形式存在

---

① 杨斌.都江堰水利可持续发展与成都平原经济社会发展的关系研究[M].成都：成都理工大学出版社，2009.
② 刘涛.马克思的人化自然思想研究[M].上海：复旦大学出版社，2006.

于他的头脑之中了。从实践的手段来看,一定的手段(即生产工具)体现着人类理性技巧,以及人类本质力量在广度和深度上的扩展。实践主体的劳动能力及其发展主要体现在实践手段的发展和更新上,而手段的改进和发展反过来又加强实践主体对客体世界的改造,手段标志着人类实践水平的质量和发展程度。所以马克思把劳动工具的发展水平作为衡量社会进步的标志。实践体现人的内在尺度和事物外在尺度的统一。作为现实的人的自主活动,实践蕴含着人的全部智、情、意的内容。但是,这些内在需求的提出和实现,都离不开人和外部世界的相互作用,即离不开人的实践活动本身。

第三,实践是历史过程。实践不仅是人与自然之间的物质、能量的变换活动,表现出人的自觉能动性,更重要的,它是社会历史过程。实践体现着自然过程和社会历史过程的统一。人与自然的关系,始终离不开人自身的社会关系。马克思与传统经济学家的最大不同就在于他重视通过物质交换关系来揭示人与人的交往关系。因为只有当对象对人来说成为社会的对象,人本身对自己说来成为社会的存在物,而社会在这个对象中对人说来成为本质的时候,这种情况才是可能的。这就是说,自然只有作为社会的考察对象,人只有作为社会历史和社会关系的产物,社会性只有被当作理解自然、历史和人的中心坐标,主客体的中介关系——实践才会有它自身的活的灵魂,实践的唯物主义才会有它真正的可靠基石。"实践"不能像现行的哲学论著那样,仅仅把它当作认识论的范畴。马克思和恩格斯早在《德意志意识形态》中就已将实践提到世界观的高度,明确地宣称他们的哲学是"实践的唯物主义",这一哲学的任务是

"使现存世界革命化,实际地反对和改变事物的现状"。①

社会生活在本质上是实践的。对于生产力的研究不能只从客体方面去理解,而应从实践去理解。就是说,生产力本身已内在地包括了客体、主体和实践,而对于实践,不仅要从"客观的活动"去理解,而且要从"主体的方面"去理解,把"主体"和实践联系起来。实践就是"人的自由自觉的活动",这就肯定了主体的能动性。同时,实践又是真正现实的感性的活动,这又否定了抽象能动性,把人与自然、主体与客体、思维与存在、主观与客观、合目的性与合规律性等关系在实践基础上统一了起来。这也就是在人与自然、人与社会的双重统一过程中去理解和诠释生产力。生产力是人们解决人与自然、人与社会矛盾的实践能力,是人类认识和改造自然与社会使其适应人类需要的实践力量。马克思研究生产力的出发点是从事实践活动的人,生产力不过是追求着自己的目的的人的活动能力。人的第一个历史活动就是要维持自己的生活、创造自己的历史。从事物质和精神生产活动,既是主体与客体之间的物质和信息的变换过程,又是主客体之间的物质与观念的变换过程。这样,马克思从人类实践活动中找到了把客观性、自主性、创造性和现实性统一起来的基础,从而解决了先前生产力理论无法解决的矛盾,实现了生产力理论的革命性变革。

思想政治教育本身是一种实践活动,正确把握马克思主义实践观是正确理解和发展思想政治教育理论的前提。尤其是进入信息化时代,网络快速发展给思想政治教育带来新变化,人们的生活方式、交往方式以及认知模式等都发生了深刻变化,要求思想政治教

---

① 黄家兴.浅谈马克思主义哲学的独到之处[J].大观周刊,2010(37).

第二章　科学实践观和思想政治教育价值研究的理论渊源

育必须把握当代中国社会的深刻变化及人民群众的思想特点，必须将思想政治教育与时代境遇和实践特点相结合，使思想政治教育在改变人们的思维方式、思想观念、全民共识等方面最大化地发挥作用。

二、中国共产党的科学实践观

马克思主义实践观在中国的发展，理论上形成了一脉相承的实践思想体系。标志性的理论主要有毛泽东思想、邓小平理论、"三个代表"重要思想和科学发展观。

毛泽东思想的形成是马克思主义中国化产生的标志，也是第一次将马克思主义实践观用于中国实际。以毛泽东为核心的第一代中央领导集体，领导全党和全国人民经过北伐、土地革命、抗日战争和解放战争，推翻了帝国主义、封建主义、官僚资本主义三座大山，从新民主主义走上了社会主义道路，取得了社会主义革命和建设的伟大胜利。在这个过程中，以毛泽东为主要代表的中国共产党人，根据马列主义的基本原理结合中国长期革命实践所形成的一系列独特经验，确立了适合中国情况的科学指导思想，这就是毛泽东思想。[①] 毛泽东在《实践论》中指出，"通过实践而发现真理，又通过实践而证实真理和发展真理。从感性认识而能动地发展到理性认识，又从理性认识而能动地指导革命实践，改造主观世界和客观世界。实践、认识、再实践、再认识，这种形式，循环往复以至无穷，而实践和认识之每一循环的内容，都比较地进到高一级的程度。这就是辩证唯物论的全部认识论，这就是辩证唯物论的知行统

---

① 吕晓丹. 马克思主义实践观及其在中国的发展[J]. 前沿, 2007(3).

一观。"① 在社会主义建设时期，毛泽东思想把马克思主义基本原理同中国建设结合起来，正确解决了中国社会主义建设的理论、路线、方针、政策、道路等一系列重大理论和实际问题，形成了独特的社会主义建设理论和经验，实现了社会形态的平稳过渡。② "中国革命和建设的成就是在多年革命建设中取得的，一系列理论的形成也来源于这一实践，而在此过程中形成的革命建设理论更具指导意义和价值。"③ 马克思主义在中国传播以来，毛泽东思想是第一次对马克思主义实践观作系统的发展，揭示了中国社会发展规律，全面、系统、发展的看待中国的社会矛盾和历史进程。

邓小平写下了一部建设有中国特色社会主义的"实践论"。这是在毛泽东思想基础上，又一次丰富和发展了马克思主义实践观。邓小平理论要解决的问题是"什么是社会主义，怎样建设社会主义"。在中国的现实国情和当代的国际形势下，解决这一问题并没有现成的模式可以套用。④ 邓小平提出"解放思想，实事求是""一切从实际出发"。邓小平把发展生产力与巩固社会主义制度结合起来。他指出，"按照历史唯物主义观点来讲，正确的政治领导的成果，归根到底要表现在社会生产力的发展上、人民物质文化生活的改善上。如果在一个很长的历史时期内，社会主义国家生产力发展的速度比资本主义国家慢，还谈什么优越性？"⑤ 邓小平把马克思主

---

① 梁继超. 马克思主义中国化进程中的苏共因素研究[M]. 长春：东北师范大学出版社，2009.
② 吕晓丹. 马克思主义实践观及其在中国的发展[J]. 前沿，2007(3).
③ 武警北京指挥学院编. 中国式马克思主义概论. 北京：军事科学出版社，2003，P90.
④ 吕晓丹. 马克思主义实践观及其在中国的发展[J]. 前沿，2007(3).
⑤ 邓小平文选. 第2卷，北京：人民出版社，1993，P128.

第二章　科学实践观和思想政治教育价值研究的理论渊源

义实践观运用到建设有中国特色社会主义实践中，运用到观察问题和处理工作的过程中，形成了当代马克思主义实践观。邓小平从社会主义实际出发，提出了社会主义生产力发展标准：是否有利于发展社会主义社会的生产力，是否有利于增强社会主义国家的综合国力，是否有利于提高人民的生活水平。"三个有利于"标准的提出，是对实践标准和生产力标准的进一步具体和深化，是实践标准和价值标准的统一。在社会生活领域，生产实践是人类最基本的实践活动，实践标准在建设中国特色社会主义实践中的具体化和深化，必然得出"三个有利于"标准，它们不是孤立的衡量改革开放得失成败的标准，更不是抽象的、空洞的哲学论断，而是当代中国改革开放实践的深入和发展。这是在实践上的创新，开拓了马克思主义的新境界。"实践观念是对实践本身以及如何进行实践的认识，实践观念的变革是社会根本的行为方式、认识方式的变革。"[1] 邓小平敏锐观察到科学技术的重要性，由马克思的"生产力中也包括科学"发展到"科学技术是第一生产力"，丰富和发展了马克思主义的实践理论，深刻反映了当代社会实践的根本特征。"科学技术是第一生产力"的观点充分肯定了在知识经济时代，科技在社会发展中的核心作用，对我国转换原有的实践框架提供了一个崭新的视角。它预示着我国社会结构和社会思维方式、行为方式的巨大变化，涉及知识分子、知识、智力及人才的重要地位。[2] 邓小平理论发展了马克思主义实践观。

---

[1] 邓光荣.邓小平哲学思想—马克思主义哲学在中国发展的新阶段.香港:中国文献出版社,2004,P70.

[2] 吕晓丹.马克思主义实践观及其在中国的发展[J].前沿,2007(3).

党的十三届四中全会以来，以江泽民同志为代表的中国共产党人，创立了"三个代表"重要思想。这一思想的提出来自新时期中国共产党面临的执政环境和形势，是对马克思主义实践观的又一次新的发展。马克思主义实践观厘清了认识与实践、认识的"至上性"与"非至上性"的关系，一开始就反对"教条式的预见未来"，而主张在将来某个特定的时刻应该做些什么，应该马上做些什么，这当然取决于人们将不得不在其中活动的那个既定的历史环境。马克思主义从其创立之初就关注变化中的实际，并及时总结新的实践经验，创造新的理论。随着当代中国改革开放和现代化建设的深化和拓展，社会主义政治文明、社会主义社会的劳动和劳动价值理论问题日益突出。[①] 不以新的思想、观点去继承发展马克思主义，就不是真正的马克思主义。"三个代表"重要思想是对马克思主义实践观的又一次发展，其根本就在于它是从客观实际中提出来又在客观实际中得到证明的理论。它本身是对共产党执政规律、对社会主义建设规律、对人类社会发展规律认识深化的结果，不仅概括了党的性质、宗旨和根本任务，而且蕴含着唯物主义历史观和科学社会主义的基本原理。其理论特征就在于把唯物主义历史观和科学社会主义的基本原理同党的建设学说融合为一个理论整体，是立党、执政、兴国三者统一的新的理论形态。"三个代表"重要思想完全符合马克思主义关于实践的科学阐述，是马克思主义实践观在中国发展的新阶段。"三个代表"重要思想是一种同中国具体实际相结合，具有"中国特色""中国作风""中国气派"的马克思主义实践观。它要"代表"的是中国先进生产力的发展要求、中国先进文化的前

---

① 吕晓丹.马克思主义实践观及其在中国的发展[J].前沿,2007(3).

进方向和中国最广大人民的根本利益,反映的是当代中国和世界变化发展对党的工作所提出的新要求。"三个代表"重要思想既体现了马克思主义实践观,又包含了中华民族的优秀思想,是中国化的马克思主义。

党的十六大以来,以胡锦涛同志为代表的新一届中央领导集体提出要"坚持以人为本,树立全面、协调、可持续的发展观。促进经济社会和人的全面发展。"党的十七大又明确提出,"科学发展观,第一要义是发展,核心是以人为本,基本要求是全面协调可持续,根本方法是统筹兼顾。"科学发展观的提出,标志着科学实践观在中国发展到了新阶段。马克思主义实践观是科学发展观的形成的基础。改革开放以来,我国的经济保持了较长时期的持续快速增长、综合实力明显增强、各个领域取得了巨大的成就。与此同时也出现了二元结构突出、生态环境恶化等问题,成为制约我国经济发展的瓶颈。科学发展观的提出,是从实际出发,坚持认识来源于实践又指导实践,接受实践的检验的基本要求,使主观与客观达到了具体的历史的统一,是党运用科学实践观对多年来发展实践的经验总结和概括,为我国进一步推进改革开放提供了强有力的智力支持。科学发展观的核心是"以人为本",不仅是对世界发展要求的积极响应,也充分体现了马克思主义实践观原理。胡锦涛同志指出,相信谁,为了谁,依靠谁,是否站在最广大人民的立场上,是区分唯物史观和唯心史观的分水岭,也是判断马克思主义政党的试金石。要始终把实现好、维护好、发展好最广大人民的根本利益作为党和国家一切工作的出发点和落脚点,做到发展为了人民、发展依靠人民、发展成果由人民共享。① 科学发展观的基本要求和根本方法体现了合目的性和合规律性的统一。科学实践观要求我们必须从客观事物本身的规律去认识问题、解决问题。树立和落实科学发展观，就必须按照"全面协调可持续"的要求，把握"五个统筹"，正确认识和处理人与自然、人与人对立统一的关系。

习近平同志十分重视实践的作用，在多次的讲话中，详细阐述了其实践的思想和理念。2011年习近平在《关键在于落实》的文章中指出，"反对空谈、强调实干、注重落实，是我们党的一个优良传统。对于抓落实的极端重要性，我们党和党的主要领导同志先后都有过很多精辟的阐述。毛泽东同志要求共产党员一定要有'认真实干'的精神，强调'一件事不做则已，做则必做到底，做到最后胜利'，'什么东西只有抓得很紧，毫不放松，才能抓住。抓而不紧，等于不抓'。邓小平同志强调'少说空话、多干实事'，凡事都'要落在实处'，'开会、讲话都要解决问题'。江泽民同志强调'落实，落实，再落实，因为这是做好一切工作的关键环节'，'不要在层层表态、层层开会、层层造声势上做文章，而要在层层抓落实、层层抓解决问题上下功夫'。胡锦涛同志强调'要坚持发扬共产党人的革命精神和坚持科学求实态度的统一，脚踏实地，埋头苦干，坚决反对形式主义和官僚主义'。这些论述，把抓落实的重要意义和基本要求讲得很清楚很深刻，我们在领导工作中要始终遵循和认真贯彻。"习近平还说，"抓落实要有知难而进、锲而不舍的奋斗精神；抓落实要有求真务实、真抓实干的优良作风。"② 2012年11月

---

① 李国锋,任凤琴.再论科学实践观的当代价值[J].学理论,2009(22).
② 习近平.关键在于落实[J].求是,2011(06).

29 日,习近平同志在参观"复兴之路"展览时,指出,实现中国梦要把"空谈误国,实干兴邦"作为主要思路,这不仅体现了以人为本、执政为民的根本价值,更体现了在科学实践中实现中华民族伟大梦想的思想。在培育和践行社会主义核心价值观中,习近平指出要"勤学、修德、明辨、笃实"。① 这其中无不闪烁着科学实践的智慧火花。习近平同志的科学实践观思想为我们正确认识思想政治教育价值指明了方向。

毛泽东思想、邓小平理论、"三个代表"重要思想、科学发展观和习近平的科学实践观思想,都在理论和实践上继承和发展了马克思主义实践观,对世界、对事物采取实践态度,保持思维的开放性、立体性、灵活性,它是与直观的、先验的思维方式相对立的崭新的思维方式。密切关注变化中的实际,自觉地根植于实践,随着实践的发展而发展,这是马克思主义的"本性"。它们不仅在理论上一脉相承,在实践中也体现出相同的实质,即实践性。

三、科学实践观指导下的思想政治教育价值观

列宁指出:"马克思和恩格斯对工人阶级的功绩,可以这样简单地表达:他们教会了工人阶级自我认识和自我意识,用科学代替了幻想。"② 这里所说的"他们教会了",不仅是指马克思、恩格斯的学说对工人阶级的教育和影响,显然包含着马克思、恩格斯对工人阶级广泛的思想政治教育的价值问题。这里所说的"工人阶级自我认识和自我意识",是指工人阶级从自在的阶级走向自为的阶级,

---

① 习近平.青年要自觉践行社会主义核心价值观.
② 列宁选集.第1卷.北京:人民出版社,1995,P89.

认识到或意识到自己所处的历史地位和伟大使命,并且这种使命感是建立在科学的而不是在幻想的基础之上的。马克思主义思想政治教育价值观来源于实践,又回到实践中接受检验。这个动态的逻辑过程中,马克思主义思想政治教育价值观随着时代的变化和国家工作重心的转移而发生变化,呈现出不同的时代特征。随着社会主要矛盾的变化和党的总任务的发展变化,在不同的历史时期,无产阶级使命的侧重点有所不同,它的内容和形式也是广泛多样的。具体地说:一是无产阶级用革命的手段推翻资产阶级的统治,建立自己的政权;二是镇压各种敌对阶级的反抗;三是防御国外敌人的颠覆、渗透活动及可能的侵略;四是无产阶级利用自己政权的力量,从根本上改造旧的生产关系;五是动员广大人民群众参与国家事务的管理,建设社会主义民主与法制;六是在社会主义改造基本完成后,集中力量进行社会主义建设,发展社会生产力,逐步提高人民群众的物质文化水平,为最终实现共产主义准备条件。[①] 因此,我国当前最重要的任务是以经济建设为中心,大力发展社会生产力。思想政治教育只有服务于这个实际,才能体现出其正确的价值观。

第一,科学实践观视角下,思想政治教育是一种特殊的教育实践活动。科学实践观开创了一种不同于以往实体论、主体论的哲学思维方式,强调从实践的角度关注人和人、人与世界的关系。科学实践观视野中的实践,从内涵上被视作"对象性的"的"人的感性活动"。[②] 实践不单纯具有主体能动性,亦不单纯强调客体的直观性,而是"主体和客体之间能动而现实的双向对象化过程,是主体

---

① 罗爱平.思想政治教育经济价值论[M].武汉:华中师范大学出版社,2008.
② 马克思恩格斯选集.第1卷.北京:人民出版社,1995,P188.

第二章 科学实践观和思想政治教育价值研究的理论渊源

和客体之间的物质、能量和信息变换过程";从外延上,"全部人的活动迄今为止都是劳动","历史的全部运动,既是它的现实的产生活动——它的经验存在的诞生活动,同时对它的思维着的意识来说,又是它的被理解和被认识到的生成运动"。① 科学实践观认为实践是人的生存方式。其外延涵盖全部的人类社会活动,是一个多层次的开放系统。②

从科学实践观的视角看,思想政治教育本质上是一种改造主观世界的教育实践,具有其特殊性。首先,其特殊性在于思想政治教育实践包含有特殊的矛盾。毛泽东也指出,"任何运动形式,其内部都包含着本身特殊的矛盾。这种特殊的矛盾,就构成事物区别于他事物的特殊的本质。"③ 思想政治教育的特殊矛盾就在于:一定的社会发展要求和人们实际的思想道德水平之间的矛盾。而思想问题的解决只能选择柔性的教育实践,即调节个人与社会的关系,促进个人思想品德与社会意识形态同质发展,以实现个人与社会良性互动的实践活动。其次,思想政治教育实践产生于特殊的政治需要,源于阶级社会中统治阶级为了维持社会稳定和进步,进行意识形态统治和灌输的需要。社会个体为了被特定社会所容纳,产生了政治思想社会化的需要。这两种需要的交错点促使意识形态个体化和个体政治思想品德社会化双向过程,即思想政治教育的产生。再次,从教育内容看,思想政治教育不是一种无差别、无立场的教育。马克思主义理论是世界无产阶级的革命理论,中国共产党的思想政治

---

① 马克思恩格斯选集.第1卷,北京:人民出版社,1995,P118.
② 张春秀.基于科学实践观视角的思想政治教育审视[J].理论月刊,2012.
③ 毛泽东选集.第1卷.北京:人民出版社,1991,P35.

教育则致力于马克思主义理论的灌输和教育。最后，从教育的保障机制看，思想政治教育有国家权力做保障和推动力量，是受到各国政党普遍重视和支持的教育活动。

第二，科学实践观视角下，思想政治教育中实践主客体之间是主动性受动性统一的双向建构关系。实践主客体主动与受动的统一，在思想政治教育中主客体的双向建构。首先，教育者本人一定是受教育的。教育者本人亦有一个不断提升、受教育的过程。所以，思想政治教育的主体和客体并非既定的、宿命的，而是在具体的教育实践活动中确立并辩证统一于思想政治教育实践中。[①] 其次，思想政治教育客体一定程度上又是"主体"。思想政治教育的客体是具有能动性的人，不仅有自我意志，而且在受教之前已经有了一定的"前见"，对教育者提供的教育内容、教育手段等具有选择性和偏好性。思想政治教育实效性落脚点在于受教育者主动求学并致知于行，达到"教是为了不教"的教育境界。同时，受教育者具有一定个性、品格和学识素养，也会影响教育主体。所以，思想政治教育客体具有相当的"主体性"。再次，思想政治教育主体和受教育者之间存在互动关系。思想政治教育的主体性和对象性是相对的，教育者和受教育者实际上都兼具有"主体和客体"、主动和受动双重身份，主客体可以在特定视角下发生身份转换。所以，思想政治教育主体和客体，不仅在思想政治教育实践中共存、"双向对象化"。而且是一个双向建构过程，教育者和受教育者将交流中获得的信息等用于重建和发展自我。

第三，科学实践观视角下，思想政治教育的价值目标是实践中

---

① 张春秀.基于科学实践观视角的思想政治教育审视[J].理论月刊,2012.

第二章　科学实践观和思想政治教育价值研究的理论渊源

个人价值与社会价值的统一。思想政治教育实践中，价值目标决定教育导向、价值评价，保证思想政治教育有效开展、教育资源有效配置。在科学实践观的视角下，个人与社会是产生并且存在于实践中的矛盾统一体。首先，实践中的个人和社会是统一的。实践是个人的存在方式，没有实践无法满足人的物质和精神需求，人无法生存发展。实践也是社会形成发展的源泉和基础。生产实践不仅生产出个体和社会生活需要的物质精神产品，而且也产生了以生产关系为基础的社会关系。其次，实践中人和社会相辅相成不可分割。马克思说："人不是抽象的蛰居于世界之外的存在物。人就是人的世界，就是国家，社会。"① 人是社会关系中活动的人，个人既是独立的，又是社会的部分、环节和细胞，个人实践是社会进步发展的动力，社会是个人生存发展的环境和保障。再次，个人与社会是互相制约的。马克思既承认社会对于人的生存、活动与发展的积极的促进作用，也承认其消极制约的方面。而这种人与社会的制约与受制约在实践中实现了良性互动。这种实践中的统一，并不否认实践中个体与社会之间差别甚至矛盾的存在。黑格尔指出，"如果有人问：同一如何会发展成为差别呢？他在这个问题里边预先假定了单纯的同一或抽象的同一是某种本身自存之物，同时也假定了差别是另一种同样地独立自存之物"，② "不要把同一单纯认作抽象的同一，认作排斥一切差别的同一"。③ 个体和社会在某个阶段或者在某个局部，会发生摩擦或者碰撞，但就人类社会实践长河的整体发展来

---

① 马克思恩格斯选集.第1卷.北京：人民出版社,1995,P206.
② 张春秀.基于科学实践观视角的思想政治教育审视[J].理论月刊,2012.
③ 德·黑格尔.小逻辑.北京：商务印书馆,1994,P128.

讲，他们是统一的，是一个双向互动的发展过程。

第二节　科学实践观在思想政治教育价值中的地位

一、科学实践观是认识思想政治教育价值的基础

价值范畴同实践范畴是紧密联系的，在一定意义上我们可以说，实践范畴是理解全部价值问题的基础。在现实中并不存在价值形成的天然根据，价值既不是客体的天然属性，也不是由客体的自然变化形成的，它是实践创造的。人和动物的根本区别就在于，动物是直接消费自然界的，因而自然界天然地具有满足动物需要的属性。自然界却并不能天然地满足人的需要。人只有根据对自身需要的意识，有目的地改造自然客体，使客体的自然结构向着合乎人的需要的方向变化，才能成为满足主体需要的有用之物，才形成了客体的价值。价值不是一种自然现象，而是一种社会现象。价值是在实践中形成的。马克思主义把需要、利益范畴引入了主客体关系中，揭示了主客体的价值关系，人们的任何实践活动本质上都是实现某种价值成果的活动，人们追求某种价值目标，不仅是实践活动的目的，也是理论认识的最终目的。因此，主客体的实践关系、认识关系和价值关系中最具有根本性和包容性的是实践，认识关系就其起源来说是在实践关系的基础上发生的，而价值关系是实践和认识关系的原动力。思想政治教育价值表明了教育主体与教育客体之间在教育活动中的特定关系。思想政治教育离不开实践活动，只有在实践活动中，教育主体才能对教育客体及其属性加以改造、开发和利用。同时，也只有在实践中，教育客体才能在教育主体作用下

第二章 科学实践观和思想政治教育价值研究的理论渊源

满足主体需要。①

思想政治教育作为一种客观存在,普遍存在于阶级社会中,是人类实践活动的重要领域。从学科角度来讲,思想政治教育是马克思主义理论一级学科之下的应用性学科。其实践唯物主义内涵和使命是不言而喻的;从马克思主义哲学立场来讲,其理论确立的那一刻就强调"哲学家们只是用不同的方式解释世界,问题在于改变世界",②马克思主义理论是指导无产阶级革命和建设实践的理论武器。思想政治教育必然把科学实践观作为自己的指导思想。

思想政治教育要产生价值,只有通过思想政治教育实践来实现。从宏观角度看,思想政治教育过程可以分为三个阶段,即内化、外化以及评价。所谓内化阶段,即灌输与接受阶段。在这一阶段上,教育者将各种观念灌输给受教育者,受教育者有选择地将教育的观念接受下来,并将之转化为个体意识与动机。在这一时期,主客体关系也得以确立,价值事实上已经形成了,但对于价值运动来说,这还仅仅是开始。因为这里的价值只是潜在的形式。③只有在第二个阶段,即受教育者将个体的意识和动机自觉转化为良好行动和行为习惯时,思想政治教育价值才真正显现出来。至于价值的评价阶段,实际上是反馈调节和重新教育的阶段,也是新的思想政治教育的开始。

二、科学实践观是生成思想政治教育价值的源泉

马克思主义认为,全部社会生活在本质上是实践的。思想政治

---

① 项久雨.论全球化背景下德育价值的主体性特征[J].社会主义研究,2004(4).
② 马克思恩格斯选集.第1卷.北京:人民出版社,1995,P118.
③ 田霞.简论思想政治教育价值生成的根源[J].中国青年政治学院学报.2007.

教育本身是一项实践性很强的活动，它在实践中生成和发展，其价值也在实践中产生，实践是其价值的基础。一般来说，价值是主体与客体之间的一种关系，是客体的属性与主体需要之间的一种满足关系。因此，价值的生成取决于两方面的因素：一是主体自身的需要；二是客体的属性。只有当客体的某种属性能够满足主体的某种需要，才会形成价值。

人类要生存就必然产生需要，为了满足需要就必须从事实践活动。人类正是通过生产活动改造自然、改造社会、改造自身从而满足主体自身的需要，促进主体自身的发展。实践不是把已有的主体和现成的客体凑在一起，是实践创造了主体和客体本身，没有实践，人就不是作为主体而存在，而只能与动物处于同一个水平；同样，没有人的社会实践，地球上的客观事物也不能作为客体而进入人的生活领域。因此，没有实践就没有主体和客体，就没有主体和客体之间的价值关系。正是通过社会实践，人变成了主体，客观事物变成为客体。主体根据自身的需要变革客体，使客体满足主体的需要，客体经过人类实践的改造而能满足主体的需要，从而形成了价值关系。实践构成了价值的最终根源。思想政治教育价值主体与客体的双向运动、实践活动，创造出思想政治教育价值。经过主、客体之间的相互作用，无论是客体的变化，还是主体的变化，都客观地改变了主、客体之间的关系，都同样会形成价值。通过实践，改造客体，使其形态、结构或功能发生变化，这是实践创造价值的最基本形式。实践活动也改造价值主体，并通过改造主体，提高主体的能力，从而创造价值。在思想政治教育价值关系中，思想政治教育作为价值客体在满足价值主体的政治社会化的需要和利益的同时，也在不断地改造和完善思想政治教育本身。这就构成了价值主体和客体的双向互动，思想政治教育的活力也体现在这种互动过程中。

三、科学实践观是评价思想政治教育价值的标准

实践是一切价值的生成根源，同样也是评价一切价值的标准，评价思想政治教育价值要以实践为依据，把实践作为思想政治教育价值的最终确定者。

恩格斯指出，"当我们按照我们所感知的事物的特性来利用这些事物的时候，我们的感性知觉是否正确便受到准确无误的检验。如果这些知觉是错误的，我们关于能否利用这个事物的判断必然也是错误的，要想利用也决不会成功。可是，如果我们达到了我们的目的，发现事物符合我们关于该事物的观念，并产生我们所预期的效果，这就证明，到此时为止，我们对事物及其特性的知觉，符合存在于我们之外的现实。"[①] 这段话论证了实践对于人的认识的根本作用，指出实践是检验真理的唯一标准。这为我们分析思想政治教育价值评价问题提供了思路。实践是思想政治教育价值评价的唯一标准，这体现在：一是实践是价值的实际确定者。所谓"实际确定"是指思想政治教育所具有的诸多属性中哪一点或哪一方面是为主体所需要的，需要和被需要之间是否实际上形成被满足和满足的关系，都是由实践形成的。二是思想政治教育价值评价本身虽然是一种特殊的价值认识活动，但和其他认识活动一样，其真理性是无法从本身证明的，"人应该在实践中证明自己思维的真理性，即自

---

① 马克思恩格斯选集.第3卷.北京：人民出版社，1995，P702~703.

己思维的现实性和力量，亦即自己思维的此岸性"。① 对思想政治教育价值的评价只有回到实践中去进行检验，才能确定这种评价的真理性。最后，思想政治教育价值评价可以有多方面的标准，如认识价值标准，工具价值标准、目的价值标准等，不同的评价往往产生相反的结论，究竟如何取舍，最终必须由实践判定。

思想政治教育价值评价要以思想政治教育实践的直接成果为标准，思想政治教育本身就是一个教育者和受教育者相互作用的客观物质活动过程，其实践的主体和客体，以及主、客体相互作用的过程都是可以感知的客观实在。思想政治教育实践是教育者通过思想政治教育活动对受教育者的思想施加影响，使受教育者的思想品德得以提高升华的过程。受教育者思想品德的提高升华表现为两个对立统一的方面：一是受教育者将思想政治教育的内容内化，内化为自己的自觉意识，是受教育者对思想政治教育内容"知"的过程；二是受教育者把思想政治教育的认识成果外化，即受教育者把自己的自觉思想意识外化为行动，是"行"的过程。前者主要表现为思想政治教育实践的精神成果；后者主要表现为思想政治教育实践的物质成果。我们要把思想政治教育实践过程中的"内化"和"外化"过程，从受教育者的"知"和"行"的结合来对思想政治教育进行价值评价。但思想政治教育过程中"内化"与"外化"的实践过程只是思想政治教育实践标准的低层次标准，从这一层次对思想政治教育进行价值评价，我们只能把握思想政治教育过程是否科学合理，是否把思想政治教育的内容进行了最大程度的内化与外化，我们还无法评价这种内化与外化的结果是否与人类社会发展的客观

---

① 马克思恩格斯选集.第 3 卷.北京:人民出版社,1995,P3.

规律的要求相一致，是否与人类自身的全面自由发展的目的要求相一致。因此，思想政治教育的实践标准还必须有更高的层次，即思想政治教育要朝着促使人类社会按照历史客观规律的要求发展，促使人类朝着全面自由发展的方向前进。思想政治教育要促使人们更好更全面地理解历史发展的客观规律，并把它内化为自己的自觉意识，使自己由"自在的人"转变和上升为"自觉的人"，从而以统一的意志、自觉的行动，推动历史朝着人的全面发展和个性自由发展的方向前进。实现历史发展的合规律性和合目的性的统一。思想政治教育的价值就在于它能把社会历史发展的规律要求与人的发展的目的要求结合起来，形成一种合规律性和合目的性统一的科学理论，并用这种科学的理论统一人们的思想，指导人们的行动，从而自觉地创造历史。这是对思想政治教育更高层次的实践要求，也是衡量思想政治教育价值的最高标准。

四、科学实践观是思想政治教育价值实现途径的选择依据

实践是人能动地改造世界的活动。实践改造着自然界，改造着社会，改造着人们之间的关系和人自身。没有人的实践，任何意义的社会文明和价值都是不存在的。人类发展的历史表明，没有实践，就没有历史的进步和人自身的进步。因此，实践是思想政治教育价值实现的根本途径。

马克思指出："动物只是按照它所属的那个种的尺度和需要来建造，而人却懂得按照任何一个种的尺度来进行生产，并且懂得怎

样处处都把内在的尺度运用到对象上去。"① 因此,"凡是把理论引向神秘主义的神秘东西,都能在人的实践中以及对这个实践的理解中得到合理的解决"。② 同样,思想政治教育价值实现也是一个在实践基础上发现价值、创造价值、享受价值的过程。一方面,人们的社会实践需要思想政治教育。一切国家的统治阶级总是不遗余力地用自己的意志去培养人,宣传有利于加强其统治的观点、理念,以期使教育对象认同其政治思想、政治态度、政治信念、政治伦理和价值观念,从而达到维护其统治地位的目的。③ 另一方面,思想政治教育价值的实现离不开实践过程。思想政治教育价值的创造和实现过程,本身就是处理人与人之间社会关系的实践;思想政治教育价值的实现要与其他的实践形式相互影响、相互作用、互为前提,尤其是要以物质生产实践为基础。

首先,实践活动,从静态上看,是一个由主体、客体和工具诸要素构成的有机系统。实践创造和实现价值是实践诸要素协调作用的结果。在社会实践中,主体物化和客体人化,是统一的过程,它统一于价值实现的过程,即统一于实践过程。人在创造价值过程中的作用,说到底是人的实践的作用。离开实践,不从事实践,人就不成其为主体,人就一事无成。一切价值,包括思想政治教育价值在内,都是人在实践中运用工具改造客体、改造主体,以及改造主客体关系的结果。④ 人类要完善思想政治教育,不仅要科学地认识思想政治教育具有什么样的本质和规律性,而且要科学评价思想政

---

① 马克思恩格斯全集.第42卷.北京:人民出版社,1979,P97.
② 马克思恩格斯选集.第1卷.北京:人民出版社,1995,P97.
③ 李江凌.论思想政治教育的价值[J].学校党建与思想教育(高教版),2005.
④ 江波.思想政治教育价值实现的途径[J].阜阳师范学院学报(社会科学版),2005.

治教育的应然状态——提供什么样的好处和有用性，形成自己的认识判断和价值判断，进而在实践中实现思想政治教育价值，并随着实践和认识的发展不断丰富思想政治教育价值的内涵。

其次，思想政治教育价值的实现要经过三个阶段、两次飞跃才能得以完成，即价值主体提出要求，思想政治教育主体组织思想政治教育过程以及受教育者对社会要求的内化和外化三个阶段。第一阶段，社会明确提出自己要求的政治观点、思想体系和道德规范。作为社会来说，只有明确自己的需要，才可能知道自己的需要是否被满足，以及被满足的程度。作为思想政治教育来说，只有明确社会需要什么，才有可能去满足社会的需要。这样，社会对思想政治教育的需要以及一定思想政治教育内容的提出，就成了思想政治教育价值实现过程的基点和原点。这一基本内容科学性与否，是思想政治教育对象能否接受教育内容的关键因素。第二阶段，思想政治教育主体向思想政治教育对象诠释论证思想政治教育的内容，受教育者则在各种因素的综合作用下，有选择地接受这些教育影响，并转化为个体意识和动机。这是思想政治教育价值实现的第一次飞跃，属于"内化"阶段。第三阶段，思想政治教育对象经过自身对接受内容的反思以及情感的认同和意志的努力，把个体意识和动机转化为良好的行为和道德习惯，这是思想政治教育价值实现的第二次飞跃，属于"外化"阶段。这两次飞跃是不同性质的飞跃，第一次飞跃是理论在不同的主体之间的传播，第二次飞跃则是从理论到实践的飞跃，它比第一次飞跃更为重要，意义更大。

思想政治教育价值实现的长期性，决定了思想政治教育价值实现经过三个阶段，两次飞跃并没有最终完成。在一个阶段性的"两个转化"完成以后,教育者和受教育者必然会对个体行为所产生的社会效果进行评价,以利于在下一阶段进一步调节教育内容、教育手段和教育方法等。思想政治教育价值实现的这一特点,要求人们在进行思想政治教育时,既要看到主体,又要看到客体,也就是说思想政治教育价值实现不仅有主体价值创造,还包括主客体价值交往、交换、分配、消费等环节,是一个完整的互动循环过程。

第三节 科学实践观在思想政治教育价值实现中的作用

一、科学实践观对思想政治教育价值实现的引领作用

思想政治教育是一种特殊的社会实践活动,实践是思想政治教育价值实现的最根本途径,因此,科学实践观对思想政治教育价值实现有着重要的引领作用。马克思主义认为,实践是人的生存方式和本质特性,实践也是认识形成和发展的基础和动力。人们总是通过实践活动改造客观世界,又通过实践活动改造主观世界。通过实践活动,人的主观能动性和客观现实性才能够联系起来,从而发挥人的主观能动性去改造客观世界,促进社会发展。与此同时,人们的认识能力得到提高、思想素质得到升华、精神世界得到净化。实践是社会生活的本质,是人的本质力量得到自我肯定的根本性条件。没有实践,任何意义的社会文明和价值都是不存在的,没有实践就没有社会的进步和人自身的发展。社会实践是主体和客体借以交换能量和信息的过程,也是人的世界观、人生观、价值观、道德观等生成和不断提高的过程。实践不仅内容丰富,而且形式多样,对于思想政治教育价值实现具有引领作用。通过实践,受教育者可

第二章 科学实践观和思想政治教育价值研究的理论渊源

以实现自我完善、自我发展,教育者可以对受教育者实现同质转化和定向引导。①

实践作为思想政治教育价值实现的根本途径,固然需要理论的论证,更重要的是可在操作层面做好实践引领工作,即在思想政治教育价值实现过程中引入实践内容,发挥实践的思想政治教育功能。思想政治教育可以直面实践和生活,正确解释教育对象普遍费解的焦点问题,这样更易于实现思想政治教育的价值。例如,在改革开放进程中,为了促进社会主义生产力的快速发展,党和政府从政策上允许私营企业和外资企业存在并尽可能地支持和鼓励它们的发展。事实上这些企业的存在对我国经济、社会的发展以及人民生活水平的提高是有益的。但是,这些企业不同程度存在着对劳动者的剥削现象。显然,这与我们思想政治教育中所说的"社会主义社会是没有剥削和压迫、人人平等的社会"的内容不相符。对于这种理论与实际的某种矛盾,如果不能正确说明,势必造成一部分人对思想政治教育的不认可,而弱化思想政治教育的价值。②

思想政治教育的一项重要任务,就是引导教育对象把理论与具体的社会生活实际联系起来,使之通过对科学理论的直接运用以及对社会生活的直接接触,在所见、所闻等直接体验中,加深对理论知识的理解,在社会实践中使自己的思想政治观念得到转变和提高。所以,思想政治教育只有把理论和实际紧密联系起来,其价值才能更易得到实现。同时,思想政治教育应采取丰富多彩的实践形

---

① 王俊萍等.思想政治教育价值的本质规定与实现途径[J].湖北第二师范学院学报,2010.
② 王俊萍等.思想政治教育价值的本质规定与实现途径[J].湖北第二师范学院学报,2010.

式，根据其具体功能加强教育的针对性，这样更易于提高思想政治教育的实效性。社会实践从形式上划分，主要有生产实践、社会交往实践、科学实验等，不同形式的实践对于思想政治教育价值实现具有不同的功能。比如：我们可以通过社会生产实践，使得实践主体加深对生产、生活的认识和体验，促进其劳动观念的确立和艰苦奋斗精神的形成；我们也可以通过社会交往实践，使得人与人之间加深了解，形成和谐的人际关系以及和谐观念、和谐精神；我们还可以通过科学实验，培养人们的科学精神和创新精神。思想政治教育引入社会实践的形式，融入社会生活的各个方面，更有利于增强其实效性。我国强调培育和践行社会主义核心价值观，并以此指导中国特色社会主义伟大实践。据此，思想政治教育的任务就是传输作为主流意识形态的社会主义核心价值观，并结合中国特色社会主义建设的实践，培养有理想、有道德、有文化、有纪律的社会主义公民。①

二、科学实践观对思想政治教育价值实现的促进作用

马克思主义认为，是人们的社会存在决定人们的社会意识。人们不能自由地选择社会形态，总是在既定的条件下创造历史。经济的前提和条件归根到底是决定性的，它是全部社会生活的基础，它是社会历史发展的最终决定因素，当然也决定了社会意识的存在和发展。一切以往的社会意识，都是当时社会经济状况的产物，社会意识反映着经济基础，又随着经济基础的发展变化而变化。社会意

---

① 王俊萍等.思想政治教育价值的本质规定与实现途径[J].湖北第二师范学院学报,2010.

第二章 科学实践观和思想政治教育价值研究的理论渊源

识由经济基础所决定,但它又具有相对独立性。社会意识对社会存在具有能动的反作用,这是社会意识相对独立性最突出的表现,它或者促进社会进步,或者阻碍社会发展。社会存在与社会意识的辩证关系,是唯物史观最根本的思想,它科学地回答了社会历史观的基本问题,揭示了唯物史观的实质。这一原理说明,思想政治教育作为社会意识的组成部分,既被社会物质生活条件所决定,又具有能动的反作用。我们必须据此去正确认识思想政治教育价值的实现,自觉服从和服务于社会进步的需求,防止和克服思想政治教育"无用论"或"万能论"的错误思想。

思想政治教育是指社会或社会群体用一定的思想观念、政治观点和道德规范,对其成员施加有目的、有计划、有组织的影响,使他们形成符合一定社会或一定阶级所需要的思想品德,从而实现社会的稳定,推动社会发展。社会成员的思想政治观点、道德品质与社会发展要求之间的差别与对立,构成了思想政治教育的基本矛盾,这一基本矛盾贯穿于思想政治教育过程的始终,决定了思想政治教育价值生成的特殊性。从本质上讲,思想政治教育过程是教育者、受教育者、教育介体和教育环体之间相互联系、相互作用的实践活动过程。这一过程的基本矛盾决定着这四个要素之间的互相联系、互相作用,而这四个要素之间的互相联系、互相作用必然是教育者依据一定社会要求,运用一定的教育介体和教育环体对受教育者施加影响,使受教育者的思想道德素质朝着一定社会需求的方向变化和发展。可见,正是这一矛盾的运动,构成了思想政治教育实践活动区别于其他实践活动的特殊本质。

在思想政治教育过程的基本矛盾运动中必然会产生解决这一矛

盾的基本规律,即"适应超越规律"。它指的是教育者根据一定社会发展的要求和受教育者精神世界发展要求以及品德状况,运用一定的方法和手段,以社会要求的思想道德规范去影响受教育者,不断解决其思想道德水平与社会道德规范要求之间的矛盾,使其思想道德素质朝着社会要求的方向发展并不断提高到新水平。之所以称为基本规律,是因为它是思想政治教育实践活动过程中诸要素的本质联系及其基本矛盾运动的必然趋势。这种内在的、本质的、必然的联系涵盖两方面的内容:一方面,受教育者的思想道德状况决定教育者在教育活动中所选择的社会思想道德要求的内容层次以及相应的教育方法。另一方面,教育者的教育活动对受教育者的思想道德状况具有反作用。这一基本规律不仅在思想政治教育过程的规律体系中居于最高层次,而且起主导作用。思想政治教育过程的基本规律是在实践中生成的,它的基本矛盾也是在基本规律的运用中得以解决的。因此,基本矛盾不断解决的实践活动促进了思想政治教育价值的生成和发展。

思想政治教育价值的实践性决定了开展思想政治教育活动必须在内容和形式上同时注重实践性。第一,坚持教育方法的实践性,提高思想政治教育的实效性。思想政治教育方法的实践性就是要坚持启发式教育,重视受教育者的自我教育。自我教育把受教育者看作是具有独立人格、自主意识和选择愿望的主体,思想政治教育的实质是受教育者在教育者的帮助下自主进行行为选择,实现受教育者主体性的自我发展,其根本在于"内因"。对教育对象来说,教育者、教育环境和教育媒介显然是外部条件,受教育者在自我意识发展基础上的自我教育应为内部条件。教育者自身的素质再高、教

第二章 科学实践观和思想政治教育价值研究的理论渊源

育环境再优越、教育的媒介与方法再先进,它们也只是外因,归根结底还必须通过受教育者的自我接受为前提,最终以受教育者自觉、主动地开展自我教育为根本。离开个人内化的过程,外界的灌输将会变得徒劳无益。启发式教育要求思想政治教育的互动性。因为思想政治教育的客体与一般的物质客体不同,作为有思想、有情感、有意志的人,他们在接受教育时,不是完全被动的,也具有主动性,因而在教育过程中应当留出一定时间给受教育者参与教育互动,鼓励受教育者发表独立见解和创新观点,使其对思想政治教育课有兴趣,愿学想学。也只有主体与客体同时发挥主动性,思想政治教育才能发挥好的效果。第二,重视教育内容的可实践性,坚持科学性和实用性的有机统一。思想政治教育是引导受教育者树立正确的世界观、人生观、价值观的实践活动,体现了思想政治教育意识形态的本质,在教育活动中必须遵循受教育者思想发展的内在规律。根据心理学规律,人们思想的变化是由外表层(意识、认知、感情等)向中间层(观念等)再向核心层(信仰、信念等)渐进发展的。一般来说,是先有人的心理活动,再有思想意识,而后才是政治观念,最后到理想信念的层面。思想政治教育过程中必须遵循受教育者的心理变化的内在规律,对其进行科学施教。

第三章 科学实践观视域中思想政治教育价值之诠释

科学实践观视域中思想政治教育价值问题,就是在科学实践观指导下,探讨思想政治教育对社会发展和人的自我完善的意义。在当前社会历史条件下,要科学认识和正确理解思想政治教育在中国社会发展中的地位和作用,就必须在科学实践观视域中探讨思想政治教育价值的内涵与本质、思想政治教育价值的特征和思想政治教育价值的体现形式。

第一节 科学实践观视域中思想政治教育价值的内涵与本质

科学实践观为认识思想政治教育价值提供了新的视野和思维方式。我们必须以马克思主义价值观为根本观点,以科学实践观为认知方式,在准确把握思想政治教育价值发展历史的基础上,回答什么是科学实践观视域中思想政治教育价值的内涵和本质。

一、科学实践观视域中思想政治教育价值的内涵

马克思主义价值观是探讨科学实践观视域中思想政治教育价值

的根本价值取向。马克思主义哲学的出发点为"社会中的人",这种人是从事实际活动的个人,不是"想象中的那种个人,也就是说,这些个人是从事活动的,进行物质生产的,因而是在一定的物质的、不受他们任意支配的界限、前提和条件下活动着的"。① 马克思从现实的人出发,从满足人的现实需要以及人是处于特定的政治、经济、文化等社会关系中的人,把人的本质规定为实践的,"人的本质不是单个人所固有的抽象物,在其现实性上,它是一切社会关系的总和。"② 马克思发现了人、社会的本质是实践的,并以此为出发点,构建起马克思主义价值观。马克思主义价值观首先回答的问题是"作为人应当做什么?"以及"对于人来说什么是有价值的?"回答这两个问题的根本是从实践角度去理解"什么"的含义,无论是观念性的价值还是实体性的价值物,它都是实践的目标、实践的对象、实践的产物。人类实践是不断发展变化的,价值观也是不断发展变化的。马克思主义价值观通过实践把人和社会结合起来,认为个人价值和社会价值是内在统一的。马克思主义价值观是建立在对社会发展客观规律和无产阶级历史使命正确认识基础上的,它反映了社会历史进步的趋势和方向。马克思主义价值观把认识世界、改造世界作为根本目标,认为人生的积极意义在于认识世界和改造世界,并在改造客观世界的基础上,不断改造自己的主观世界。马克思主义价值观认为个人价值的实现有赖于推动社会发展的实践活动,个人价值不仅取决于社会对个人的认可度,更重要的是个人在社会历史发展中所起到的作用。马克思主义价值观从根

---

① 马克思恩格斯选集.第1卷.北京:人民出版社,1995,P71~72.
② 马克思恩格斯选集.第1卷.北京:人民出版社,1995,P60.

本上解决了科学实践观视域中思想政治教育价值的理论来源，为科学实践观视域中思想政治教育价值的内涵奠定了理论基础和实践方向。

价值作为一个哲学、历史范畴，它是指社会事物存在的意义。科学实践观视域中思想政治教育价值，是由思想政治教育存在的意义所决定的，思想政治教育是"一定的阶级或政治集团，为实现一定的政治目标，有目的地对人施加意识形态的影响，以期达到转变人们的思想，指导人们行动的社会行为。"[①] 思想政治教育把人们思想行为变化放在教育的第一位置，把实践作为教育行为的主要方式，从这个意义上讲，科学实践观视域中思想政治教育价值首先体现出的是个体价值。思想政治教育通过教育实践活动，调节人们的欲望、兴趣、动机等动力因素；也调节人们的认知、信念、意志等心理因素；还指导人们的哲学观、政治观、社会观等观念因素，通过对人们这些因素的调节，促使人们思想行为变化符合一定社会的既定要求。这完成了科学实践观视域中思想政治教育价值内涵定义的第一层，也即中国哲学家所谓的"立德"。[②] "立德"阶段的完成，只是科学实践观视域中思想政治教育价值内涵定义的基本条件，在此基础上，通过"立德"形成完善人格的人们，需要进一步的"立功"，[③] 即在符合社会历史发展规律的前提下，通过科学实践活动，推动社会历史向前发展，这意味着科学实践观视域中思想政治教育价值内涵定义实现了第二层。科学实践观视域中思想政治教

---

① 苏振芳.思想政治教育学.北京:社会科学文献出版社,2006,P5.
② 冯友兰.中国哲学史.上册.重庆:重庆出版社,2009,P7.
③ 冯友兰.中国哲学史.上册.重庆:重庆出版社,2009,P7.

第三章 科学实践观视域中思想政治教育价值之诠释

育价值内涵定义是否到此已经结束？马克思主义价值观认为价值和价值物不可分离，是价值物决定价值，但与此同时，价值也是一种理想之物，是一种"应当之物"。因此，科学实践观中视域思想政治教育价值内涵的定义可分为两个层面。

第一层面，从抽象到具体的演进。从抽象到具体是辩证思维的一个基本原则，即主体观念地复制和再现客体的逻辑道路，是一个从感性具体经过思维抽象而达到思维具体的有规律的逻辑上升过程。马克思指出，"抽象的规定在思维行程中导致具体的再现"。[①] 科学实践观视域中思想政治教育价值本身是抽象的，要把这种抽象的价值具体化，必须有一种物去承载这种价值，这种承载价值的物必须具备认知思维、具备能动性，能够主动去认识世界和改变世界，它就是社会中的人。思想政治教育在科学实践观的指导下，通过实践教育方式，改变人的思想行为，使其符合思想政治教育的既定目标。个体价值的实现既体现为思想道德素质完善，也体现在通过个体发展而促进了整个社会发展，也即个人发展带动了社会发展，社会承认个人的社会价值。在此情况下，个体价值通过社会实践活动，转化为社会价值，达到了个体价值与社会价值的统一。思想政治教育通过科学的实践教育活动，把抽象的思想政治教育价值转化为实在的个体价值和社会价值，这完成了科学实践观视域中思想政治教育价值内涵定义的第一个阶段，从思想政治教育抽象价值转化为个体价值、社会价值等具体价值，科学实践观视域中思想政治教育价值完成了从抽象到具体的演化。

第二层面，从实体到理想的演进。科学实践观视域中思想政治

---

① 马克思恩格斯选集.第2卷.北京：人民出版社，1995，P102.

科学实践观视域中思想政治教育价值论

教育价值有很多表现形式：个体价值和社会价值、直接价值和间接价值、正面价值和负面价值等。从本质上看，价值是对价值物所存在的最优状态的反映，受到整个社会存在的制约。从这个角度分析，科学实践观视域中思想政治教育价值是实体的，是看得见摸得着的，是人的全面发展和社会的进步，是一种历史发展状态和阶段。人的欲望是无穷尽的，社会历史发展也是不断向前的，同样，科学实践观视域中思想政治教育价值追求也是由"现实之物"向"应当之物"发展的。科学实践观视域中思想政治教育的价值性集中体现马克思的一个经典命题："哲学家们只是用不同的方式解释世界，而问题在于改变世界。"[①] 科学实践观视域中思想政治教育价值本身具备超越现实、超越生活的基因。科学实践观是这样一种思维方式，即个人与社会是变化的、共生的，人与社会的关系是不断变化发展的。在这样一种认知思维方式下，思想政治教育价值也是不断变化发展的，任何圆满状态的思想政治教育价值不过为思想政治教育价值的进一步超越发展提供了现实基础。科学实践观视域中思想政治教育价值的理想形态体现在：它是超越一切具体的思想政治教育价值而存在的，它本身是自在的，它不仅超越现实、超越生活，它还引导现实、引导生活；它具有应当性，也即科学实践观视域中思想政治教育价值发展是宇宙万事万物发展的总趋势的体现，也是判断任何思想政治教育活动是否有价值的绝对标准，只有符合思想政治教育发展规律的活动才是有价值的，才是符合宇宙发展规律的；它具有必然性，即指科学实践观视域中思想政治教育价值的理想形态对思想政治教育活动的规范力量和裁决力量是必然的，思

---

① 马克思恩格斯选集.第1卷.北京：人民出版社,1995,P61.

想政治教育向着科学实践观视域中思想政治教育价值理想形态发展也是必然的。

在马克思主义价值观引领下,通过抽象到具体、实体到理想两个层面,科学实践观视域中思想政治教育价值内涵的定义完成了它的全部过程。按照这种思路,科学实践观视域中思想政治教育价值的内涵为,科学实践观视域中思想政治教育价值是思想政治教育对人的发展和社会发展的意义,是思想政治教育与人的发展需要相结合的程度,是思想政治教育与社会发展阶段相吻合的程度,是思想政治教育与社会历史发展规律相接近的程度。从这个意义上讲,科学实践观视域中思想政治教育价值不仅体现在思想政治教育对人和社会的意义有多大,更体现在思想政治教育是否能符合社会历史发展规律,根据宇宙万物发展趋势进行发展变化。科学实践观视域中思想政治教育价值不仅关注思想政治教育价值的实现,更关注思想政治教育价值的发展,这种价值的发展是符合宇宙发展规律的发展。

二、科学实践观视域中思想政治教育价值的本质

科学实践观视域中思想政治教育价值就其本质而言,是体现于特定价值关系中的价值属性问题。马克思指出,"'价值'这个普遍概念是从人们对待满足他们需要的外界物的关系中产生的",[①] 因此,价值是一个具有普遍意义的哲学范畴,它是指满足主体某种需要的客体与主体之间的关系,这就形成了价值关系,价值的基础是客体的属性,价值的现实构造因素来源于主体的需要,价值形成于实践活动,是主观性、客观性、实践性、历史性的高度统一。

---

① 马克思恩格斯全集.第19卷.北京:人民出版社,1963,P406.

科学实践观视域中思想政治教育价值论

科学实践观视域中思想政治教育价值的本质是实践的。实践性是思想政治教育的根本属性，思想政治教育是以人为实践对象的活动。因此，科学实践观视域中思想政治教育价值的本质，从根本上说是实践的。美国学者杜威认为："一个道德的法则，也像一个物理学上的法则一样，并不是无论如何都必须贸然加以信誓和固守的；它的正确性和恰当性，是靠实行它以后的结果来加以验证的。"[①] 杜威主张把实验法用在道德领域，主张用实践的后果去把握价值的这种思想，为正确认识科学实践观视域中思想政治教育价值本质提供了思路。马克思指出，"人的思维是否具有客观的真理性，这不是一个理论的问题，而是一个实践的问题。人应该在实践中证明自己思维的真理性，即自己思维的现实性和力量，自己思维的此岸性。关于思维——离开实践的思维的现实性或非现实性的争论，是一个纯粹经院哲学的问题。"[②] 马克思对如何解决认识真理性问题的论述，给我们认识科学实践观视域中思想政治教育价值本质问题以极大的启发，离开实践去讨论思想政治教育价值问题与离开实践去讨论思维的真理性问题一样，都是一个纯粹的经院哲学问题。单纯从理论的角度去讨论科学实践观视域中思想政治教育价值的本质，是永远没有结果的。对科学实践观视域中思想政治教育价值本质的正确认识，只能通过实践、实践结果来证明。邓小平有关从实践、实践结果出发认识价值的思想，也为我们正确认识科学实践观视域中思想政治教育价值的本质指明了方向。邓小平认为："农村

---

① [美]杜威.确定性的寻求.周辅成编.西方伦理学名著选辑(下卷).北京:商务印书馆,1987,P720.
② 马克思恩格斯选集.第1卷.北京:人民出版社,1995,P55.

改革有无价值,要看是否有'成效';'讲求经济效益和总的社会效益';'思想文化教育卫生工作部门,都要以社会效益为一切活动的唯一准则,它们所属的企业也要以社会效益为最高准则。'"[1] 因此,科学实践观视域中思想政治教育价值的本质是实践的,它体现在:首先,科学实践观视域中思想政治教育价值的内涵是在马克思主义理论的指导下规定完成的,经历了从抽象到具体、从实体到理想两个层面的演进,是在辩证唯物主义和历史唯物主义哲学观的指导下形成的;其次,科学实践观视域中思想政治教育价值的本质是经过客观实践验证的。科学实践观视域中思想政治教育是否有价值,是要从思想政治教育的实践结果出发,用思想政治教育实施的实际情况来证明其有无价值;再次,科学实践观视域中思想政治教育价值的本质是以人为本的。中国共产党始终代表最广大人民的根本利益,其实施思想政治教育实践活动的根本目的也是以人民为价值主体,把人民的根本利益作为价值标准衡量思想政治教育的价值。

科学实践观视域中思想政治教育价值的本质是发展的。价值哲学的发展历史给我们提供了一条思路,即用关系的思维去研究思想政治教育的价值,是正确理解科学实践观视域中思想政治教育价值的基本思路,但马克思主义的辩证唯物主义和历史唯物主义哲学观告诉我们,仅仅靠关系思维理解思想政治教育的价值,还不能确保正确认识科学实践观视域中思想政治教育价值的真正本质。那是因为,坚持用关系的思维去认识思想政治教育价值问题,认为科学实践观视域中思想政治教育价值是思想政治教育主体与客体之间关系的产物,只解决了科学实践观视域中思想政治教育价值主客体关系

---

[1] 邓小平文选.第3卷.北京:人民出版社,1993,P143~155.

问题,没有进一步深入,未解决价值问题的关键,即科学实践观视域中思想政治教育价值的客体相对于主体是什么的问题,也即思想政治教育主体尺度问题,这个问题才是科学实践观视域中思想政治教育价值本质的核心和关键。对于一个价值是客体相对于主体是什么的问题,西方哲学家有诸多争论:有人认为价值是相对于主体估价的心灵;有人认为价值是相对于主体的兴趣;有人认为价值是相对于主体的欲望;有人认为价值是相对于主体的需要。凡此种种,莫衷一是,究其根本,莫不是主观主义价值论在作祟。而马克思对此有清晰的论述,马克思对未来社会的描述是:"以每个人的全面而自由的发展为基本原则的社会形式。"① 价值相对于主体是什么的问题,由此迎刃而解。人的全面而自由的发展,是马克思主义的根本价值追求,价值追求决定价值尺度,因此,从根本上说,科学实践观视域中思想政治教育价值的主体尺度是人的全面而自由的发展。从科学实践观视域中思想政治教育价值的内涵上看,科学实践观视域中思想政治教育价值内涵经历了从实体到理想的演进,这个演进过程对我们理解其实质有重要的启示作用。价值的本性具有超越基因的,价值是相对于现实而言的,是对现实的超越,价值的超越性要求我们从现实出发去追求价值。同样,科学实践观视域中思想政治教育价值也具备超越性,要求我们从现实出发去追求远大理想,去追求真善美。科学实践观视域中思想政治教育价值本质是善的,是有益于国家、社会、他人的。科学实践观视域中思想政治教育价值的超越性,要求超越平庸,追求卓越,推动发展。邓小平

---

① 马克思恩格斯全集.第19卷.北京:人民出版社,1963,P649.

说:"发展才是硬道理。"① 科学实践观视域中思想政治教育价值从根本上说在于促进社会发展、促进国家发展、促进每个人自由而全面的发展、促使人追求美好的生活,最重要的是对人类美好未来的追求。因此,只有站在人的全面而自由发展和人类社会的发展完善的角度去理解科学实践观视域中思想政治教育价值的本质,才能真正理解其本质。

科学实践观视域中思想政治教育价值的本质是实效的。科学实践观视域中思想政治教育价值的本质是什么?西方价值哲学史中有关价值本质的探讨和马克思对于价值本质的探讨,为正确认识科学实践观视域中思想政治教育价值的本质具有重要意义。李凯尔特说:"价值的实质在于它的有效性,而不在于它的实际的事实性。"② 认为价值不同于事实,是一种功效。牧口常三郎从功能的角度去理解价值,认为"价值,因为它是同人类生活相关的客体的固有属性与评价它的主体相互作用时产生的功能。"③ 马克思很重视价值的实效,他说:"共产主义的博爱则从一开始就是现实的和直接追求实效的。"④ 邓小平也很重视效益,他说:"一定要首先抓好质量和管理,讲求经济效益和总的社会效益,这样的速度才过硬。"⑤ 上述论述为我们全面把握科学实践观视域中思想政治教育价值的本质厘清了思路。价值功能说认为,价值是功能范畴,主客体价值关系是主

---

① 邓小平文选.第3卷.北京:人民出版社,1993,P377.
② [德国]李凯尔特.文化科学和自然科学.涂纪亮译,北京:商务印书馆,1996,P78.
③ [日本]牧口常三郎.价值哲学.马俊锋,江畅译,北京:中国人民大学出版社,1989,P20.
④ 马克思恩格斯全集.第42卷.北京:人民出版社,1979,P121.
⑤ 邓小平文选.第3卷.北京:人民出版社,1993,P143.

客体之间的功能关系。科学实践观视域中思想政治教育价值的本质是实效的,也即功效或功能的,具体表现为思想政治教育客体对主体的效应,也即思想政治教育客体对主体的积极功效。"一切具有价值特征的事物和人,总是以一定形式的主客体关系表现出来,主体需要越强烈,客体在自身条件许可和发展水平可能的程度上满足了主体的需要,价值就越大,反之就越小。从这个意义上说,思想政治教育价值本质的具体化与外化就是其功能与作用,具体表现为对个体和社会的导向价值、动力价值、整合协调价值。"[①] 科学实践观视域中思想政治教育价值本质的实效性,不仅有利于确证思想政治教育价值的客观存在,也使我们对思想政治教育价值存在有了更深层次的认识。

第二节 科学实践观视域中思想政治教育价值的特征

目前,思想政治教育价值的概念虽然已经被广泛研究和使用,但科学实践观视域中思想政治教育价值应该如何界定还有待进一步的深入研究。一般来说,科学实践观视域中思想政治教育价值是指思想政治教育对人的发展和社会发展的意义,是思想政治教育与人的发展需要相结合的程度,是思想政治教育与社会发展阶段相吻合的程度,是思想政治教育与社会历史发展规律相接近的程度。科学实践观作为一种"改变世界"的思维方式,对思想政治教育的价值追求具有哲学上的指导意义;思想政治教育作为一种以人为对象的教育实践活动,其根本目标是促进人的全面而自由发展和人类社会

---

① 张耀灿等.现代思想政治教育学.北京:人民出版社,2001,P107~109.

的发展完善；人作为社会历史进程的推动者，在历史发展中起到根本性作用。科学实践观视域中思想政治教育价值的这些组成要素不是孤立存在的，而是相互制约、相互影响、相互转化，从而显示出科学实践观视域中思想政治教育价值的特殊规律和特征。

从马克思主义哲学角度思考，在与思想政治教育现实做比较后，我们发现科学实践观视域中思想政治教育价值具有如下基本特征：

一、个体性与群体性的辩证统一

人类有生命个体的存在及其创造历史的活动，总是在一定价值观的引导驱动下进行的。马克思指出："全部人类历史的第一个前提无疑是有生命的个人的存在。"① 个体存在是任何教育实践活动的最基本的特征。科学实践观视域中思想政治教育价值内涵从抽象到具体的演进需要个体的参与；科学实践观视域中思想政治教育价值本质的实践性需要个体的参与，因此，科学实践观视域中思想政治教育价值具有鲜明的个体性特征，任何科学实践观视域中思想政治教育价值的实现都要依赖于具有独特历史阶段、社会地位、经验感受、利益需要的个体，科学实践观视域中思想政治教育价值具有显著的"个体性"烙印。这同时也要求科学实践观视域中思想政治教育价值的实现过程不能简单化、程式化，不能用单一的标准来要求和衡量每一个鲜活的生命主体，而必须尊重每位主体的个体性特征，根据个体的需要确立价值导向，从而启发每位个体实现自我价值。需要强调的是，这里所说的个体不是哲学意义上抽象的个体，

---

① 马克思恩格斯选集.第1卷.北京：人民出版社，1995，P67.

而是具体的、现实的、真正的社会中的个体，通俗地讲，这里所说的个体是指社会中的每一个人。同时，也要把个体性与个别性区分开来。个体性是从现实世界为起点，与人直接相关，指向彼此独立的个体；而个别性主要与"一般"相对，没有明确界限。个体指向特殊与差异的根源"质"，具有创造性的本质；个别指向一种观念，与一般相对存在，是空洞的词集。与此同时，强调这种个体性并不等于放任自流，而是要充分尊重思想政治教育对象的个体性，通过价值引导，把实现个人价值的主动权交给受教育者，使思想政治教育对象在自我超越、自我建构中实现个体价值。

从人类发展历史看，劳动一开始就具有群体性，即使在社会分工已经高度发达的今天，各种形式的人类劳动还无不具有各自的群体性。马克思在论及资本主义社会劳动分工协作问题时，根据产品从个体生产者的直接产品转化为社会产品的现实，提出了"总体工人即结合劳动人员"[①]的概念。总体工人或结合劳动人员概念的提出，进一步明确了劳动所具有的群体性特征。这种群体性体现在教育实践价值中，也即教育实践价值的实现具有群体性的特征。科学实践观视域中思想政治教育价值作为一种教育实践价值，从内涵演进上看，其价值内涵需要从抽象到具体的演进，在这个演进过程中，需要经过个体价值到社会价值的转化，根据马克思总体工人的概念，从事物质生产的劳动者是单一的，随着科技发展和分工的出现，劳动过程得以细分，单独的直接劳动过程演进为群体的组合劳动，劳动价值的实现也由单一的个体价值演进为群体的组合价值。科学实践观视域中思想政治教育价值内涵从个体价值到社会价值演

---

① 马克思恩格斯选集. 第23卷. 北京：人民出版社，1995，P555~556.

进时，要经历从个体价值到群体价值的转化，这是由劳动的群体性所决定的，在分工高度发达的现代社会，只有经过群体劳动，才能使个体价值得以通过群体价值实现，并最终转化为社会价值。科学实践观视域中思想政治教育价值的群体性特征，不仅具有一般意义上的群体性，还具有自身特有的群体性特征，诸如价值的科学性、价值目标的一致性、群体中个体的相对独立性、组合的有机性、价值的实践性等。科学实践观视域中思想政治教育价值的个体性和群体性特征，作为一对相互依存的客观存在，具有内在高度的辩证统一性，从马克思主义唯物辩证法角度看，科学实践观视域中思想政治教育价值个体性与群体性的内在逻辑关系体现为两个方面。

首先，个体性与群体性在科学实践观视域中思想政治教育价值实现过程中相互促进。科学实践观视域中思想政治教育价值群体性的存在依据在于，它具备两项特殊功能：其一，实现科学实践观视域中思想政治教育的价值；其二，实现个体的价值。从科学实践观视域中思想政治教育价值群体性特征的内涵看，群体性的存在，是现代科学技术发展和社会分工高度发达的结果，群体性的存在是为了弥补个体性的不足，群体性能把每位个体有机地结合起来，通过发挥每位个体的价值，实现每位个体所不能达到的价值高度。在群体中，每位个体通过互相协作、互相补充、互相激发、互相学习，使群体产生巨大的创造力，确保能圆满完成既定任务。因此，群体性特征的存在是科学实践观视域中思想政治教育价值实现的重要保证。从实现个体价值上看，群体性特征的存在给个体以物质和精神的力量。马克思说："人的本质不是单个人所具有的抽象物，在其现实性上，它是一切社会关系的总和。"① 人是在一定社会关系中存在的，人在社会中总是处于某种群体之中。群体对个体而言，可以满足个体的各种需要，诸如：安全感、认同感、成就感、自尊、自信心、力量感等。从心理学角度看，群体性特征可以满足个体的安全感，让个体有所依赖；从社会学角度看，群体性特征可以满足个体的认同感，让个体的社会需求得到满足。在此基础上，群体性特征可以激发个体的自信心和创造力，一方面个体不断表现自己的能力，另一方面为群体提供自己的活力。

其次，个体性与群体性在科学实践观视域中思想政治教育价值实现过程中相互制约。作为科学实践观视域中思想政治教育价值的重要特征，个体性和群体性的相互制约关系集中体现在两个维度。横向来看，个体性与群体性的功能相互制约，相互发展。从个体和群体的结构关系看，个体通过不同的组合方式，构成了不同的群体结构，最基本的群体结构为同质群体结构和异质群体结构。同质群体结构中个体的特性比较接近，同质群体结构功能最大化需要个体间的紧密合作；异质群体结构中个体的特性差异较大，异质群体结构功能最大化需要每位个体最大能力的发挥。个体的组合方式影响群体性功能的发挥；群体的结构影响群体性功能的发挥，个体性和群体性在相互制约中实现相互发展。纵向来看，个体性向群体性过渡的过程，形成了二者之间的制约关系。科学实践观视域中思想政治教育价值内涵从抽象到具体的演进，是个体性到社会性的过程，中间要经历群体性的阶段。在这个过程中，个体性功能的发挥，依赖于群体性向社会性演进的程度，而群体性的功能如何，是否能顺

---

① 马克思恩格斯选集.第1卷.北京：人民出版社,1995,P56.

利完成向社会性的演进,依赖于个体性功能发挥的程度,就这样,个体性与群体性形成了相互制约的演进关系,在演进过程中相互制约,相互发展,形成了辩证统一的内在逻辑关系。

二、主体性与客观性的辩证统一

主体与客体是一对重要的哲学范畴。所谓主体是指从事社会实践和认识活动的人,客体是指人们实践活动和认识活动的对象。中国古代诸子百家也从不同角度强调了主体性的哲学意义。儒家学派以"修身、齐家、治国、平天下"为主旨,期望主张靠"礼治"和"王道"来管理国家,强调个人、群体和国家的主体性,孔子有"知其不可而为之"[①]的理想和追求,充分展示主体性的诉求。法家学派期望以"法治"和"霸道"思想治理国家。马克思把主体视为从事社会实践活动的存在物,他指出:"首先应当避免重新把'社会'当作抽象的东西同个人对立起来。个人是社会存在物。因此,他的生命表现,即使不采取共同的、同其他人一起完成的生命表现这种直接形式,也是社会生活的表现和确证。"[②] 马克思还说:"人们的社会历史始终只是他们的个体发展的历史。"[③] 主体与客体之间构成的主客关系,为我们正确认识科学实践观视域中思想政治教育价值的主体性与客观性特征提供了思路。

孙伟平教授认为:"价值的主体性是指价值本身的特点直接与人、主体的本性和特点相联系,它直接表现和反映着人的需要、目

---

① 论语(宪问十四).张燕婴译注.北京:中华书局出版社,2006,P224.
② 马克思恩格斯选集.第42卷.北京:人民出版社,1963,P122~123.
③ 马克思恩格斯选集.第4卷.北京:人民出版社,1963,P321.

的和能力,它是依主体不同而不同的,是以主体为尺度的。"① 项久雨教授认为:"主体性是德育价值的重要规定性,德育价值的主体性就是德育价值的有无与大小要受主体各种因素的制约和影响。"② 科学实践观视域中思想政治教育价值的主体性表现在价值需要、价值关系、价值意义和价值创造等方面。从价值需要角度看,科学实践观视域中思想政治教育价值的主体性表现为,主体结构决定主体需要,主体的主观目的、欲望等观念,体现出主体的本性和特点,也体现出主体的自身结构。从价值关系角度看,科学实践观视域中思想政治教育价值主体性表现为,价值客体与不同价值主体的价值关系是多样的,这是由价值客体的多样性和价值主体的复杂性所决定的。与此同时,价值客体对同一价值主体的价值关系也是多维的,这是由价值主体自身结构的复杂性所决定的。从价值意义角度看,科学实践观视域中思想政治教育价值主体性表现为,随着价值主体的需要和能力的发展变化,科学实践观视域中思想政治教育实践活动对价值主体的意义也会发生一定程度甚至是性质上的变化。从价值创造角度看,科学实践观视域中思想政治教育价值主体性表现为,价值主体具有极强的创造性,列宁说:"世界不会满足人,人只能决心以自己的行动来改变世界。"③ 价值主体在思想政治教育实践活动中所表现出来的创造性是科学实践观视域中思想政治教育价值不断发展的动力源泉。

与主体性相对应,科学实践观视域中思想政治教育价值具有显

---

① 孙伟平.论价值的主体性与客观性.载湘潭师范学院学报(社会科学版).2001,1:9.
② 项久雨.论全球化背景下德育价值的主体性特征.载社会主义研究.2004,4:123.
③ 列宁全集.第55卷.北京:人民出版社,1990,P183.

第三章　科学实践观视域中思想政治教育价值之诠释

著的客观性特征。科学实践观视域中思想政治教育价值是从主体与客体的关系中产生的,正如其内涵所述,科学实践观视域中思想政治教育价值是思想政治教育与人的发展需要相结合的程度,是思想政治教育与社会发展阶段相吻合的程度,是思想政治教育与社会历史发展规律相接近的程度。马克思指出要从实践、主体的角度去理解客体的客观性,他说:"从前的一切唯物主义——包括费尔巴哈的唯物主义的主要缺点:对事物、现实、感性,只是从客体的或者直观的形式去理解,而不是把它们当作人的感性活动,当作实践去理解,从主体方面去理解。"① 这就表明,科学实践观视域中思想政治教育价值并不单单是由其主体需要所决定的,价值的产生必须有其客观物质基础,这种客观物质基础是科学实践观视域中思想政治教育活动的物质性和功能属性。马克思说:"一物之所以有使用价值,因而对人来说是财富的要素,正是由于它本身的属性。如果去掉使葡萄成为葡萄的那些属性,那么它作为葡萄对人的使用价值就消失了。"② 这就是说,物质决定意识,事物对人的价值,不是由人主观决定的,首先取决于该事物是否具有某种属性。因此,满足价值主体需要的科学实践观视域中思想政治教育价值取决于其思想政治教育活动本身的属性,科学实践观视域中思想政治教育价值的客观性是不以人的意志为转移的,是客观的。

科学实践观视域中思想政治教育价值的主体性和客观性,是科学实践观视域中思想政治教育价值结构中不可分割的两极,二者始终存在着密切的相互联系和相互作用。当然,与价值的主体性相比

---

① 马克思恩格斯选集. 第 1 卷. 北京:人民出版社,1963,P16.
② 马克思恩格斯选集. 第 26 卷. 北京:人民出版社,1963,P139.

较，科学实践观视域中思想政治教育价值的客观性并不是其最关键的特性，我们从辩证唯物主义出发，确证科学实践观视域中思想政治教育价值的客观性，是为了进一步指出，价值的主体性才是关键。科学实践观视域中思想政治教育活动目标是实现人的全面而自由的发展，没有人、没有人的全面而自由发展、没有人的创造性活动，科学实践观视域中思想政治教育活动就不会实现对于人的价值。正如孙伟平教授所说的："一切价值都只有从人的角度才能得到合理解释，一切价值都是人的价值。"① 从本质上看，科学实践观视域中思想政治教育价值的主体性与客观性的相互作用具有物质性的特点，但不能把二者相互作用关系简单归结为一般意义上的物质性。在人类社会中，除了人以外的一切物与物之间的相互作用都是无意识的，不能以主体性与客观性之间的相互作用形式出现。在科学实践观视域中思想政治教育活动中，有人的参与并发挥重要作用，这赋予了二者相互作用以新的内容，也即二者的相互作用因人的参与而使其具有了不同于一般意义上的物质性，主体性也在主客体相互作用中，因人的参与而确立了主导地位。从发展角度看，科学实践观视域中思想政治教育价值的主体性与客观性的相互作用是发展变化的。诚如马克思所说："现在的社会不是坚实的结晶体，而是一个能够变化并且经常处于变化过程的有机体。"② 主体性和客观性作为一个有机体构成的科学实践观视域中思想政治教育价值结构，在主体社会实践发展的基础上，不断地发展变化。

---

① 孙伟平.论价值的主体性与客观性.载湘潭师范学院学报(社会科学版).2001,1：13.

② 马克思恩格斯选集.第1卷.北京:人民出版社,1995,P102.

三、社会性与实践性的辩证统一

学界对思想政治教育的价值性不存在争议,因为价值存在是思想政治教育得以成立并不断发展的基本前提。但是,思想政治教育的价值不是思想政治教育活动本身所能证实的,也不是思想政治教育工作者所能证实的,甚至是思想政治教育对象也不能做出完全的证实。这是因为,从辩证逻辑思维角度看,被证明的对象不能成为自身证明的标准。思想政治教育是社会历史发展需要和人性发展需要的产物,思想政治教育对社会产生价值性作用是必然的。科学实践观视域下思想政治教育得以存在和发展,是当前社会历史发展的需要,也是现代人性发展的需要,对当前社会历史发展具有重要的价值意义。这就要求科学实践观视域中思想政治教育价值必须接受社会的检验,符合社会需要的思想政治教育活动才是科学的和有价值的。因此,科学实践观视域中思想政治教育价值得以存在的基本前提之一就是其社会性的确认,也即科学实践观视域中思想政治教育价值的社会性是什么样的问题?要回答这个问题,需要用马克思主义哲学思维去探究,也需要从科学实践观视域中思想政治教育价值的内涵和本质中寻求答案。因此,科学实践观视域中思想政治教育价值的社会性确认由三重依次递进的逻辑关系来完成。

其一,科学实践观视域中思想政治教育价值的社会性首先体现在促进人的全面而自由发展。有关价值的含义,从马克思主义价值观的角度出发,价值可定义为:"价值的本质,是客体主体化,是客体对主体的效应,主要是对主体发展、完善的效应,真正的价值在于使人类社会发展、完善。"① 价值对主体发展的作用体现在其社会性上，也即，真正的价值在于使人类社会发展完善。马克思对社会和人的关系描述也证实了价值的社会性，他说："'社会本身，即处于社会关系中的人本身'，他们在'更新他们所创造的财富世界'的同时，'同样地也更新他们自身'。"② 马克思有关社会与人的关系的论述确证了人与社会的发展是相互促进、互为前提的，人类社会的发展完善，从某种意义上讲，实际上就是人的全面而自由发展。科学实践观视域中思想政治教育是一项不断提升当代人的思想道德素质修养，以促使人全面而自由发展的教育实践活动，从这个意义上讲，科学实践观视域中思想政治教育价值的社会性已经蕴涵于人与社会的关系之中了。应当看到，人的全面而自由发展是一种"应然"状态，在社会历史发展的任何阶段，人的发展都离不开社会的发展，同样，社会的进步也只能依存于人自身的不断进步和发展。二者之间的桥梁就是上文提到的群体性，人的发展和社会的进步，需要在某些群体主体中表现出来，群体性为科学实践观视域中思想政治教育价值的社会性特征确认提供了中介、桥梁作用。

其二，科学实践观视域中思想政治教育价值的社会性还体现在符合社会历史发展规律。如果说人的全面而自由发展是科学实践观视域中思想政治教育价值的社会性的表征的话，那么更深层次的标准在哪里呢？马克思主义唯物史观给我们提供了思考的方向，马克思指出，人类社会发展的历史具有客观规律性，符合社会发展规律的实践活动会促进社会的发展，而不符合社会发展规律的实践活动

---

① 王玉樑.客体主体化与价值的本质.载哲学研究.1992(7), P16~23.
② 马克思恩格斯选集.第46卷下.北京:人民出版社,1965,P226.

将会被历史所淘汰。从教育实践活动上看，社会发展的规律性要求思想政治教育活动要遵循社会发展规律而发展。科学实践观视域中思想政治教育活动是当代社会发展需要和人的发展需要所决定的，是符合当前社会历史发展规律的。思想政治教育活动具有阶级性特征，在思想政治教育发展史上，并非所有的教育活动都能够按照社会发展规律进行。比如，在阶级社会里，促进先进阶级发展的思想政治教育活动是有价值的；而维护没落阶级的思想政治教育就是负价值的。社会规律通过思想政治教育活动来促进人的发展，同时又在一定社会发展阶段制约着人的进步，社会规律和人的发展是一对矛盾统一体，这样一对矛盾统一体也直接决定着思想政治教育价值的深层次标准。科学实践观视域中思想政治教育作为一项符合社会发展需要和人的发展需要的教育实践活动，是在马克思主义理论指导下，依据科学实践观的认知方式所开展的思想政治教育活动，具有科学性、实践性等马克思主义教育理论的基本特征，是符合当前社会发展需要的教育实践活动，是符合人类社会发展历史的教育实践活动。

其三，科学实践观视域中思想政治教育价值的社会性还体现在"人的全部实践"。在思想政治教育价值的确定性与非确定性问题上，列宁的著名论断具有重要的指导意义。列宁说："要正确认识事物，就必须提出'全面性要求'；必须从事物自己运动、变化和发展来观察事物，他举例说，就玻璃杯来说，它的用处，它同周围世界的联系，都是常常发生变化的；必须把人的全部实践——作为真理的标准，也作为事物同人所需要它的那一点联系的实际确定者——包括到事物的完满的'定义'中去；没有抽象的真理，真理总是具体的。"① 列宁的这些论断,对确定科学实践观视域中思想政治教育价值的意义具有十分重要的理论指导作用,从这个意义上讲,人类实践活动总是在一定历史条件和社会关系下进行的,任何实践都是历史性的和社会性的实践。由于人们在一定社会历史阶段中所处的社会地位、个人利益及社会关系各不相同,因此,人们实践活动的目标也大相径庭。这直接导致人们价值评价的多视角性和多样性,这样的评价也不可能都是准确的、合理的,这就必须以"人的全部实践"统构个别的、局部的实践,以"人的全部实践"确定价值的意义。科学实践观视域中思想政治教育实践活动,是在科学理论的指导下完成的,是历史的和社会的实践。

科学实践观视域中思想政治教育价值的社会性的确认过程,实际上也体现出了其社会性与实践性之间的关系。从科学实践观视域中思想政治教育的内涵和本质上看,其价值具有显著的实践性特征。这是由于社会在本质上是实践的,实践是人的存在方式,也就是说,人的本质也是实践的。正如马克思所说:"正是在改造对象世界中,人才真正地证明自己是类存在物。"② 科学实践观视域中思想政治教育价值的意义也在于"人的全部实践"。因此,科学实践观视域中思想政治教育价值的社会性和实践性是辩证统一的,二者在科学实践观视域中思想政治教育价值的确定过程中共同作用,你中有我,我中有你,通过彼此的推动,共同促进科学实践观视域中思想政治教育价值的发展。

---

① 列宁全集. 第4卷. 北京:人民出版社,1972,P453~454.
② 马克思恩格斯选集. 第42卷. 北京:人民出版社,1965,P97.

四、现实性与超越性的辩证统一

现实性与超越性是科学实践观视域中思想政治教育价值的重要品质,这是因为,以马克思主义哲学为指导思想形成的教育实践活动,必然有马克思主义哲学的基本品质。马克思主义哲学的研究起点是现实社会问题,马克思说,他的研究要"从当前的经济事实出发";①"从现实的前提出发";② 他要讨论的是"一些现实的个人,是他们的活动和他们的物质生活条件";③ "他还特别强调把研究方法和叙述方法区分开来,并表明研究方法是从现实的具体东西开始,从现实的前提开始"。④ 马克思主义哲学从社会现实和具体问题出发,通过哲学的思辨,把现实问题的描述上升到哲学领域,最终找到了实现每个人自由的途径。马克思主义哲学不仅向我们展示了那个时代的社会现实问题和社会具体问题,还向我们展示了超越现实状况的未来美好社会蓝图,比如共产主义社会。马克思主义哲学注重现实性与超越性的基本品质,规定了科学实践观视域中思想政治教育价值具有现实性与超越性的特征。

科学实践观视域中思想政治教育价值的现实性体现在:指导思想的现实性、社会发展的现实性与人的发展的现实性。科学实践观视域中思想政治教育价值实现的指导思想来源于马克思主义哲学、中国共产党的科学实践观以及科学实践观指导下的思想政治教育价值观。上文中提到,由于马克思主义哲学研究的起点是现实社会,

---

① [德国]马克思.1848 年经济学哲学手稿.北京:人民出版社,2000,P51.
② 马克思恩格斯选集.第 1 卷.北京:人民出版社,1995,P73.
③ 马克思恩格斯选集.第 1 卷.北京:人民出版社,1995,P67.
④ 马克思恩格斯选集.第 2 卷.北京:人民出版社,1995,P17.

是通过哲学思辨思想把现实社会问题上升到哲学思想高度。马克思主义哲学最显著的特质体现在，它可以为社会历史发展的现实问题提供思考的方法和解决的思路，马克思主义哲学思想是发展的，符合历史发展规律和时代潮流的哲学思想。以马克思主义哲学思想指导下的科学实践观视域中思想政治教育价值必然有其现实性，这种现实性不仅符合社会现实，而且符合理论现实。中国共产党历来重视科学实践活动，党在长期的革命和建设中，把马克思主义的基本观点和方法运用到实际工作中，通过长期的实践活动，形成了中国化的马克思主义，用于指导中国的革命和建设，取得了极大成就。在这一过程中，中国共产党注重用科学实践观解决社会现实问题，领导中国人民取得了新民主主义革命胜利、新中国建设胜利、改革开放胜利等巨大成就，可以说，中国共产党的科学实践观有极强的现实性。在中国共产党科学实践观指导下的思想政治教育价值实现，必然是依据社会现实的。学界对思想政治教育概念比较认同的说法是，思想政治教育就是把一定社会的思想观念、政治准则和道德规范，转化为受教育者个体的思想品德的社会实践活动。从这一概念出发，科学实践观视域中思想政治教育价值具有明显的外在价值形式、具有较强的现世属性。这是由于，科学实践观视域中思想政治教育的根本目标是解决中国现实问题。党在十八届三种全会上通过了《中共中央关于全面深化改革若干重大问题的决定》，其中包括了政治、经济、文化、社会、生态文明、国防军队建设、党的制度建设等，涉及中国社会发展的各个方面。要实现全面深化改革的目标，必须在全社会培育和树立社会主义核心价值观，以社会主义核心价值观统领人们的思想行为和社会价值取向，用科学实践观

第三章　科学实践观视域中思想政治教育价值之诠释

指导思想政治教育活动,通过不懈努力,实现中国特色社会主义事业的伟大胜利。正如习近平所说:"要坚持用邓小平理论、'三个代表'重要思想、科学发展观武装头脑,把理想信念建立在对科学理论的理性认同上,建立在对历史规律的正确认识上,建立在对基本国情的准确把握上,不断增强道路自信、理论自信、制度自信,增强对坚持党的领导的信念,永远紧跟党高高举起中国特色社会主义伟大旗帜。要用中国梦打牢广大青少年的共同思想基础,教育和帮助青少年树立正确的世界观、人生观、价值观,永远热爱我们伟大的祖国,永远热爱我们伟大的人民,永远热爱我们伟大的中华民族,坚定跟着党走中国道路。"①

诚然,思想政治教育应该关注人类社会的现实状态和人们的现实思想,否则,思想政治教育就失去了存在的前提和必要性。但是,如果思想政治教育仅仅满足于关注社会现实和人们当前的思想,不进一步进行理论上的超越,那么它对个体和社会的思想引领作用就无法实现,也会因此丧失其理想主义的激情,而陷入现实主义的平庸和乏味。科学实践观视域中思想政治教育,作为一种以科学理论为指导的教育实践活动,其存在的前提和目标,就是要立足现实并超越现实,用科学的理论指导伟大的实践,用科学的理论构筑伟大的梦想。传统思想政治教育活动,多从经验出发,回答"是什么"的问题,却缺乏"为什么"的深层次哲学思考,没有形成完善的思想政治教育理论体系,在思想政治教育理论问题上缺乏科学理论的指导。科学实践观视域中的思想政治教育,跳出了思想政治教育本身,从马克思主义科学实践观的高度,对现代社会发展过程

---

① 习近平.在实现中国梦的生动实践中放飞青春理想.2013年5月4日讲话.

中的思想政治教育理论与实践问题进行了深入的哲学剖析，是现代思想政治教育理论的一次升华，极大地丰富了思想政治教育价值的内涵。与此同时，科学实践观视域中思想政治教育关注时代发展、实践发展与人格的发展变化，以发展的马克思主义为指导，以中国化的马克思主义为指导，把发展作为其根本的要素。据此，科学实践观视域中思想政治教育价值不仅关注现实价值，更重要的是关注理想的价值，关注未来的价值，期冀用科学理论指导的教育实践活动为人类勾画出美好的未来蓝图。

毛泽东说过："要得到群众的拥护么？那么，就得和群众在一起，就得去发动群众的积极性，就得关心群众的痛痒，就得真心实意为群众谋利益，解决群众的生产和生活问题。"[①] 这就是科学实践观视域中思想政治教育价值的现实性，也即，科学实践观视域中思想政治教育活动要面对现实，面对新形势、新问题、新思潮，了解人们的思想动向，解决人们的实际问题。但是，科学实践观视域中思想政治教育价值不仅仅体现在其现实性方面，解决现实问题的根本目的，还是要推动社会向更高阶段发展，促进人向更自由而全面的阶段前进。邓小平曾指出："没有这种精神文明，没有共产主义思想，没有共产主义道德，怎么能建设社会主义？"[②] 因此，科学实践观视域中思想政治教育价值的现实性与超越性是辩证统一的，科学实践观视域中思想政治教育价值既是承认现实、立足现实的，更是面向未来、追求未来，追求人的全面自由发展和社会向更高阶段发展的。

---

① 毛泽东选集.第1卷.北京:人民出版社,1991,P138.
② 邓小平文选.第2卷.北京:人民出版社,1983,P367.

第三章 科学实践观视域中思想政治教育价值之诠释

第三节 科学实践观视域中思想政治教育价值的体现

科学实践观视域中思想政治教育价值的内涵、本质和特征是我们正确认识科学实践观视域中思想政治教育价值的基本前提,那么,这种价值是如何体现的呢?科学实践观视域中思想政治教育价值的最终落脚点是促进人的全面而自由发展,是推动社会向更高阶段发展。"思想政治教育是人类的一种主体性活动,是人存在和发展的一种方式,具体来说,是实现人的思想道德素质发展的主体性活动。"① 科学实践观视域中思想政治教育在实现人的思想道德素质发展和社会历史发展过程中的价值必然是阶段性的,这种阶段性表现为思想政治教育价值的即时性、继生性和终身性。

一、科学实践观视域中思想政治教育价值的即时性

马克思主义哲学在探讨有关质和量的关系认为,事物量变到一定程度才能发生质变。也正如一些颇具哲学意义的俗语所说:"冰冻三尺非一日之寒""水滴石穿""集腋成裘"等,习近平总书记也生动地用"扣扣子"来比喻大学生价值观的形成。这都为我们正确认识科学实践观视域中思想政治教育价值的即时性提供了思路。思想政治教育在促进人的思想道德素质发展过程中也是如此,只有通过不断地对教育对象实施思想政治教育实践活动,经过长期积累,才能完成受教育者思想道德素质的养成。而在思想政治教育实践过程中,每个阶段显现出来的结果,就体现了思想政治教育价值的即

---

① 张耀灿等著.思想政治教育学前沿.北京:人民出版社,2006,P332.

时性。"实践结果的有效性,同时也是实践活动要素与过程有效性的集中体现,实践活动要素与过程有效性探讨的目的指向,正在于实践活动结果有效性的实现与增强。"① 因此,要重视思想政治教育价值的即时性,并抓住有利时机,促使其由量向质转化,也即向继生性转化。科学实践观视域思想政治教育存在的前提和依据就是要关注当代社会的现实状态,注重解决社会现实问题。科学实践观视域中思想政治教育价值的即时性体现在:个体价值的即时性和社会价值的即时性,科学实践观视域中思想政治教育价值的即时性解决的是现实问题,其效用是瞬间的,不能持久的。

教育活动本身是为了解决个体与社会之间内在矛盾的社会实践活动,在这个过程中,个体的现实需要是教育活动首先要解决的问题,而个体的现实需要一般表现为:社会适应需要和个人生存享受需要。因此,科学实践观视域中思想政治教育个体价值的即时性表现为两个方面:

其一,促使个体适应社会。人作为社会性动物,其生存与发展离不开社会,对社会的适应,构成个体生存与发展的基本条件。因此,适应社会是个体的基本需要。社会的复杂多变导致个体适应社会需要多个层面。科学实践观视域中思想政治教育活动的依据是现实社会,目标是实现个体的社会化,而个体价值的即时性就是要实现个体社会化过程的第一阶段,也即个体能够在社会中生存和初步发展。例如:大学生就业是一个突出的个体问题,也是一个社会问题,科学实践观视域中思想政治教育通过开展相关教育实践活动,对学生自身条件进行梳理、帮助学生了解社会就业现状、帮助学生

---

① 沈壮海著.思想政治教育有效性研究.武汉:武汉大学出版社,2001,P138.

提高就业的积极性和就业能力等,在此基础上,大学生实现了顺利就业。在这一过程中,科学实践观视域中思想政治教育解决的是实际问题:大学生的就业问题。在大学生找工作过程中帮助其更快找到工作,融入社会。这就是个体价值即时性的具体体现。再如,社区居民出现矛盾,社区工作者使用思想政治教育说服教育化解矛盾,让有矛盾的居民和好如初,也是个体价值即时性的体现。

其二,满足个体精神享受。马克思说:"人不仅为了生存而斗争,而且为了享受,为增加自己的享受而斗争。"① 这里所说的享受,不仅指物质上的享受,还包括了精神上的享受。人作为高级动物,对精神享受的追求构成了人生存的基本内容。人类生存,不仅需要物质条件支撑,更需要精神产品供给。从某种意义上讲,精神享受即精神消费,在谈到消费时,马克思曾指出,消费"创造出新的生产需要,也就是创造出生产的观念上的内在动机,后者是生产的前提。消费创造出生产的动力;它也创造出在生产中作为决定目的的东西而发生作用的对象。消费在观念上提出生产的对象,把它作为内心的图像、作为需要、作为动力和目的提出来。消费作为必须,作为需要,本身就是生产活动的一个内在要素。"② 科学实践观视域中思想政治教育,作为一种教育实践活动,给人以活动过程的满足感,也即精神上的享受。与此同时,科学实践观视域中思想政治教育能产生许多书籍、影像资料、教育网站等精神产品,人们在翻看书籍、查看网站、视听影像资料过程中,品性得到陶冶、精神得到满足。这也是个体价值即时性的体现。

---

① 马克思恩格斯选集.第 34 卷.北京:人民出版社,1972,P163.
② 马克思恩格斯选集.第 2 卷.北京:人民出版社,1995,P9~12.

科学实践观视域中思想政治教育价值的即时性不仅体现在个体层面，还体现在社会层面。社会发展的需要也是丰富多样的，根据思想政治教育对社会发展的促进作用看，体现在社会层面的价值即时性包括维持社会的基本稳定。思想政治教育活动是为一定社会统治阶级服务的。社会存在的前提和基础是社会基本稳定。思想政治教育作为一种教育手段，统治阶级期望能用以维持本阶级的统治，特别是在社会发展重大变化时，思想政治教育[①]能引领人们的思想走向，使社会结构变化朝着统治阶级希望的方向前进。科学实践观视域中思想政治教育活动对中国社会发展的即时价值，体现在能够保持中国特色社会主义事业在一种平稳的状态前进，在社会发展中遇到重大问题时，能够帮助党和政府维持社会稳定。比如，在"非典"时期，由于信息沟通不畅，社会上流言四起，引起人们的恐慌。在思想政治教育活动引导下，很多公民主动参与到国家抗击"非典"的活动中；国家各级机关和阶层，也通过各式各样的思想政治教育活动，让人们了解"非典"，稳定了民心，维持了社会的稳定。在其他社会重大事件中，诸如：抗洪救灾、抗震救灾等活动中，科学实践观视域中思想政治教育活动无处不在，正是由于积极开展各项思想政治教育活动，中国社会能在发生重大事件时极快稳定下来，以坚定的步伐朝着中国特色社会主义道路前进。这就是科学实践观视域中思想政治教育价值的社会价值即时性的体现。

---

① 这里所说的思想政治教育是一个中性词，不单指中国共产党的思想政治教育，西方国家也有思想政治教育活动，只是外表不同，其核心都是要维持国家的统治。

二、科学实践观视域中思想政治教育价值的继生性

科学实践观视域中思想政治教育价值的即时性解决的是现实问题、当前问题,其效果也是瞬间的、不能持久的。但科学实践观视域中思想政治教育的根本目标是要促进人的自由而全面发展和社会向更高阶段发展。因此,要在价值即时性的基础上,实现由量变到质变的转化,也即要探讨价值的继生性,这是思想政治教育价值实现的中间阶段。具体来讲,科学实践观视域中思想政治教育价值的继生性也体现在个体和社会两个层面,从个体层面讲,就是通过科学实践观视域中思想政治教育活动,使思想道德规范内化于心、外化于行,成为个体的日常道德行为规范;从社会层面讲,就是通过科学实践观视域中思想政治教育活动,使思想道德规范能够引领社会价值取向,成为社会的主流价值观。

马克思说,人的"需要有很大伸缩性和变动性。它的固定性是一种假象。"① 当某一层次需要得到满足后,必然会有另一层次需要的出现。著名美国心理学家马斯洛把人的需要归结为五个层面:生理需要、安全需要、社会需要、尊重需要、自我实现需要,认为人类的这五层需要是由低到高的,一个层次需要满足后,就会产生新的层次的需要。人的需要是思想政治教育产生的根源和依据,思想政治教育的价值也在人的需要中体现出来。科学实践观视域中思想政治教育价值的继生性从人的需要变化中产生。马克思说,"需要也同产品和各种劳动技能一样,是生产出来的。"② 在思想政治教育

---

① 马克思恩格斯选集.第 25 卷.北京:人民出版社,1974,P210.
② 马克思恩格斯选集.第 46 卷下.北京:人民出版社,1980,P19.

活动中,当教育对象满足了思想政治教育提供的适应社会活动和精神享受活动后,必然随着产生更高层次的自我发展、自我完善需要。科学实践观视域中思想政治教育,通过多次对个体的教育实践活动,以及每次产生的教育价值,在价值累积的基础上,使思想道德规范为个体所接收并内化为个体观察、分析问题的基本立场和观点,并且个体用这种立场和观点指导实践活动,也即实现思想道德规范的内化于心、外化于行。思想道德规范的内化与外化,有许多途径,"《大学》的方法是:物格而后知至,知至而后意诚,意诚而后心正,心正而后身修,身修而后家齐,家齐而后国治,国治而后天下平。《中庸》的方法是:博学之、审问之、慎思之、明辨之、笃行之。"[①] 习近平总书记也指出了思想道德规范内化与外化的途径,他说要"勤学、修德、明辨、笃实"。[②] 科学实践观视域中思想政治教育就是要通过各种途径,把思想道德规范内化为个体的思想道德品质,个体在实践过程中,身体力行,以实际行动践行思想道德规范,树立良好的社会形象。这就是科学实践观视域中思想政治教育价值的继生性的个体体现。

个体是社会中的个体,社会是个体组成的社会。个体和社会不可分割的辩证统一关系要求科学实践观视域中思想政治教育价值的继生性不仅要体现在个体价值的继生性上,也要体现在社会价值的继生性上。马克思指出,"任何一个时代的统治思想始终不过是统治阶级的思想。"[③] 统治阶级要使自己的思想成为社会上占主导地位

---

① 胡适.中国哲学史大纲.北京:商务印书馆,2011,P226~227.
② 习近平.青年要自觉践行社会主义核心价值观.2014年5月4日.
③ 马克思恩格斯选集.第1卷.北京:人民出版社,1995,P292.

的思想,必然要通过各种途径,控制社会思想的走向,对社会精神产品的生产加以引导与调节。如英国政府就用精神关怀进行英国社会价值观教育,培育英国社会主流价值的主导地位。英国皇家督学团给精神关怀下的定义是,"指通过教学质量和学生、教师与成人之间的关系,对学生人格及社会性发作的全面监控,借助具体的关怀结构和支持系统,以及课外活动和学校风气,培养学生的价值观念和行为方式,并促进其人格完善与社会性发展。精神关怀,应帮助学校取得成功,并在此意义上为所有学生提供学习、实践和福利上的支持,帮助那些正在经历困难的特殊学生特别是女生和少数民族学生从现有的教育机会中获益。"[①] 科学实践观视域中思想政治教育价值的继生性体现在社会价值层面为,通过思想政治教育实践活动,积极引导社会公众的舆论走向,净化社会风气,推动有益于中国特色社会主义事业和人民根本利益的精神产品生产,系统地对广大人民群众特别是青年一代进行社会主义核心价值观教育,把社会主义核心价值观转化为全社会的共同的价值取向。具体到社会各个领域则表现为在政治上拥护中国共产党的领导,拥护党的路线、方针、政策;在经济上坚持中国特色社会主义经济发展方向,坚持我国改革开放和社会主义市场经济沿着全面深化改革的正确方向前进;在文化上坚持弘扬社会主义先进文化,继承中华民族传统文化的优秀成果,正如习近平总书记所说:"要弘扬社会主义先进文化,深化文化体制改革,推动社会主义文化大发展大繁荣,增强全民族文化创造活力,推动文化事业全面繁荣、文化产业快速发展,不断

---

① 转引自邱琳.英国学校价值教育的隐性课程.载外国教育研究,2012(5),P100~101.

丰富人民精神世界、增强人民精神力量，不断增强文化整体实力和竞争力，朝着建设社会主义文化强国的目标不断前进。"[1] 在生态上坚持正确的生态观，树立正确的生态意识，主动承担生态责任，把生态责任感与道德责任感结合起来，形成热爱自然、崇尚自然的高尚道德情操。

三、科学实践观视域中思想政治教育价值的终身性

科学实践观视域中思想政治教育价值的终身性和其即时性、继生性是一种互动共生的关系。科学实践观视域中思想政治教育价值的即时性是价值实现的量变过程，通过思想政治教育活动一点一滴的积累，产生即时的思想政治教育价值，这种价值不仅能对人们产生积极作用，更重要的是，这种即时价值是继生价值的基础。科学实践观视域中思想政治教育价值的继生性必须在其即时性不断积累的基础上才能产生，科学实践观视域中思想政治教育价值的继生性的实现，也即社会道德规范内化于心，外化于行，个体道德建设和社会道德建设达到一定的高度，不是科学实践观视域中思想政治教育价值实现的最终阶段，这是因为，价值的实现，不仅要使个体、社会得到道德熏陶，更重要的是，从人类历史发展来看，价值实现最终是要推动人的全面自由发展和社会的进步，也即，科学实践观视域中思想政治教育价值的终身性体现在，在实现了价值的即时性、继生性基础上，通过思想政治教育活动，推动人与社会的进一步发展，在解决个体的现实问题，实现思想道德规范内化为个体的

---

[1] 习近平.建设社会主义文化强国,着力提高国家文化软实力.2013年12月30日讲话.

思想道德品质，外化为个体的思想道德行为的基础上，使个体把个人全面自由发展作为人生发展的最高目标；在社会层面，解决社会基本问题后，在构建主流社会价值观的基础上，把共产主义理想作为社会发展的最终阶段。马克思指出人的发展将经历三种历史形态，即"人的依赖关系（起初完全是自然发生的），是最初的社会形态，在这种形态下，人的生产能力只是在狭窄的范围内和孤立的地点上发展着。以物的依赖性为基础的人的独立性，是第二大形态，在这种形态下，才形成普遍的社会物质交换，全面的关系，多方面的需求以及全面的能力的体系。建立在个人全面发展和他们共同的社会产生能力成为他们的社会财富这一基础上的自由性，是第三阶段。"① 马克思的话为我们正确认识科学实践观视域中思想政治教育价值的终身性指明了方向，具体来讲，思想政治教育价值的终身性体现在三个方面：第一，个体的成长。从个体发展层面讲，科学实践观视域中思想政治教育价值的实现，最终要落脚在个体成长上，通过思想政治教育价值的即时性、继生性，个体道德素质逐步达到完善，在这个过程中，科学实践观视域中思想政治教育通过教育实践活动，使个体人格、身体、心灵等综合素质得到全面发展，使个人得到健康成长。第二，个体的成才。个体成长是个人发展的追求，成才则不仅是个人发展的追求，更是社会对个体的期望。一般而言，个体成才需要有三个因素：兴趣、梦想和习惯。科学实践观视域中思想政治教育就是要通过教育实践活动，培养个体的兴趣，让个体在兴趣的支持下，打开梦想的大门，只有梦想，才是个体发展的持续动力，同时，要养成良好的习惯。梦想很遥远，但只

---

① 马克思恩格斯选集.第46卷上.北京：人民出版社，1980，P104.

要立足现实,从细节做起,从自我做起,养成良好的习惯,就能实现个体的真正成才。第三,个体的成功。成长成才主要是个体的自我评价,成功则主要是社会对个体的评价,一个人是否成功,不仅取决于个体素质是否完善、个体价值是否实现,更重要的是社会对个体是否认可,个体是否促进了社会的发展。一般而言,成功是从事业上说的,也就是说,一个人的成功主要衡量标准是事业是否成功。个体发展目标不仅是自我完善、自我发展,而且还包括国家发展、社会进步。国家发展和社会进步是要靠社会个体的推动才能完成的,也即,个体在成长成才过程中,通过个体努力,个体道德修养不断完善,逐步发展为社会的有用之才,这些素质要在社会中发挥出来,就是通过个体事业成功,促进国家和社会的进步。只有这样,科学实践观视域中思想政治教育价值的终身性才能体现。

在中国社会主义初级阶段,讨论科学实践观视域中思想政治教育价值的终身性有重要的理论意义和实践意义。这是由于,人类对价值的追求是一个不断发展变化的历史过程,人类总是把自身发展和价值追求结合起来,在自身发展中追求价值,在价值追求中谋求发展,这也符合价值的基本内涵,价值本来就是一个客体主体化的过程。在人的发展的不同历史阶段,对价值有不同的追求。在社会主义初级阶段,人的全面而自由发展既是理想目标,又有现实基础,只有不断完善社会主义制度,实现中国特色社会主义事业飞跃性发展,才能逐步实现人的自由发展。在当前历史阶段中,人们还存在对物的依赖,对金钱、财富的价值追求。这种追求,一方面促进了生产力的发展,为促进人的全面而自由发展奠定了基础;另一方面又可能使人受到物的驾驭。因此,要坚持马克思主义理论的指导地位，要坚持中国特色社会主义事业的正确方向，坚持科学实践观视域中思想政治教育活动的正确方向，通过不断提升价值追求，最终实现人的全面而自由发展，也即实现科学实践观视域中思想政治教育价值体现的最终阶段——终身性阶段。

第四章 科学实践观视域中思想政治教育价值的生成根源

科学实践观视域中思想政治教育价值的生成根源的探讨，离不开马克思主义唯物辩证法、价值论、人的需要理论的指导。个人需要与社会需要之间的差距是思想政治教育价值生成的内在根据，并且贯穿、规定和制约着思想政治教育价值的实现。在科学实践观视域中，价值主体的需要和利益是思想政治教育价值生成的内在要求，科学理论和科学实践是思想政治教育价值的外在要求。

第一节 科学实践观视域中思想政治教育价值生成的基本矛盾

唯物辩证法认为，矛盾是事物发展的动力与源泉，矛盾存在于一切事物的发展过程中，每一事物的发展过程中自始至终都存在矛盾，矛盾无处不在。每一事物发展过程中包含了不止一种矛盾，是有许多矛盾构成了一个复杂而庞大的矛盾体系，每种矛盾所占的地位不同。在事物中存在一种矛盾，它贯穿于事物发展的整个过程中，它决定了事物性质和发展方向，它影响和制约着事物发展过程中其他矛盾，处于这种地位的矛盾，就是事物发展过程中的基本矛盾。基本矛盾与它所构成的事物是同生同在的，一旦基本矛盾消失了，这个事物本身和事物发展的过程也必将消失和结束。"个人需要"与"社会需要"之间的矛盾是科学实践观视域中思想政治教育价值生成的基本矛盾，思想政治教育价值的存在和实现过程就是为了满足"个人需要"和"社会需要"。

一、个人需求与社会需求之间的差距是科学实践观视域中思想政治教育价值生成的内在根据

人的需要具有层次性。美国"人本主义心理学之父"亚伯拉罕·马斯洛提出人类需要层次理论，将人的需要分为五个层次，即生理需求、安全需求、社会需求、尊重需求和自我实现需求。从科学实践观视域中思想政治教育价值的需要主体的角度出发，可以将人的需要分为个人需要和社会需要。

思想政治教育价值从价值主体来看，可以分为个人价值和社会价值。个人价值包括引导政治方向、激发精神动力、塑造个体人格、调控品德行为，这是对个人需求的满足；社会价值包括政治价值、经济价值、文化价值和生态价值，这是思想政治教育的工具价值，即为了满足社会的需求。从思想政治教育价值的关系视角来看，个人和社会都是价值的主体，思想政治教育是价值的客体，思想政治教育存在的目的就是为了不断满足个人和社会的需求，从而体现自身的存在意义和价值。

马克思曾指出："人的本质不是单个人所固有的抽象物。"① 从人的本质意义上说，人是社会的最基本的组成单元，社会是由很多单个的人及其相互作用而组成的，人离开社会只能是"抽象物"，社会离开个人也无法存在和发展。个人需要的满足是在社会需要的实现中得以实现的，整个的社会需要决定着个人需要的具体内容，个人具体需要的满足的条件、载体、路径和满足程度都受到社会需要的影响和制约。个人的需要不仅具有社会性，而且会随着社会历史的发展而不断变化。

思想政治教育"是指社会或社会群体用一定的思想观念、政治观点、道德规范，对其成员施加有目的、有计划、有组织的影响，使他们形成符合一定社会或一定阶级所需要的思想品德的社会实践活动"② 思想政治教育实质上就是揭示人的思想、品德、人格、政治观念等的形成、发展的内在机制与基本规律，同时从社会和个人出发探寻对人们进行思想政治教育的规律。因而，对人们的思想、品德、人格、政治观念的内在机制进行分析的时候，必须要研究个人的政治观念、思想、品德等发展和变化的制约因素，同时更要研究如何形成社会需求，如何通过思想政治教育来将社会需要内化于个人需要中，引导个人需要朝着社会需要的方向发展。

在现实的社会中，个人的思想品德、人格、政治观念状态总是与社会发展需求有落差的，大部分个人的思想品德、人格、政治观念与行为与普遍的社会规范和要求是基本一致的，但却不可能达到完全相匹配。具体来说，思想政治教育本质是具有阶级性的，思想

---

① 马克思恩格斯选集.第1卷.北京:人民出版社,1995,P56.
② 张耀灿,陈方柏.思想政治教育学原理.北京:高等教育出版社,2007,P4.

第四章 科学实践观视域中思想政治教育价值的生成根源

政治教育必然是维护统治阶级的需要和利益的。思想政治教育中个人需求与社会需求并非完全同步。"马克思指出,发展生产力的需要,使分工的产生具有历史的必然性。在人的社会生活过程中,由于一定的社会关系,使分工具有了固定的性质和形式,这种分工使个人必须在一定的范围内活动。分工的这种强制性,使得个人去追求自己的特殊利益,不关心社会利益。"① 个人需求是个人对自身的思想品德、人格、政治观念的要求,是从单独个体出发的,是一种自我意识,它取决于个人的知识结构、成熟程度、周围环境和自身与自然、社会的关系等因素,个人的需求具有有限性、片面性和狭窄性。个人需求会通过个人和社会两种途径来得到实现和满足,在一定的条件下,可能会牺牲他人需求和社会需求,因而个人需求与社会需求可能会产生对立关系。特别是在社会主义市场经济条件下,个人的权利意识、主体意识、价值意识逐渐觉醒,人的思想与活动的独特性、差异性、选择性不断增强,对思想政治教育的个体价值的诉求逐渐显现。

社会需求是由社会成员、发展水平、社会环境等多种因素合成的共同的、主流的需求,它必然不能满足每一个单独个人的需要,必然会影响和制约着一部分群体的个人需求,社会需求的意识形态与个人的客观的思想行为,有时候会产生矛盾。思想政治教育过程是一个满足社会需求和个人需求的双向过程,思想政治教育不仅要肯定和满足个人的思想道德素质现状和发展的需求,更是要通过思想政治教育引导个人需求符合社会需求。但在现实生活中,作为现实的个人的思想道德素质现状与社会发展对人们思想道德素质的客

---

① 韩庆祥.马克思人学思想研究.郑州:河南人民出版社,1996,P193.

观要求是有差距的。唯物史观告诉我们，社会存在决定社会意识，马克思指出事物是不断发展变化的，社会随着经济、政治、文化、生产力的不断发展，对人们的思想道德素质的需求也在不断发生变化，而个人对自身思想道德素质的主观需要也在不断的变化，它们二者之间的矛盾是一个动态的、生生不息的过程，这就是思想政治教育价值生成的内在动力和根据，即不断去缩小和调和个人需求与社会需求之间的差距。

二、个人需要与社会需要贯穿于科学实践观视域中思想政治教育价值实现过程的始终

科学实践观视域中思想政治教育价值实现过程同其他任何事物一样，充满着复杂的矛盾，其中个人需要与社会需要之间的差距是科学实践观视域中思想政治教育价值的基本矛盾，是思想政治教育价值生成的内在根据，思想政治教育价值的实现过程就是对基本矛盾的展开和解决的过程，所以，个人需要与社会需要贯穿于思想政治教育价值实现过程的始终。

社会意识和社会存在是历史唯物主义中一对最基本的范畴。"社会存在和社会意识，是对社会历史中物质现象、物质关系和精神现象、思想关系的最本质的概括，是社会历史中两个最基本的范畴。社会存在就是不依赖人们的社会意识为转移的社会物质生活过程，通常主要指的是作为生产力和生产关系统一体的生产方式。社会意识就是社会生活的精神方面、精神过程，是社会存在在人们意识中的反映，通常主要是指政治、法律、道德、艺术、宗教、科学和哲学等形式的观点和思想，广义地理解还包括依据一定的社会思

第四章 科学实践观视域中思想政治教育价值的生成根源

想所建立起来的政治、法律等制度。"①

社会意识是一个由诸多层次和因素构成的复杂体系,社会意识包括社会思想体系,它是以稳定的形式反映了社会存在,具有抽象化、整体化的特征,包括我们常说意识形态领域的道德理念、政治思想等,科学实践观视域中思想政治教育价值的社会需求的政治观念、思想品德和人格要求就是属于意识形态范围的思想体系。社会意识中的思想体系是对社会存在和经济基础的反映,是上层建筑的重要组成部分,所以一定意义上可以成为意识形态的上层建筑,在阶级社会里必然具有阶级性,我国是社会主义国家,思想体系服务的是无产阶级政党和广大人民群众,这也就是科学实践观视域中的思想政治教育存在的意义和价值。

历史唯物主义对社会意识的本质有着科学的规定,"社会存在是第一性的,是社会意识的根源,社会意识是第二性的,是社会存在的反映;不是人们的意识决定人们的存在,而是人们的社会存在决定人们的意识。"② 同时,社会意识对社会存在也起着反作用。马克思和恩格斯在创立历史唯物主义之初,就非常重视社会意识对社会存在的反作用问题。"普列汉诺夫也把社会意识对社会存在具有反作用的观点视为历史唯物主义的一个基本观点。他说:'不是意识决定存在,而是存在决定意识。但这还不是全部的历史唯物主义。必须补充一句:意识一经在存在的基础上产生,就反过来促进存在的进一步发展。'"③ 社会意识对社会存在的反作用是由其二者

---

① 李秀林,王于等.辩证唯物主义和历史唯物主义原理.北京:中国人民大学出版社,1982,P234.

② 赵家祥,李清昆.历史唯物主义原理.北京:北京大学出版社,1992,P253.

③ 赵家祥,李清昆.历史唯物主义原理.北京:北京大学出版社,1992,P258.

之间的对立统一关系所决定的,首先,社会存在与社会意识不仅相互排斥、相互对立,而且相互依存、相互制约;其次,社会意识既然是对社会存在的反映,它必然适应物质生活中客观存在的需要,从而在解决这一客观矛盾的过程中发挥作用;再次,人类生活的全部本质是实践,而实践活动都是在一定的社会意识的支配下完成的,社会意识是为社会实践活动提供服务的。不同性质的社会意识对社会存在的所产生的作用也不同,先进的社会意识对社会的发展起积极的促进作用,落后的、反动的社会意识对社会发展起着严重的阻碍作用,这种作用在社会变革时期表现的最为突出,政治制度的变革是一种自觉的有目的的活动,政治制度的变革的前提必须是政治思想观念一系列变革,从政治思想观念到政治制度成为现实,这里显示出了社会意识的强大的反作用。此外,社会意识对社会存在的反作用不仅表现出质的区别,还有量的区别,先进的社会意识对社会存在的促进作用的深度、广度等取决于它反映的社会历史发展的趋势与规律的正确程度,以及它与广大人民群众的相契合的程度。以马克思主义为指导的社会意识能够科学地反映社会发展的趋势和发展规律,并且与最广大人民群众紧密结合,因而,必将能够指导无产阶级和广大人民群众取得社会主义建设事业的伟大胜利。马克思曾指出,"批判的武器当然不能代表武器的批判,物质的力量只能用物质的力量来摧毁;但是理论一经掌握群众,也会变成物质力量。"①

社会意识对社会存在的反映具有普遍性和绝对性,因而社会意识必然会随着社会存在的变化而变化。社会意识对社会存在的反作

---

① 马克思恩格斯选集.第1卷.北京:人民出版社,1995,P9.

第四章 科学实践观视域中思想政治教育价值的生成根源

用会因为社会性质的不同而产生质的区别。在阶级社会中相互对立的阶级都十分重视抓意识形态领域的工作,社会意识具有鲜明的阶级性。这是因为,在阶级社会中,不同的阶级由于自身的阶级地位和利益需求不同,形成不同的政治观念、思想品德、道德等,都是为了不同的阶级服务的,毛泽东曾指出:"在阶级存在的条件之下,有多少阶级就有多少主义,甚至一个阶级的各个集团还各有主义。"① 在阶级社会中,每个阶级都以自己的思想体系作为自己阶级和集团的行动纲领和精神力量。无产阶级的意识形态也是具有阶级性的,但是它声明是为无产阶级和广大劳动人民服务的,它的根本利益和历史发展的趋势是一致的,与广大劳动人民群众的利益也是一致的。

科学实践观视域中思想政治教育就是代表社会、国家、民族利益的无产阶级,根据社会发展对人民群众的政治理念、思想观念和道德品行等社会思想体系的要求,对社会成员进行思想政治教育,进而培养社会成员能够具备符合社会发展要求的政治理念、思想观念和道德品行等,继而实现整个社会的和谐发展和安定团结。由于社会成员的政治理念、思想观念和道德品行与社会发展所要求的政治理念、思想观念和道德品行总是存在着差异和矛盾,这造就了思想政治教育价值的生成。主要表现在:一方面,社会成员的政治理念、思想观念和道德品行的现状落后于社会发展的所要求的政治理念、思想观念和道德品行及其趋势,与社会现实格格不入,继而影响正常的社会秩序的建立,阻碍社会的发展;另一方面,社会成员的政治理念、思想观念和道德品行的现状超越了社会现实状况,这

---

① 毛泽东选集.第2卷.北京:人民出版社,1991,P687.

同样也会阻碍社会的正常进展。

社会成员的政治理念、思想观念和道德品行与社会发展要求的差距和对立是普遍存在的，它主要根源于：首先是来自于自身阶级、阶层与集团认识的局限性。社会存在不同的阶级、阶层、集团时，难免会受到自身利益和认识的局限，难以全面而系统地认识到社会现实及其发展趋势，因而也就不可能建构正确的政治理念、思想观念和道德品行等思想体系。其次是个人认识问题。唯物论指出，物质决定意识，意识是对物质的反映，物质第一性，意识是第二性的。人的认识也是属于意识的一种高级形式，人们对社会现实及其规律的认识是一个过程，所以人们的认识往往滞后于社会的现实和发展趋势，同时，社会现实及其发展规律本身是一个极其复杂的问题，因而作为社会成员的个人而言，其认识能力和视角往往具有很大的局限性。再次是能够正确反映社会现实及其发展所要求的政治理念、思想观念和道德品行，是需要人类长期积极探索和积累的集体优秀文化成果，是一种科学的认识，作为单独的社会成员个人是不能够自发产生的。所以说，社会不断发展，只有不断进行思想政治教育才能跟上时代的步伐。

个人需要与社会需要的差距是思想政治教育价值生成的基本矛盾，这一对基本矛盾一直存在于思想政治教育价值实现的过程中，人们的政治理念、思想观念和道德品行的现状与社会发展对其要求之间的差距与对立，经过长时间的思想教育能够得到协调，"社会需要"被内化为"个人需要"，进而二者相互统一，这是社会发展和人们自身的利益所决定的。不过，在达到某种程度的统一时，社会现实必然会随着历史的车轮的前进而发生变化，由社会现实所要求的社会对人们的政治理念、思想观念和道德品行的要求也会随之而发生变化，与此同时，个人需求也会随着现实的发展有新的要求，所以，新的个人需要和社会需要之间的差距与对立又会产生，如此循环往复，在矛盾不断被解决与新的矛盾不断产生的过程中，人们的政治理念、思想观念和道德品行的水准不断被提升，社会不断向前发展。

三、个人需要与社会需要规定和制约着科学实践观视域中思想政治教育价值实现过程的其他矛盾

毛泽东在《矛盾论》中，用极其明确的语言肯定了矛盾的普遍性，并精确地概括出了矛盾普遍性两个方面的含义："其一是说，矛盾存在于一切事物的发展过程；其二是说，每一事物的发展过程中存在着自始至终的矛盾运动。"[①] 思想政治教育价值实现过程虽然是意识形态领域的实践活动，但是它和其他任何事物的发展过程一样，自始至终都充满着复杂的矛盾，是诸多矛盾相互交叉、相互影响和制约的矛盾综合体。个人需要与社会需要是思想政治教育价值实现过程中的基本矛盾，它贯穿于思想政治教育价值实现过程的始终，主导和决定了思想政治教育价值实现的性质和发展方向，规定和制约着思想政治教育价值实现过程中的其他矛盾的发展方向。

所谓基本矛盾就是指事物发展过程的基本性质的矛盾，贯穿于整个事物发展过程的始终，这样的矛盾的存在与该事物本身的存在有着直接的相关性，例如：人民大众同帝国主义、封建主义、官僚

---

① 毛泽东选集.第1卷.北京:人民出版社,1991,P305.

资本主义之间的矛盾是半殖民地半封建社会的基本矛盾,它贯穿于民主革命过程的始终,并且规定着民主革命的基本性质。在事物发展过程中,基本矛盾是相对于一个事物发展过程中的其他矛盾而言的,它以各种非基本矛盾为自己的对立面。基本矛盾的存在和发展,对事物的根本性质起决定作用,其他的矛盾从根本上来说都是从属于它,受它影响和制约。基本矛盾对于我们把一事物与他事物从根本性质上区别开来具有决定性的意义。世界上各种事物及其发展过程会呈现出千差万别的现象,就是因为每个事物发展过程中基本矛盾具有特殊性,因而认识事物发展过程中的基本矛盾具有非常重要的。作为基本矛盾的矛盾必须是和该事物的存在与发展共生存。

思想政治教育价值实现过程中的基本矛盾就是个人需要和社会需要之间的差距,这对基本矛盾规定了思想政治教育价值的性质,思想政治教育价值实现过程中的其他矛盾也从属于它,个人需要与社会需要规定和制约着思想政治教育价值实现过程中的其他矛盾。思想政治教育价值的实现过程中包含着诸多复杂的矛盾,如思想政治教育者与教育对象之间的矛盾、思想政治教育与社会环境的矛盾、教育对象对自身发展的要求与其目前的思想道德素质现状之间的矛盾等,这些矛盾都是由个人需要和社会需要所规定和制约。

马克思提出了人的全面发展理论,思想政治教育价值实现也是促进人的全面发展的。人的发展主要包括着两个层次,第一个层次是人的社会化,从一个作为"自然存在物"的人转变为"作为社会存在物"的人,这就包括在知识、能力、行为等方面不断汲取人类长期发展以来的优秀的文化成果,同时,作为社会的人,还要具备与社会现实相适应的经济、政治、文化的能力与水平;第二个层次是人在实现了社会化发展的同时，人们渴望自身潜在能力能够得到充分的发挥，这样人和社会才能够不断的取得进步。但是，由于人们一方面缺乏自我发展的能力，有些人没有明确的人生目标，不愿意艰苦奋斗，缺乏学习和进取精神，只求安逸；另一方面，他们没有树立正确的发展目标，或者选择了错误的发展目标，比如把满足个人的低级的需要的能力作为自己发展的需求，或者把那些损人不利己、损人利己的能力看成是自己发展的需求，这两方面的原因造成了人们自身发展需求与其思想道德素质状况的差距和对立。思想政治教育的根本目标就是要引导人们树立全面发展的目标，克服自身认识的不足。社会成员对自身发展的需要既是个人需要，也是从属于社会需要，因而教育对象对自身发展的要求与其目前的思想道德素质状况之间的矛盾自然受到个人需要和社会需要的主导。

社会发展对政治观念、思想品德和个人人格的要求与教育对象的政治观念、思想品德和个人人格的现状之间的矛盾、教育对象对自身发展的要求与其思想道德素质现状之间的矛盾，这两对矛盾集中表现为思想政治教育者与受教育者之间的矛盾。这种矛盾的产生主要是由于：首先，思想政治教育者与教育对象在思想政治教育价值的实现过程中的地位不一样，教育者往往处于主导的地位，负责搜索信息、决策、实施、反馈和调节等各个环节，提出教育目标和任务，引导和控制全过程。而受教育者往往处于被灌输地位，难免会产生一些被动、消极的思想。其次，思想政治教育者与教育对象的需求目标存在差异，有时候甚至会对立，思想政治教育者是从社会需要出发，促使受教育对象逐步形成社会所要求的思想道德素质，而教育对象则是主要从自身的个人需要出发，所以对思想政治教育者所组织的教育活动会缺乏兴趣，甚至是产生抵触情绪。再次，思想政治教育者与教育对象之间在实践经历和知识水平上存在差异，二者在教育观念和思维方式上会存在分歧，会导致二者在对话上的障碍，心灵沟通存在困难。这几方面的原因导致思想教育价值实现过程中思想政治教育者与教育对象之间的矛盾主要表现在两个方面：一是教育对象在心理、行为上抵触教育，或者因为自身的思想体系，对教育有不满足感；二是思想政治教育者的自身的政治理论、业务素质、专业知识、人格魅力、管理能力等还不足以承担思想政治教育任务，不能有效地发挥思想政治教育的作用。从本质上看，思想教育价值实现过程中思想政治教育者与教育对象之间的矛盾是由于个人需要和社会需要之间的矛盾所制约的。

个人需要和社会需要的思想政治教育价值的实现离不开思想政治教育价值的环境，这在一定意义上引发了思想政治教育价值实现与思想政治教育价值环境的矛盾。思想政治教育价值环境是指思想政治教育所面对的围绕在教育对象和受教育者周围并对他们产生影响的一切外因的总和。思想政治教育环境按照不同的角度可以作不同的划分。从物质和精神的角度出发，可以划分为物质环境和精神环境：物质环境包括自然条件、社会制度、经济生活等物质生活条件，精神环境包罗了社会意识形态、传统文化、社会风气、社会文化等精神生活条件。从影响的空间范围来看，可以把思想政治教育价值的环境分为大环境和小环境。思想政治教育价值环境制约着社会成员在政治观念、思想品德和人格的发展与变化。思想政治教育价值环境具有广泛性、直观性、渗透性等显著特征。思想政治教育价值的环境与个人是辩证统一的，"人创造环境，同样环境也创造人"。人从出生到离开世界都是生活在环境之中的，在环境的熏陶和渗透下，形成了自己的思想品德、政治观念，成为一个"社会存在物"的人。另一方面，人经过积极、能动的实践活动，面对一定的环境，每个人的反映是不一样的，不仅会做出自己独特的选择，而且能改造环境。思想政治教育价值环境是一种有形的和无形的感染力量，积极的环境能够使人积极向上，有助于思想政治教育价值的实现，消极的环境使人意志颓废，不利于思想政治教育价值的实现。

综上，思想政治教育价值实现的过程中个人需要与社会需要之间的差距是其基本矛盾，它既规定着思想政治教育价值实现过程的性质和方向，又是它的内在根据和动力源泉，其他矛盾从根本上来说都是从属于这对基本矛盾，随着矛盾的不断解决和不断产生的循环往复中，思想政治教育价值实现不断由较低层级向较高层次提升，促进人和社会的持续向前发展。

第二节 科学实践观视域中思想政治教育价值生成的内在要求

价值主体活动的出发点都是为了实现自身的需要和利益。主体进行的各种实践活动都是为了满足自己的需要和利益，作为活动本身同时也是在创造着各种价值。需要主导利益，利益引发动机，动机催化了人类一切的价值实践活动，科学实践观视域中思想政治教育价值生成的内在要求正是应了价值主体需要和利益的本质，其中，价值主体的需要是思想政治教育价值生成的初因，价值主体的利益是思想政治教育价值生成的动因。

一、价值主体的需要是思想政治教育价值生成的初因

人的需要是人对其存在、发展的依赖和需求。在马克思看来，人的需要和人的本性是分不开的，人的需要是人的本性，是人作为人的固有的属性，他指出："他们的需要即他们的本性，以及他们求得满足的方式，把他们联系起来。"① 需要反映的是人在现实生活中的一种贫乏的状态，是人的生命活动的内在动因与依据，也是人类社会生存与发展的始因。

人要生活，首先要有一定的物质生活资料来满足自身的肉体需要，人首先是作为自然存在物的生命的个人，马克思说过"任何人类历史的第一个前提无疑是生命的个人存在。因此，人的第一个需要确定的具体事实就是这些个人的肉体组织，以及受肉体组织制约他们与自然界的关系。"② 然而人的需要的满足还需要借助社会形式和社会关系，离开了一定的社会形式和社会关系，单个人的局限性和有限性使他无法实现自身需要。个人虽然是人类社会的细胞，是人类社会存在的基本单位，但需要的主体不能只归结为个人，需要的主体可以是个人，但更重要的是群体、是整个社会，这与我们所说的思想政治教育价值的主体是统一的。因此，人的需要既是社会发展的原动力，又是人的社会关系形成的基础。

人的正当需要的满足是不可剥夺的权利，一切压抑人的正当需要的行为，都是违背人性的，都是从本质上否认人的存在的。作为

---

① 马克思恩格斯选集.第3卷.北京：人民出版社,1995,P514.
② 马克思恩格斯选集.第1卷.北京：人民出版社,1995,P24.

第四章 科学实践观视域中思想政治教育价值的生成根源

人和社会发展的动力的需要，思想政治教育应当而且必须遵从和满足人的需要。人有很多需要，但并不是人的所有的需要都是合理的，需要按照性质可以分为"合理的"需要与"不合理的"需要，思想政治教育就是为了要满足人的"合理的"需要，纠正、调整、引导"不合理的"需要，处理"个人需要"和"社会需要"之间的差距与矛盾，这是思想政治教育价值存在的客观要求。

人不仅是作为"自然存在物"的人，更是作为"社会存在物"的人，因而，这样的价值主体具有多种多样的社会性需要。这些社会性需要既是人的存在状态和发展程度的反映，又为思想政治教育价值的生成创造了条件。人是社会存在物，但是，人并非一生下来就是一个成熟的社会的人。他首先是一个"自然存在物"的人，必须经历一个由"自然人"向"社会人"转变的过程，即社会化过程。思想政治教育价值的实现就是一项以培养合格社会成员为教育目标的实践活动，在人的社会化进程中起着不可替代的作用。思想政治教育能帮助人们认识人与社会的关系，帮助人们清楚认识到个人是类存在物，是社会存在物，属于社会成员的一分子，一个人的生存与发展离不开他人和社会，使人们在追求自我价值和需要的同时，能够关注到个人与社会、与他人的关系。思想政治教育价值的实现是能帮助人们掌握社会的运行规则和价值观念，使其思想、理念、行为符合社会发展的要求，将社会所倡导的道德规范转化为内心信念，并引导人们自觉践行。思想政治教育价值的实现"可以帮助人们端正政治方向、提高政治觉悟，并帮助人们正确地履行政治义务、行使政治权利。"① 进而促使人们真正地融入社会生活,成为合格的社会成员,发挥思想政治教育价值的作用。

在社会实践活动中,人的需要是由多层次构成的系统,"各个层级之间既然有一种由低到高的梯级关系,那么从思想政治教育本身的思想性出发可以推断,需要的层级在与思想政治教育价值发生的临界点之间呈现出递进的趋势,就是说级别越高的需要越容易激发价值的产生。所以,人的最高层次的需要即精神需要就与思想政治教育价值生成具有最紧密的联系。"② 现实的人是有现实需要的人,价值主体的人的需要结构包括物质需要、精神需要等诸多层级,各种需要之间存在着张力关系。物质需要是人的最基本的需要,是其他一切需要的基础。人也是一种精神存在物,必然还有精神文化生活的需要,人的精神需要是人的本质的另一个方面,这是人区别于其他动物的特殊性。特别是精神需要中的意义需要和发展需要,它们为思想政治教育价值的生成提供了必要性和可能性。

"生活是一种创生和实现意义的生命活动"。③ 人的一生其实是一个不断发现意义、生成意义、实现意义的过程,人类的意义追求就是追求理想,追求人类自由的生活,所以他具有超越直接的功利性和真实的想象性;价值共享性和价值增值性;人自身发展的目的性和规律性等特点。同时,它也是根本性的需要,关涉人活着的理由,存在于每位社会成员的内心深处。从某种意义上讲,思想政治

---

① 闵绪国.人的社会性:思想政治教育价值生成的根源.载学校党建与思想教育.2010年12月(中),P57.
② 田霞,李然.简论思想政治教育价值生成的根源.载中国青年政治学院学报.2007,6:32.
③ 鲁洁.生活·道德·道德教育.载教育研究.2006,10:29.

第四章 科学实践观视域中思想政治教育价值的生成根源

教育就是通过满足意义需要而激活人的行为动机,挖掘人的潜能,从而有效地驱动人的有效行为。"正确而有效的思想政治教育,引导着人们的精神走向,满足人们的意义需要,激励着意义作为动力因素的发生程序;由于思想政治教育的参与,人的需要的各个层面在较高的基础上实现协调发展,从而推动社会的进步,思想政治教育的价值也就由此生成。"①

发展需要在人的需要层次中居于最高地位。人是有目的有意识的存在,发展是其永恒的追求。"发展需要是人们为自身的完善和文明程度的提高,为了增强自己的自由个性而产生的需要。"② 价值主体从未停止过对自身存在价值和意义的探求,渴望不断地超越自然属性的束缚,追求精神世界的充实和理想境界的实现。发展的需要既是价值主体对思想道德、科学文化等精神领域的追求,又是价值主体在物质领域自由从事劳动的需要。马克思主义的人的全面发展思想,是"实现整个人类社会整体的和谐发展,把个人的发展与社会整体的发展有机地联系起来,这是人的全面发展的基本目标。"③ 科学实践观视域中思想政治教育价值的实现,正是为了实现价值主体的全面发展。

总而言之,需要是人类生存发展和表达主体性的前提,是全部人类活动的根本初因。没有需要,便不会出现满足需要的主体行为。思想政治教育价值主体的需要是思想政治教育价值实现的前提,价值主体通过调节自身的需要结构,为思想政治教育价值生成

---

① 项久雨.思想政治教育价值论.北京:中国社会科学出版社,2003,P36.
② 赵太长.马克思的需要理论及其当代意义.河南:河南人民出版社,2008,P88.
③ 舒志定.人的存在与教育—马克思教育思想的当代价值.上海:学林出版社,2004,P52.

形成了基本前提。

二、价值主体的利益是思想政治教育价值生成的动因

人类的社会实践活动通常都是为了一定的需要，并在相应的目标驱动下以一定的方式开展的，思想政治教育价值活动亦是如此。"需要是形成利益的前提。没有需要，即没有人对客观世界的依赖关系和需要主体与需要对象之间的矛盾，人们就不会去进行生产和其他社会实践，使其需要得到满足，即需要主体与需要对象之间的矛盾得到克服，而需要的满足就是利益。需要是促使人们进行活动的原因，利益是人们活动的某种结果。"① 马克思指出："把人和社会链接起来的唯一纽带是天然必然性，是需要和私人利益。"② 社会关系是组成利益的社会基础。社会实践活动及其成果创造需要对象、满足需要的对象，是构成利益的物质手段和客观基础。从利益的抽象意义上来说，它的实质就是利益的满足，是需要的一种社会表现形式和实现形式。

从可能性上来说，有多少种需要，相应表现为多少种利益，按照不同层次，可以将利益划分为不同的种类，如个人利益与群体利益，物质利益和精神利益、经济利益和政治利益等。在社会实践活动中，存在着各种各样、纵横交错的利益，不仅不同种类的利益之间存在对立和矛盾，不同的利益主体之间也存在着矛盾和冲突。社会要保证有序运行，利益协调最为关键。在一定的社会关系中，人与人之间发生着这样那样的关系，在这些关系中，利益关系至关

---

① 赵家祥,李清昆等.历史唯物主义原理.北京:北京大学出版社,1992,P294.
② 马克思恩格斯选集.第2卷.北京:人民出版社,1995,P537.

第四章 科学实践观视域中思想政治教育价值的生成根源

重要。

在阶级社会中,由于人们在生产关系中所处的地位不同,不同的人就有不同的利益。不同利益主体之间产生多种矛盾,同一利益主体内部也存在着利益冲突。需要和利益是人类社会发展的动力,同时需要和利益的对立也是人类社会动荡不安、纷争不绝的根源,这就自然需要人类的协调机制,协调人们之间利益关系,必然涉及对思想关系的处理。有效的思想政治教育可以与不同的利益主体进行沟通,通过一系列的政治、法律制度、道德规范等约束人们的行为,最大限度地促使社会成员形成符合社会发展要求和趋势的利益观念和利益动机,将利益分化和社会矛盾控制在社会所允许的范围内,从而达到化解矛盾,降低风险,实现共同利益最大化,促进社会健康发展。

在阶级社会里,阶级之间的斗争和矛盾实际上就是不同利益之间的矛盾和斗争。统治阶级把自己的利益说成普遍利益,把自身追求的利益说成是全社会成员的利益,例如,在私有制的社会中,国家会通过一系列的政治、法律和道德规范约束人们,将利益矛盾控制在一定的范围内,但是这些措施主要是维护占有生产资料的统治阶级的利益,把被统治阶级的利益压缩到最小。在这里统治阶级的经济利益集中地表现为政治利益。社会各阶级、各成员有不同的政治利益诉求,统治阶级为了缓和社会矛盾,为了使其成员接受统治阶级的政治意识和利益要求,需要对其成员实施统治阶级的思想观念的教育和影响,从而实现统治阶级的利益。除了依靠国家机器和政权之外,还让"思想"为"利益"说话,思想政治教育正是为实现一定阶级政治利益诉求而产生的一种社会实践活动,它集中反映着统治阶级的政治利益并为之服务。所以，统治阶级的政治利益诉求构成了思想政治教育价值生成的社会依据。

在我国，党的思想政治教育同样有着维护阶级统治的一面。中国共产党是无产阶级政党，是工人阶级的先锋队，也是全中国人民的先锋队。它代表着最广大人民群众的根本利益，也就是说党的利益与人民的利益从根本上来说是一致的。所以，党的思想政治教育具有鲜明的社会性，它不仅体现中国工人阶级的利益，也体现着中国人民的根本利益。在社会主义初级阶段，已经消灭了私有制，解除了统治阶级和被统治阶级之间的根本对立的利益关系，使社会中的利益矛盾不再具有对抗性。但在于社会主义初级阶段，生产力水平还比较低，社会中还存在着国家、个人、社会之间的利益矛盾，存在着不同利益集团之间的矛盾，在社会发展过程中，依旧存在着个人利益与集体利益、眼前利益和长远利益、物质利益和精神利益等错综复杂的利益冲突。特别是改革开放以来，随着市场经济的推进，社会的经济成分、分配方式、就业方式和生活方式的多样化，收入差距的进一步拉大，社会关系发生了重大变化，各种利益矛盾问题大量涌现，这就需要思想政治教育发挥其平衡各种矛盾冲突的功能，协调各种关系，调节各种利益矛盾，"要实现这些功能必须建立对一定社会行为规范和规则的合理性的共识上，利用这些行为规范和规则调整人与人之间的关系，是统治阶级思想政治教育发挥作用的一个十分重要的方面。"[①] 教育人们把整体利益与个人利益、全局利益与局部利益、长远利益与眼前利益结合起来，从人与自然、人与人、人与社会之间的互动关系中，深刻反思思想政治教育

---

① 王礼湛,余潇枫.思想政治教育学.杭州:浙江大学出版社,2002,P92.

价值的生成根源。

利益是社会发展中最现实的存在,一切社会历史现象都可以从利益那里找到根源和动因。思想政治教育价值的实现是人类社会利益冲突和矛盾的产物,也是人类社会解决利益矛盾,能动地为人类社会文明进步和发展服务的一种实践活动。由于人类社会的利益冲突和矛盾的不断变化和发展,作为解决这种利益冲突和矛盾的一种实践活动,也必然随之发展。

第二节　科学实践观视域中思想政治教育价值生成的外在要求

社会成员的政治理念、思想观念和道德品行与社会发展对其要求的政治理念、思想观念和道德品行之间存在的差异和矛盾是科学实践观视域中思想政治教育价值生成的基本矛盾,个人需要与社会需要的差距是思想政治教育价值生成的内在根据,它们自始至终贯穿于思想政治教育价值实现的过程,规定和制约着思想政治教育价值实现过程中的其他矛盾,个人需要和社会需要是科学实践观视域中思想政治教育价值生成的内在要求,而思想政治教育价值生成的外在要求则是科学理论和科学实践。

一、科学理论是科学实践观视域中思想政治教育价值生成的理论根源

马克思主义为我们正确认识科学实践观视域中思想政治教育价值提供了科学的指导思想,是思想政治教育价值的理论根据。《共

产党宣言》中指出："共产主义革命就是同传统的所有制关系实行最彻底的决裂；毫不奇怪，它在自己的发展过程中要同传统的观念实行最彻底的决裂。"① 这就需要将思想道德素质教育放在重要的地位上，通过思想政治教育价值的实现，促使社会成员与传统观念进行最彻底的决裂。历史唯物主义和辩证唯物主义是思想政治教育价值生成的理论根源。马克思主义理论中的认识论、人的本质论、人的需要理论、价值论、人的自由全面发展理论等都是思想政治教育价值生成的理论来源。

人的全面发展理论是马克思主义的核心内容。实现人的自由个性、自由发展，是马克思毕生为之奋斗的目标。人的全面发展不是指个别人的身心发展，而是实现整个人类社会整体的和谐发展，把个人的发展与社会整体的发展有机地结合起来。人的全面发展不是个人知识结构的更新、能力的提升，而是人的全面自由发展，包括培育人的主体意识，提高主体的自觉的能力，革新人的社会经济关系、思想关系、政治关系等。人的全面发展必须是在现实社会之中才能够得到实现，是人在社会互动中不断生成的过程。个人的全面发展所解决的就是个人和社会之间的矛盾，一方面，人的素质的全面提高、人的精神境界的不断提升、人的社会关系的日趋丰富都为思想政治教育提供科学的指引；另一方面，思想政治教育对人的全面发展具有导向价值、开发价值、塑造价值、激励价值、规范价值。思想政治教育是实现人的全面发展的重要途径，促进人的全面发展也是思想政治教育的目的，思想政治教育价值使人们自觉地体验人的存在意义。

---

① 马克思恩格斯选集.第1卷.北京:人民出版社,1956,P271~272.

第四章 科学实践观视域中思想政治教育价值的生成根源

以人为本思想是科学实践观视域中思想政治教育价值生成的又一理论根源。在社会发展历史进程中，人不仅是社会发展的活动主体，还是社会发展的价值主体。人的发展是一个不断由现实状态向理想状态超越的动态过程，也是一个在生产力不断发展的基础上，人的自由程度不断提高的过程。在人类社会发展中，人既是社会发展的工具，也是社会发展的目标，人类社会的发展，归根到底是为了满足人民群众日益增长的物质文化生活的需要。人在社会发展中的工具性体现在，在人类社会实践活动中，人是活动的主体、最宝贵的资源和核心动力，人是社会财富创造中唯一的能动因素，没有人的参与，就不可能有物质生产，也不可能有人与自然之间的物质变换。人的素质、品格、人格等因素也是社会制度和体制得以存在和运转的基本保障，人的素质体现了社会发展的水平，人的素质体现了社会发展的程度。人在社会发展中的目的性体现在，从人的本质看，人是社会动物，人是以社会为舞台进行活动的，脱离了社会，人的自我实现、自我发展就无从谈起，人的发展是以社会生产力的发展为基础的，人是随着社会生产力的不断发展而自由度不断提高的。因此，以人为本的思想为科学实践观视域中思想政治教育的价值来源指明了方向，只有在思想政治教育实践活动中重视人、体现人，才能真正实现思想政治教育的价值。

二、科学实践是科学实践观视域中思想政治教育价值生成的现实根源

理论的价值是用来指导实践。"思想政治教育是一项工作，是一种社会实践活动，是完善人的心理结构、个性品质，激发人的精

神活动，发展人的思想道德素质的自觉的社会实践。"① "哲学家们只是用不同的方式解释世界，而问题在于改变世界"。马克思主义哲学是以实践为基础和核心的科学体系。马克思指出："全部社会生活在本质上是实践的。"②

在马克思主义哲学看来，实践是历史主体认识和改造社会的最基本的活动。实践是一种表现出历史主体能动性的真正现实的、感性的客观活动。"实践就是指人们能动地改造和探索现实世界的一切社会性的客观物质活动。"③ 实践具有客观性、能动性和社会历史性。具体来说，首先，实践是感性的、客观的物质活动，实践主体作为一种现实的物质力量活动，这是实践的首要条件。实践的客观物质性具体表现在实践的主体、实践的对象、实践的手段、实践的结果都是物质的，同样，实践的水平、广度、深度和发展过程，都是受到客观条件的制约和客观规律的支配。其次，实践是能动的活动，实践虽然是一种感性的物质活动，但是它和自然界中其他物质相互作用的客观过程不同，自然界中的动物的活动也是客观的、感性的，但是因为动物没有思维，没有思想，只能表现出对自然环境的消极适应，不会有自觉的能动性，因而不能称之为实践。而人在进行客观实践之前，会根据客观事实，制定明确的目标，运用一定的计划、方法等，采用物质手段去改造客观世界，从而符合自己的需要，实现自己的目标。在整个实践过程中，贯穿了人的自觉的目标和意志，这种就是实践的能动性。社会越发展，人的实践活动的

---

① 邱伟光.明德－邱伟光德育文选.上海：上海中医药大学出版社，2006，P12.
② 马克思恩格斯选集.第 1 卷.北京：人民出版社，1995，P54.
③ 李秀林，王于.辩证唯物主义和历史唯物主义.北京：中国人民大学出版社，1982，P189.

自觉能动性也就越高。日渐现代化的生产实践要求每一位社会劳动者具有更多的知识水平,更强的理论思维能力,更坚定的个人意志。再次,实践是社会历史性的活动。作为实践主体的个人不是抽象的、孤立的人,而是一定社会关系中的人,离开一定方式结合起来的社会共同体,任何形式的实践都无法开展。人类的社会实践是历史的发展的,一方面,每一个历史时代的社会实践都是受到当时历史条件的制约;另一方面,人类又不满足于这种限制,总是不断地通过实践活动超越这种限制。社会生活在本质上是实践的,人类在社会生活一切领域的活动都是实践的。

实践的形式是多种多样的,基本的形式有三种,即变革自然的生产实践活动、处理人与人之间社会关系的社会实践活动以及科学实验实践。生产实践是处理人与自然关系的实践活动,通过改变自然界的物质存在形式,生产满足自己物质生活需要的资料,它是人类社会存在和发展的基础,物质生产实践决定和制约着其他一切社会实践的性质、规模和特点。人们在生产活动中,逐渐了解自然现象、自然的性质和规律,以及人和自然的关系,也在这个过程中人们逐渐认识到人与人之间的关系,所以,在一定意义上,生产实践又是人类认识的来源。人们生产活动总是在一定的社会关系中进行的,社会关系实践是指社会内部处理人与人之间关系的实践活动,调整和解决各种社会矛盾,调整和变革生产关系和社会制度,是改造社会的实践活动的基本内容。科学实验实践是在一定的科学知识指导下的、有明确目的的、具备一定设施而去探索规律性知识的活动,它不仅包括自然科学实践,而且还包括哲学、道德、文化、教育、艺术、宗教等实践。它是在生产实践的基础上产生的,科学实验实践的产生和发展，一方面受生产实践和社会关系实践的制约，另一方面又可以促进生产实践和社会关系实践的发展。

实践是认识思想政治教育价值的基础，是思想政治教育价值生产的源泉，是检验思想政治价值理论正确与否的唯一标准，是思想政治价值实现的根本途径。思想政治教育从本质上讲是一种特殊的实践活动。它的实践性突出地表现在它是直接建立在长期的思想政治教育实践经验基础之上的。思想政治教育是一项实践活动，思想政治教育价值必须在实践中去实现。思想政治的发展、产生和存在同社会实践有着必然的、本质的联系，思想政治教育价值的发展、产生和存在的重要根源是社会实践。人类实践活动的最大特点，就是以主观的东西作指导，同人的主观世界相联系，是有意识的活动。人类自觉意识的高级表现形态是信念和理想，进而体现了人类自觉活动的最高目的。思想政治教育价值实现离不开信念和理想。"社会实践是把精神力量转化为物质力量、观念转化为现实的过程。精神力量向物质力量的转化，离不开思想政治教育，而观念转化为现实，离不开精神力量转化为物质力量。"[①] 精神力量是主体社会实践活动的重要因素，是推动人们社会实践活动的强大动力，思想政治教育通过思想引导、精神激励、价值导向、行为强化等方式，能有效地开发实践主体的精神资源，增强实践主体的精神动力，从而促进精神力量向物质力量的转化。

思想政治教育的一项重要功能就是保障人民群众以正确的思想理论指导自身的实践活动，增强人们社会实践活动的意识性、目的

---

① 秦福叶.浅析思想政治教育的实践根源.载南昌教育学院学报·思想政治教育.2011(16).

性和自觉性，减少人们社会实践活动的自发性和盲目性，提高人们社会实践活动的自觉程度和科学水平。社会实践的开展最重要条件是社会成员在社会实践中的相互配合和密切协作。社会成员的互相合作，不单单是保证社会实践的有序发展，而且还能形成崭新的社会实践能力，从而达到提高社会劳动生产的最高效率，最大限度地促进我们社会生产力的迅速发展。在这其中始终存在的问题就是如何处理个体和群体实践的关系，而处理好这个问题的关键在于如何使个体在实践过程中形成团队意识和精神，进而产生集体实践的合作能力。要想增强集体的创造力和凝聚能力，就必须加强思想政治教育实践，增强人类实践活动社会合作的能力和凝聚力，使社会实践活动成为发挥人民群众主体作用和集体力量的创造性活动。

科学实践观视域中思想政治教育价值理论，不是思辨的产物，也不是推理的结果，而是在实践中形成的。思想政治教育价值理论不是离开思想政治教育实践活动的"纯粹经院哲学问题"，也不是研究者个人的精神家园"产品"。离开实践谈科学实践观视域中思想政治教育价值理论，可以在纯粹思维中使理论表达完美化、理想化、元理化或原理化，然而这样的理论会离实践越来越远，出现思想政治教育价值研究的"学术繁荣"与"实践贫困"的悖论现象。思想政治教育价值理论本质上都应当是实践的。因为思想政治教育是一种动态的实践活动，是一种超越现实、追求理想的创造性活动，其本身具有强烈的目的性和超越性，缺乏了实践的超越性这个维度必然是片面的，"思想政治教育是思想政治教育学产生的前提条件、基础和源泉，思想政治教育学是关于思想政治教育丰富的实践经验的理论概括，是思想政治教育的知识体系。离开了思想政治教育实践，思想政治教育学就会成为无源之水，无本之木，不能成为真正的科学，也失去了这门科学的意义。"①

---

① 陈万柏,张耀灿主编.思想政治教育学原理.北京:高等教育出版社,2007,P17.

第五章　科学实践观视域中思想政治教育价值的要素构成

要素，即构成特定系统与活动所必不可少的因素、元素。思想政治教育的要素，即构成思想政治教育运作系统或者说思想政治教育实际活动的基本要素。对于思想政治教育要素的具体构成，学术界有"三要素""四要素""六要素"说等多种观点，说法不一。"三要素""四要素"说多以主体、客体、介体、环体等词汇来表示所列出的思想政治教育诸要素。"六要素"说是将思想政治教育者、思想政治教育对象、思想政治教育内容、思想政治教育目的、思想政治教育方法、思想政治教育情境作为思想政治教育的要素。思想政治教育的基本要素，在思想政治教育过程中既有各自特定的内容、地位和作用，又相互联系、相互促进，是不可分割的统一整体。缺少或忽视其中任何一个要素，或各要素之间的关系如果处理不当，都会削弱或破坏思想政治教育过程的完整性，影响思想政治教育活动的顺利开展。

科学实践观视域中思想政治教育价值是在思想政治教育过程中实现的，从思想政治教育的过程看，科学实践观视域中思想政治教育价值由四个要素构成。思想政治教育要素的有价值，不等于思想政治教育活动的有价值,它只是构成思想政治教育价值得以实现的基本前提。思想政治教育要素的价值体现在具体的思想政治教育活动之中,脱离具体的思想政治教育活动,我们将无法感知,同时也无法探讨思想政治教育要素价值的实际内涵,也无法把握思想政治教育的有效进行和对思想政治教育要素的具体要求。

第一节 科学实践观视域中思想政治教育价值实现的主体

科学实践观视域中思想政治教育价值主体,是指在思想政治教育过程中具有主动教育功能的组织或个人。按照这个定义,教育者是思想政治教育价值的主体。科学实践观视域中思想政治教育价值的主体——教育者,包含两个方面:一是指思想政治教育机构;二是指从事思想政治教育的人员。思想政治教育机构和从事思想政治教育的人员统称为科学实践观视域中思想政治教育价值的主体。

一、科学实践观视域中思想政治教育价值实现的主体结构

结构与功能是客观事物存在的普遍属性。结构与功能是思想政治教育主体相互联系、不可分割的两个方面,它们相互联结又相互制约。一方面,结构规定影响着功能的性质、水平和作用范围的大小,有什么样的结构就会产生什么样的功能。另一方面,功能也会反作用于结构。当功能的发挥不能适应外界条件时,也会引起结构的改变。因此,科学实践观视域中思想政治教育主体要充分发挥自己的功能,必须建立合理的结构。

第五章 科学实践观视域中思想政治教育价值的要素构成

(一)科学实践观视域中思想政治教育价值实现的主体组织结构

科学实践观视域中思想政治教育价值主体的组织结构,主要包括以下几个方面:

其一,领导决策机构。这主要是指各级党委,各级党委是思想政治教育的领导部门。它的主要职责是对思想政治教育工作进行领导、决策和指挥。具体由分管思想政治教育的领导人负责。思想政治教育的重要决策,要通过党委集体讨论决定。在基层,具体由党总支或党支部领导,并指定一名领导具体负责。相关的各级行政领导机关和行政负责人,也负有相应的领导责任。

其二,职能管理机构。这主要是指思想政治教育的职能管理部门。如:各级党的宣传部门和其他专职思想政治教育部门等。它们是常设的思想政治教育的职能管理部门,是各级党委的参谋和助手。各级党委的其他部门,如:组织、纪检、统战等,也是思想政治教育工作的重要职能部门之一,各按其职责分工,抓好党员、干部、民主党派和知识分子的思想政治教育工作。

其三,群众组织。工会和妇联等群众团体,也担负着重要的思想政治教育任务,是党委进行思想政治教育的有力助手。工会是党领导下的工人阶级群众组织,是党领导职工群众的纽带和桥梁。妇女联合会是在党的领导下,团结各族各界妇女的群众组织。在建设中国特色社会主义现代化事业过程中,加强思想政治教育工作,提高广大职工、青年和妇女的思想道德素质,团结奋斗,把他们培养成为"四有"新人,是这些组织的根本任务之一。

其四,研究咨询机构。这主要是指专门从事思想政治教育理论研究与咨询的部门。如：各省、市、军队和单位设置的思想政治教育研究所、研究室、教研室；全国各部、委和省、市的思想政治教育研究会等；各高校所设立的思想政治教育院系、思想政治教育研究中心等。

上述思想政治教育机构，各级党委居于领导地位，是思想政治教育的领导、决策和指挥机构。其他机构——职能教育管理机构、群众组织和研究咨询机构以及事业机构、行政机构，隶属于党委领导，各负其责，同时，相互紧密配合，组成了完整的主体组织结构。

（二）科学实践观视域中思想政治教育价值实现的主体人员结构

科学实践观视域中思想政治教育价值主体的人员结构，是指主体系统人员的年龄、知识、能力、性格、性别等的构成。主体系统人员的年龄结构、知识结构、能力结构、性格结构、性别结构必须合理搭配，否则无法产生最佳功效。上述五种结构的具体内容包括：

其一，年龄结构。主要指思想政治教育价值主体人员结构中，不同年龄人员的比例构成和相互关系。年龄是一个与生存共存、只增不减的，有极限的特征量，它是思想政治教育价值主体人员结构中的一个重要因素。思想政治教育是一项具有多种任务的复杂性工作，有的任务需要由年长者承担，有的任务需要由中年或青年人完成，所以，在思想政治教育价值主体中，应有一个老、中、青结合的具有合理比例的综合体。只有这样的年龄群体结构，才能依据人的心理特征和经验能力水平，发挥各自的最优效能。这样的年龄结构的优点有三：第一，有利于各个年龄段上的人发挥自己的优势，避免自己的不足。第二，各年龄段人员匹配合理，有利于发挥主体系统的整体效应。第三，老、中、青相结合，有利于主体系统持续稳定发展。老、中、青三者组合的比例，一般应是中、青年干部占绝大多数，老年占少数。由于不同主体所处的层次不同，承担任务的难易程度有别，年龄结构不应限于一种标准。一般而言，中央、省和大企事业单位的主体人员的平均年龄应略高于县及以下单位。

其二，知识结构。主要指思想政治教育价值主体中，具有不同知识水平人员的比例构成和相互关系。一个合理的主体人员知识结构，应当由初级、中级、高级知识水平的人，按一定的比例构成。思想政治教育价值主体的初级、中级和高级知识水平，应是具有初级、中级、高级专业职称人员的知识水平。这种结构一般应是正三角形的稳态结构，即初级人员数量大、中级人员数量较大、高级人员数量小的结构。并且，还应随着社会发展和需要，不断予以调整。只有这样，才能使具有不同知识水平的人，各尽所能，互相配合，构成一个动态平衡的有机体。另外，对于不同单位，由于工作对象的文化层次不同，思想政治教育价值主体的知识结构应有不同的要求。如：大学和科研单位思想政治教育价值主体的知识结构，就应有更高的要求。

其三，能力结构。主要指思想政治教育价值主体中，具有不同工作能力人员的比例构成和相互关系。思想政治教育是一个多层次、多功能的复合体。每种功能的发挥都要有与之相适应的能力结构的人员。每个人的能力都应与其所承担的职责和功能相适应，当然，不可能与所有职责和功能相适应。这就要求把具有不同能力的人组合在一起，形成能够发挥多种功能的主体系统，只有这样，才能增强主体的整体功能。拥有全面能力优势的群体，才拥有创造力和前途。仅具有限能力的人组成的思想政治教育价值主体系统，必将造成其功能的畸形和残缺，难以发挥主体系统的整体功能。

其四，性格结构。主要指思想政治教育价值主体中，具有不同气质和性格人员的比例构成和相互关系。人由于遗传因素的影响，有的刚强，有的柔弱；有的活泼，有的孤僻；有点急躁，有的沉着；有的外向，有的内向等，性格各不相同。主体组成合理的性格结构，可以实现性格互补。实现性格的合理组合，既能发挥每个主体人员的特长，又能互相补充，长短相济，实现主体功能的优化。

其五，性别结构。主要指思想政治教育价值主体中，不同性别的人的比例构成和相互关系。思想政治教育对象的性别差异，要求思想政治教育价值主体必须有合理的性别结构。在有些情况下，男性教育者去做工作有利，而在有些情况下，则是女性教育者去做工作有利。由单一性别组成思想政治教育价值主体，在个别情况下是可行的，但在多数情况下，是不利的。因此，思想政治教育价值主体应由男、女不同性别按一定比例组合而成。在不同情况下，应有不同的男女比例组合。

上述主体的年龄结构、知识结构、能力结构、性格结构和性别结构，应综合衡量和分析，从整体需要和实际可能出发，构建科学实践观视域中思想政治教育价值主体的结构。在一个组织机构或系统中，既要年龄结构合理，又要知识结构、能力结构健全，还要性格结构和性别结构恰当。要防止顾此失彼、结构不全、功能失调的现象发生。

二、科学实践观视域中思想政治教育价值实现的主体素质

科学实践观视域中思想政治教育价值的主体必须具备一定的素质。如果教育者不具备相应的素质,会使教育的系统功能丧失。因此,必须提高教育者自身的单兵素质,向专家型思想政治教育工作者方向发展。一名合格的思想政治教育工作者,必须具有以下素质:

(一)政治素质

政治素质是思想政治教育工作者最基本的素质,政治素质关系思想政治教育的方向。政治素质主要包括政治立场、政治水平和政策水平等几个方面。

其一,政治立场。所谓立场,是一个人在观察和处理问题时,所处的根本地位和所持有的根本态度。对于思想政治教育工作者来说,就是要站在广大人民群众的立场上,坚持四项基本原则,认真贯彻党的十一届三中全会以来党的路线、方针和政策,同党中央在思想和行动保持一致。有了鲜明的政治立场,才能有坚定的共产主义信念,保持清醒的头脑,坚定不移地对人民群众进行坚持党的基本路线教育,抵制形形色色的资本主义思想的侵蚀,并且无论处在任何艰难困苦的条件下,都能满怀信心、毫不动摇。

其二,政治水平。所谓政治水平,主要指政治上分辨是非的能力、政治敏感以及善于从实际出发正确处理各种政治问题的能力等。政治水平是政治觉悟、马克思主义理论水平与政治经验相结合的产物。马克思主义理论水平越高、政治斗争经验越丰富,政治水

平越高。思想政治教育工作者只有具备较高的政治水平,才能在改革开放的新形势下,始终保持清醒的头脑和正确的方向。

其三,政策水平。所谓政策水平,主要指认识、理解和执行党的基本政策的水平。政策水平主要表现在依据实际情况正确贯彻落实党的政策上,特别表现在正确区分不同性质的矛盾和不同事物的界限上。如:正确区分政治问题、思想问题、认识问题和学术问题的界限;正确区分思想品质问题和方法问题等等。思想政治教育工作面临错综复杂的社会矛盾,只有具有较高的政策水平,才能正确贯彻落实党的方针政策。

(二)道德素质

要想使教育对象有良好的道德品质,思想政治教育者必须有崇高的道德境界。教育者的道德素质,主要表现在:

其一,有无私奉献的精神。全心全意为人民服务,一切从人民的利益出发,能正确处理个人利益同他人利益和社会利益的关系。不计名利和地位,先人后己,大公无私,点燃自己,照亮别人。

其二,有崇高的义务感。义务感是人们行为的向导,时时告诉人们应该做什么和不该做什么。思想政治教育工作者具有崇高的责任心和义务感,坚决履行自己对祖国、对人民、对社会的义务,忠诚积极,竭尽全力。正直是人格的脊梁,正直、公正、有气节是思想政治教育工作者必备的优秀品质,是思想政治教育工作者责任心和义务感的重要体现形式。正直,就是要在是非面前敢说真话,表里一致,坚持原则,不讨好别人,敢于同歪风邪气作斗争。思想政治教育工作者应该成为正直,公正,具有高风亮节的人。

其三,有反省的自觉性。思想政治教育工作者要把反思的精神贯彻到工作的一切方面,失败了要反思,成功了要反思;逆境要反思,顺境也要反思;做事要反思,做人尤其需要反思。通过反思,增强自身的道德自控力。只有养成自觉反省的精神品质,才能不断提高自身,做好工作。

(三) 智能素质

智能是指一个人智力和能力的总和。思想政治教育工作者拥有较高的智能素质是十分重要的。它是工作能力和水平的基本标志,是决定工作效率和工作成败的关键因素之一。思想政治教育工作者的智能素质,主要表现在以下几个方面:

其一,知识结构。主要包括四个方面:第一,比较系统的马克思主义理论知识。包括马列主义、毛泽东思想、邓小平理论、"三个代表"重要思想、科学发展观等。第二,思想政治教育专业基础知识。主要是马克思主义教育学、心理学、伦理学、政治学等知识。同时,也包括社会学、人才学、美学、管理学、文化学等相关学科的知识。第三,思想政治教育专业知识。主要包括思想政治教育学原理、思想政治教育方法论、思想政治教育史、思想政治教育管理学、思想政治教育评估学等本专业的理论知识。第四,具体思想政治教育工作需要的其他知识。这主要指与教育对象所从事的专业有关的知识和与教育对象的兴趣爱好有关的知识。这个领域相当广泛,教育者不可能门门精通,但应当力争都有所涉猎。

其二,智力结构。智力就是人们通常说的智慧和聪明。它是保证人们有效地进行认识活动的那些比较稳定的内在心理特征的有机综合。主要包括观察力、记忆力、思维力、想象力和注意力五种基本因素。观察力是人们智能活动的门户,是在思维的指导下,对认识对象的直观认识和把握能力；记忆力是人们智能活动的仓库，是对被感知和认知过的事物的识记和保持能力。人们的一切智能活动都离不开记忆力；思维力是人们智力活动的核心，是通过分析、推理和判断，间接认识事物本质和规律的能力；想象力是智力活动的翅膀，是人凭借多种思维方式，对头脑中接受和贮存的信息，进行加工和排列，创造出从未感知过的，甚至从未存在过的事物形象的能力；注意力是人的智力活动的维护者，是使心理活动指向集中或转移到某种事物上的能力。

其三，能力结构。能力是指人们的才能或本领。它是一个人运用知识和智力成功进行实践活动的本领。思想政治教育工作者应具备的能力，大致有以下几种：第一，自学能力。自学能力就是按照自己的意图、依靠自己的力量主动去获取知识的能力。自学能力的强弱，对于知识结构的建设具有决定性影响。第二，调查研究能力。调查研究能力指了解和分析教育对象和工作现状，并提出结论性意见或解决问题方案的能力。调查研究能力是思想政治教育工作者的一项重要的基本功。第三，组织能力。组织能力是指能够依据一定任务或目的，精心设计计划，并恰当地组织有关人员和单位去实现计划，完成任务的能力。组织能力也包括独立组织集会或活动的能力。对于较高一级的思想政治教育工作者来说，组织能力还应包括决策能力和指挥能力。第四，表达能力。表达能力指以口头或书面的方式表达自己思想、认识、情感或表述事物及过程的能力。无论口头表达能力，还是书面文字表达能力，都是思想政治教育工作所必需的。表达能力往往直接影响思想政治教育的功效。

(四) 心理素质

心理素质指人的各种心理品质的综合状况。人的心理品质的内容是十分丰富、广泛的。思想政治教育工作者必备的心理素质,主要指优良的性格和坚强的自控能力。

其一,优良的性格。性格是指一个人比较稳定的对现实的态度和与之相适应的习惯化行为方式。它是个性心理的核心,是一个人最鲜明、最重要的区别于他人的个性心理特征。思想政治教育工作者是做人的工作,对象广泛、情况复杂,因此,必须具备优良的性格,否则难以适应工作。思想政治教育工作者的优良性格大致应包含:第一,科学的态度,即科学地对待社会、对待事业、对待他人和对待自己的态度。第二,乐观的情绪,即乐观、积极、稳定的情绪。第三,坚强的意志,即自觉、果断、坚韧、自制性强的意志。第四,有冷静的理智,即发展的比较充分、完善而冷静的理智。

其二,坚强的自我控制能力。自我控制能力是指在各种复杂的突发性事件面前,在心理和行动上自觉控制自己的应变能力。这种能力表现在面对突发性事件能自觉控制自己的情绪和言行,冷静地采取正确的处置意见,也表现在无论在什么困难面前,都能保持乐观稳定的情绪,坚定不移地解决问题,克服困难,开创新局面。

三、科学实践观视域中思想政治教育价值实现的主体职能

在整个思想政治教育中,思想政治教育价值实现主体是整个思想政治教育过程的组织者、思想道德规范的传播者、良好行为习惯的培养和引导者。人们思想行为向一定阶级的意识形态转变,很大

程度上是通过教育者实现的,教育者的主观努力程度,关系到思想政治教育的成败。因此,必须提高思想政治教育者的使命感、责任感,明确思想政治教育者的主体职能。

我们认为科学实践观视域中思想政治教育价值实现的基本职能是:灌输、激励、调节、转变。这四个职能之间并不是截然分离的,而是相互渗透、相互交叉的,其中灌输起着主导作用,特别是对于正在成长中的青少年更是如此。

(一) 灌输职能

灌输,就字面而言就是灌注、输送的意思。思想政治教育价值实现的主体灌输职能,就是教育者利用各种舆论工具,有领导、有计划、有组织地对受教育者进行马克思主义理论教育。因此,灌输也可以理解为正面教育。

其一,灌输的重要性。首先,马克思主义理论、中国特色社会主义理论体系是中国特色社会主义建设和全面深化改革的指导思想。因此,每个社会成员都必须接受马克思主义理论、中国特色社会主义理论体系的教育。青年学生是中国特色社会主义事业的接班人,对他们政治思想素质应当有更高的要求。思想政治教育者的一个基本职能,就是要向每个社会成员,特别是向青少年系统地灌输马克思主义理论、中国特色社会主义理论体系,引导和鼓励他们学习和接受这些思想、理论,以便用科学的理论武装头脑、指导行动。

其次,人们的思想和世界观总是在外界各种思想的影响下形成、发展和变化的,不是这种理论思潮起主导影响,就是那种理论思潮起主导作用。随着全面深化改革步伐加快,西方资本主义思想会通过多种渠道传播进来。因此,思想政治教育者必须有领导、有计划、有组织地向受教育者,特别是对干部和青年学生灌输马克思主义理论、中国特色社会主义理论体系,让马克思主义理论对人们的世界观、人生观、价值观的形成、发展和变化起主导的影响作用,使人们能够运用马克思主义的基本立场、观点和方法看待问题,提高人们认识事物的水平和分辨是非的能力,以便更好地识别和抵制各种各样的错误思潮。

其二,灌输的有效性。列宁"灌输理论"的基本含义是:工人运动不能自发地产生马克思主义理论,必须由工人阶级的先锋队组织把马克思主义理论从外部"灌输"进去,很明显这不是指教育方法上的强灌硬输,而是指马克思主义思想意识不能自发产生,灌输是有领导、有计划、有组织的正面教育,因此它的形式和方法完全可以随着时代的发展和对象的不同而创新,完全可以做到丰富多彩、生动活泼。

要提高灌输的效果,除了教育者本身要有良好的素质,以及注意灌输的形式和方法外,还要讲究灌输艺术。首先要有正确良好的情感。教育者在讲授、传播马克思主义理论时,自身要对马克思主义理论怀有满腔热情和坚定信仰。在说理时,对受教育者要怀有亲切、和悦的情感,这样就会使受教育者的情绪受到鼓舞,心灵上受到感染。其次要有精心编排的内容,要把内容组织得有条有理,使人一目了然,还要编排的巧妙,能抓住人心,扣人心弦,这样即使相同的内容也会产生不同的效果。再次要有丰富生动的语言,注意语言的科学性、针对性、启发性、趣味性,如果语言干瘪、呆板、陈旧,即使好的内容也收不到好的灌输效果。

(二) 激励职能

激励就是激发、鼓励。思想政治教育价值实现的主体激励职能，就是激发和鼓励受教育者在学习、工作、劳动中的积极性、创造性，对他们取得的成绩给予肯定和奖励，促使他们继续努力。激发人们的积极性，对于学习、工作、劳动成果能否取得和成果取得的大小好坏都是十分重要的。激励在激发人们的积极性中具有非常重要的作用。激发受教育者的积极性，最重要的就是要提高他们的思想道德素质，帮助他们树立远大的理想，理想是人们行动的内在动力，有了理想，人们才能主动前行。思想政治教育工作者通过各项工作，提升教育对象的思想道德素质，使他们具备较高的思想道德水平，在这样的基础上，用理想和信念引领他们不断向前，才能真正起到激励的作用。

奖励既是对受教育者正确思想和正确行为的一种肯定，也是进一步激励其积极性的一种手段。奖励一般包括物质奖励和精神奖励两种。思想政治教育工作者在实际工作中，应该以精神奖励为主，辅以物质奖励。精神奖励也包括很多形式，比如荣誉证书的颁发，对表现比较好，在某一领域有突出贡献的人，可以通过召开表彰大会，颁发荣誉证书的形式对其进行奖励；语言鼓励也是精神奖励的一种重要方式，在日常工作中，通过"你真棒""好极了""你真厉害"等话语，能使教育对象在语言肯定中达到精神满足，提高工作的积极性和主动性；制度奖励也是精神奖励的一种，在中国特色社会主义民主制度中，人民当家做主是一种重要的制度安排，通过这种制度，人民可以在社会各个领域体会到主人翁的身份，这可以激励人们更加热爱社会主义制度，更加热爱中国共产党，愿意对党和

第五章 科学实践观视域中思想政治教育价值的要素构成

国家的事业投入更多的精力。总之，激励的方式有很多，在思想政治教育工作中，应根据实际情况，加以应用，不同的教育对象，对不同种类的激励手段的反应是不一样的，要根据教育对象的情况，能最大程度地对教育对象产生激励的方式，最大程度地发挥思想政治教育工作的功能和作用。

（三）调节职能

调节就是协调、节制的意思。思想政治教育价值实现的主体调节职能就是调节相互关系和自身的心理状态，为思想政治教育价值客体创造一个良好的环境和心态。思想政治教育价值实现的主体调节职能涉及的内容是很多的，主要是三个方面的内容：

其一，调节受教育者与环境间的关系。一要为受教育者优化环境，包括大环境和小环境。二要让受教育者正确地对待环境。在现实生活中，有的人往往因不适应环境而苦恼，或因得不到理想的环境而失望，要教育他们不能因此而随波逐流，也不能因此脱离集体，逃避现实，而应尽己所能改变和优化环境。

其二，调节人际关系。人生活在社会上处处都会遇到人际关系，在家庭里有父母、兄弟、姐妹、夫妻、子女之间的关系；在学校里有同学、师生之间的关系；在单位里有同事、上下级之间的关系；在社会上有亲戚、朋友之间的关系等。人际关系的好坏和相互间是否融洽和谐，对一个人的成长和心情有很大的影响。因此，调节人际关系是思想政治教育价值实现的主体职能的一个重要方面。

其三，调节受教育者的心理状态。保持受教育者良好的心理状态，对于接受教育和身心健康都是极为重要的。因此，思想政治教育价值实现的主体调节职能要注意运用心理学的理论和方法，调节好受教育者的心理状态。此外，还要对受教育者的某些过高期望值进行调节，以免受教育者因期望不能满足，而产生过度的失落感和悲痛感。

(四) 转变职能

转变就是转化、改变的意思。思想政治教育价值实现的主体转变职能，就是转变受教育者的世界观、人生观、价值观，进而纠正教育对象已经存在的某些不正确或不完全正确的思想或行为。

其一，转变的必要性。我们还处在社会主义的初级阶段，尽管思想政治教育价值实现的主体希望通过发挥灌输、激励、调节职能，使受教育者都能按照教育者的愿望，具有正确的思想和行为，但在实际上这是不可能的。由于各种各样的原因，就集体而言存在着先进、中间、后进三个部分，这种情况恐怕要延续非常长的历史时期。就个体而言，也总会受到社会上各种不良思潮和行为的影响，产生这样那样不正确或不完全正确的思想和行为，少数人甚至还会犯错误和犯法。思想政治教育就是要转变受教育者的世界观、人生观和价值观，纠正受教育者已经存在的某些不正确或不完全正确的思想和行为，把他们引导、转变到正确的轨道上来。

其二，转变的艰巨性。世界观、人生观和价值观的转变和改变是很不容易的，因此在实施转变这一职能时，任务是相当艰巨的。由错误认识转变为正确认识，再由认识转变为行为，这是一个比较漫长和艰苦的过程，思想政治教育工作者一定要耐心对待，持之以恒，不怕反复，多做转化工作，以实现受教育者的最终转变。

第二节 科学实践观视域中思想政治教育价值实现的客体

科学实践观视域中思想政治教育价值实现的客体,即思想政治教育的对象。思想政治教育活动的目的是要培养人们具有正确的世界观、人生观、价值观。而要达到这一目的,就必须正确认识和分析教育对象,这是思想政治教育价值实现的起点和基础。

一、科学实践观视域中思想政治教育价值实现的客体特征

科学实践观视域中思想政治教育价值实现的客体,即思想政治教育活动所作用的对象,思想政治教育者施加教育影响的对象,也就是受教育者。思想政治教育对象是一个复杂的集合体,其不同的部分具有各自不同的特征,需要具体分析。我们是将教育对象看作一个整体,从总体对其分析。其一般特征体现在:

(一) 广泛性

思想政治教育活动在我国具有广泛的群众性,涉及社会的各个部门、各个单位、各个领域。与此相应,思想政治教育的对象也具有广泛性。凡是有群众的地方,都有思想政治教育。因为任何地方、任何单位的工作都是人做的,工作过程必然伴随人的某些思想活动。因此,要做好任何一件工作,首先要做好人的思想政治工作,思想政治教育的对象范围很宽、很广,具有全民性。这就要求思想政治教育也必须具有广泛的社会性,以有效地对广大社会成员进行思想政治教育。

在理解教育对象的广泛性时,我们应该注意,科学实践观视域中思想政治教育价值实现的客体是社会的全体成员,领导者也不能例外。过去在人们的观念中,领导者与被领导者,教育者与被教育者界限分明。似乎领导者、思想政治教育者只是教育者,不是思想政治教育的对象。这种认识是片面的。在实际工作中,并不存在绝对的教育者和受教育者。随着时间、地点、条件的转移,教育者和受教育者的地位和角色是可以发生转化的。每个人既是教育对象,又是教育者。因此,思想政治教育必须针对社会的全体成员,首先要做好各级领导干部的思想政治教育工作,使其真正能够走在时代的前列,以自身的先进模范作用成为广大人民群众的行为典范和道德楷模。实践证明,领导干部的思想政治教育工作做好了,对社会其他成员的教育工作才有力量,才有说服力。

(二)层次性

科学实践观视域中思想政治教育价值实现的客体是人。而现实生活中的人,成长的环境和经历千差万别,具有不同的社会属性和时间、空间属性以及思想特点,因而表现出明显的层次性,可以依据不同的标准将其划分为不同类型、不同层次。例如,从年龄角度,可将其分为老年、中年、少年;从职业的角度,可将其分为工人、农民、干部、军人、教师、学生等类型。教育对象的层次性特征,要求我们在思想政治教育中,要分层施教,因人而异,既要针对不同层次教育客体的思想实际,制订不同的计划,提出不同层次的要求,并且运用不同的方法,有的放矢地解决不同类型、不同层次教育客体的各种思想矛盾和思想问题。

第五章 科学实践观视域中思想政治教育价值的要素构成

(三) 可塑性

可塑性,是指科学实践观视域中思想政治教育价值实现的客体的思想品德是可以经由环境的影响和教育者的作用加以塑造的,即经过教育,可使教育对象的思想行为发生符合社会要求的变化。教育对象的可塑性是对人们进行思想政治教育的内在依据。人的思想道德素质不是自发形成的,而是在一定环境影响下,经过思想政治教育的自觉作用,在主体社会实践的过程中逐渐形成并不断发展的。由于思想政治教育是教育者自觉施行的有目的、有组织、有计划的教育影响,因而它在人的思想道德素质塑造的过程中起着非常突出的作用。

(四) 主体性

科学实践观视域中思想政治教育价值实现的客体的"主体性"不同于思想政治教育价值主体的主体性,它是一种"自觉能动性",是"接受教育的主动性,而不是教育的主动性,它依然是思想政治教育价值对象的客体性的特殊表现形式"。思想政治教育对象的"主体性"主要表现如下:

首先,思想政治教育对象具有能动性。思想政治教育对象的能动性体现在三个方面:第一,思想政治教育对象能够对自身的道德状况有明确的认知,思想政治教育对象在社会生活中,通过把自身状况和社会规范、道德榜样的对比,衡量出自身的道德素质现状。第二,思想政治教育对象能够对社会道德状况有清醒地认识。思想政治教育对象处在一定的社会中,社会发展的阶段,社会的政治、经济、文化发展状况决定了社会道德的发展程度,处在一定社会中的人,能够通过社会生活、工作、交流等途径,能动地感知社会道德的发展水平。第三，思想政治教育对象的思想是不断变化的，这种变化的原因主要来源于教育对象对施加到其身上的思想道德规范的感知、认识、内化和外化，也来源于教育对象通过社会实践活动、家庭生活、社会工作等渠道，从社会生活中学习和内化的道德规范和道德素养。

其次，思想政治教育对象具有自主性。对精神世界的追求是人类的终极目标，人类不仅能自主地反映客观世界和主观世界，而且能自主地改造客观世界和主观世界。这种自主性集中表现为自主选择、自主思维、自主完善。自主选择体现在，思想政治教育过程中，教育对象对教育内容的选择是根据自身的兴趣爱好进行取舍的，贴近教育对象的教育内容容易被选择吸收；自主思维表现在，思想政治教育活动中，教育对象对思想政治教育内容并不是全盘吸收，完全信服，而是根据教育对象自身的社会经历、人生经验和知识结构对思想政治教育内容进行自我的梳理和整合，符合教育对象思维需要的教育内容易被吸纳；自主完善体现为，在思想政治教育中，教育对象思想道德素质的提升和完善，是从其内心开始的，只有教育对象自身愿意接受思想政治教育的内容，接受社会道德规范和价值取向，并把这些道德规范和价值取向作为自身行为的内在标准和外在约束，教育对象的思想道德素质才能从根本上得到提升，思想政治教育的目的才能真正达成。

二、科学实践观视域中思想政治教育价值实现的客体结构

思想政治教育价值实现的客体是人，而人又是十分复杂和深奥

难测的。我国著名翻译家傅雷在他的《傅雷家书》中说:"了解人是一种最高深的艺术,即便是最伟大的哲人、诗人、宗教家、小说家、政治家、医生、律师,都只能掌握一些原则,不能说对某些具体的实例一个人有彻底的了解。人真是矛盾百出、复杂万分、神秘到极点的动物。"[①] 人类从诞生起至今,在几十万年的时间里,有一种明显的发展趋向,这就是丰富化和复杂化。人变得越来越丰富,也越来越难以捉摸了。对人的探索和认识,是思想政治教育第一位的事情,是思想政治教育实现科学化的基础和前提。思想政治教育面对的是一个浩瀚的变幻难测的人的世界,怎样揭开它的奥秘?人,是以人格的形态存在于世界上的,并以人格与社会和他人交往。为了准确地把握思想政治教育价值实现的客体,有效地开展思想政治教育,必须首先把人格的素质结构、动力结构、运行机制、特征、形成条件和发展阶段理清楚。

(一)科学实践观视域中思想政治教育价值实现的客体人格素质结构

马克思在谈到人格问题时,曾说:"'特殊的人格'的本质不是人的胡子、血液、抽象的肉体的本性,而是人的社会特质。"[②] 人格的实质是人的社会化的性质和水平。人格当然包含人的肉体本性,但是,肉体本性不是人格的本质,也不是人格的最主要的素质。人格的最主要的素质是人的"社会特质",人的肉体本性是人格素质的一部分。人格的素质结构包括几种人格素质,即人格思想道德素质、人格心理素质、人格身体素质。

[①] 傅敏.傅雷家书.天津:天津社会科学院出版社,2006,P151.
[②] 马克思恩格斯全集.第1卷.北京:人民出版社,1956,P270.

其一，思想道德素质。思想道德素质实际上指一个人的思想道德水平和思想道德现状。一般意义上讲，一个人的思想道德素质取决于几个方面：首先，家庭环境的影响。家庭教育是一个人得以成长成才的最重要的基础，家庭的和睦、亲人之间的亲情等因素，从幼儿时就影响一个人的思想道德素质的发展。父母对孩子的教育在其思想道德素质的形成中非常重要，在幼儿时期，父母给孩子什么样的世界观、人生观、价值观，孩子就会树立什么样的世界观、人生观和价值观。其次，教育经历。教育经历是人们思想道德素质形成的重要条件，经过完整和高质量的教育经历，人们比较容易形成较高的思想道德素质。再次，社会环境。社会环境对人们思想道德素质的影响非常之大，在一个和谐团结向上的社会环境下，人们更愿意互帮互助，人们的思想道德素质会不断提高，而在一个充满矛盾和压迫的社会环境下，人们只有相互的矛盾和利益争夺，很难培养出思想道德素质水平较高的人。

其二，心理素质。心理素质主要是指人的心理发展水平和心理特征，心理素质是思想道德与智慧的载体和基础，是人格素质的主干部分，对人格行为的方向、能量和速度产生重要影响，在个别情况下也能直接决定人的行为。心理素质可区分为心理过程发展水平和心理特征两个方面。心理过程主要包括人的感觉、知觉、记忆、思维、情感、意志等心理过程。它主要标志人的心理素质的发展水平。人的感觉、知觉、记忆、思维、情感、意志等构成了人的心理过程，它们的发展水平越高，人的心理过程水平也越高。心理特征是一个人的内心情感结构的体现，心理特征可以通过行为特征表现出来，一般而言，行为特征可以体现出一个人的心理特征。

其三,身体素质。身体素质主要是指人的身体健康的程度。它是人格正常发展的生理基础和原始条件,对人格的心理健康和人格行为具有一定影响。

人格的素质结构是一个统一的整体,各种人格素质之间互相影响、互相渗透,表现出人格的统一性和同一性。但是每种人格素质都具有相对独立的性质,都有自己的发展规律和方式。在人格素质发展过程中,各种人格素质可能会协调均衡地发展,相得益彰,也可能出现发展不平衡。如:有的人思想品德尚好,但心理素质发展缓慢,甚至有某种心理疾病;有的人知识丰富,有创造性,但是,道德品质不佳或有某种心理疾病,有危害社会和他人的行为,等等。人格素质均衡地向上发展的人格是健康人格,人格素质发展失衡将导致人格障碍,甚至成为病态人格。

(二) 科学实践观视域中思想政治教育价值实现的客体思想意识结构

思想意识是观念系统。所谓观念系统指由多种单独观念的互相联系、互相作用所构成的观念的系统整体形式。马克思在论述黑格尔的辩证法时,曾对思想意识的结构作过精彩的分析。他指出,在理性的辩证运动过程中,"这两个彼此矛盾的思想的融合,就形成一个新的思想,即它们的合题。从这种生育过程中产生出思想群。同简单的范畴一样,思想群也遵循这个辩证运动,它也有一个矛盾的群作为反题。从这两个思想群中产生出新的思想群,即它们的合题。"[①] 又进一步指出,"正如从简单范畴的辩证运动中产生出群一样,从群的辩证运动中产生出系列,从系列的辩证运动中又产生出

---

① 马克思恩格斯选集.第1卷.北京:人民出版社,1995,P140.

整个系列。"① 马克思认为，两个相互矛盾方面的共存、斗争以及融合，形成一个新的范畴，再从群的辩证运动中产生系列，从系列的辩证运动中产生整个体系，这确实"就是辩证运动的实质"。在这里，马克思所说的"思想群"、思想"系列"、思想"整个体系"，都是由不同的思想经由不同层次的辩证统一关系而构成的。我们所说的观念系统，就是这种思想群、思想系列、思想体系，即思想系统——观念系统。当然，观念和观念系统都不是人的头脑自生的，而是"移入人的头脑并在人的头脑中改造过的物质的东西而已"，②是客体的存在和辩证运动在人的头脑中的能动反映。可以这样描写思想意识，思想意识不是各自孤立、互不相关的观念的堆积。思想意识是以单个观念的互相联系的形式存在的，它们之间是一种系统的结构，即以观念系统的形式存在的。小的观念系统的有机联系构成一个大的观念系统，大的观念系统的有机联系构成一个更大的观念系统，更大的观念系统可以分解为四个观念系统：开拓观念系统、时效观念系统、物质利益观念系统、商品经济道德观念系统。这四个观念系统还可以分解为小的观念系统，小的观念系统还可以分解为单个的观念，单个的观念还可以看作观念系统，再分解为下一级单个观念，等等。上述各个观念系统互相联系、互相作用、有机统一，就构成了一个大的观念系统——社会主义市场经济观念系统的基本内容。

应当进一步指出的是，一方面，人头脑中的思想意识——观念系统及其结构不是头脑自生的，而是客观存在的反映，是客观物质

---

① 马克思恩格斯选集.第1卷.北京:人民出版社,1995,P141.
② 马克思恩格斯选集.第2卷.北京:人民出版社,1995,P112.

世界系统及其结构的反映。另一方面,也应看到,人脑对客观物质世界系统及其结构的反映不是机械的、照镜子式的,而是一个能动的创造过程。人脑可以使松散的联系变为紧密的联系、间接的联系变为直接的联系、现象的联系变为本质的联系、不只如此,人脑的创造性功能还可以对反映到的客观事物进行分析、综合、储存,一旦需要对外界刺激做出反应时,还可以将其激活,经过观念系统内的斗争和整合,产生一种观念主导的趋势,对外界刺激做出回答。人脑所以具有观念的创造功能,是因为人脑不是一个被动的接受器,而是一个动力装置,具有先天的动力特征,能主动进行活动,使接受的各种知觉形象成为"完形"——有组织的系统结构整体。这说明,由于人脑的"先天的动力特性",使人们在实践中获得的表象和理性认识内化成整体的观念系统。在这个问题上,瑞士心理学家皮亚杰经过长期的研究,提出了著名的见解。他指出,人脑形成这种完形结构,不是天赋的,要经过多年努力才能构造成功。他利用数学中发现的"群"的结构模式,研究并建立了独特的"发生认识论"。这里,"群"的结构所产生的功能,就是人脑能对所反映的客体进行观念的系统建构。可见,人脑的能动性和创造性是产生和建构观念系统的主观条件。

第三节 科学实践观视域中思想政治教育价值实现的介体

一、科学实践观视域中思想政治教育价值实现的目的

科学实践观视域中思想政治教育价值实现的目的反映了思想政治教育价值的本质和方向,规定了思想政治教育价值的基本内容,

影响着思想政治教育的载体和方法,是思想政治教育的一个根本问题,也是思想政治教育学研究的一项重要内容。明确思想政治教育价值目的,是做好思想政治教育工作的一个基本前提。思想政治教育价值目的,是指教育者在一定时期内,进行各项思想政治教育工作,使受教育者思想品德、心理素质、人格及行为实践等方面达到所要的预想结果。思想政治教育价值目的是一个目的体系,包括总体目的和具体目的,长期目的和中、短期目的等。具体来讲,思想政治教育价值的基本目的有三项:即培养中国特色社会主义理想品德、塑造中国特色社会主义理想人格和引导积极正确的行为实践。

(一)培养中国特色社会主义政治品德

思想政治教育工作的根本目的之一,就是培养中国特色社会主义政治品德,提高全民族政治、思想觉悟和道德水平。主要有以下几点:

其一,引导人们掌握马列主义、毛泽东思想、邓小平理论和"三个代表"重要思想,掌握科学的世界观和方法论,具有划清唯物论与唯心论、无神论与有神论、科学与迷信、文明与愚昧的界限,抵制唯心主义、封建迷信及各种伪科学的初步能力。

其二,引导人们掌握党的基本路线和基本纲领,即掌握"道路自信、理论自信、制度自信"的基本思想,掌握习近平在党的十八大报告中进一步论述的建设有中国特色社会主义的经济、政治、文化、社会、生态的基本目的、基本任务、基本纲领,使全国人民更加自觉地贯彻执行党的基本理论、基本路线和基本纲领。

其三,引导人们认同和践行社会主义核心价值观,坚持集体主义道德原则,努力为人民服务,遵守"社会主义公民道德"和社会公德、职业道德、家庭美德，在整个社会形成讲究道德、团结互助、平等友爱、共同进步的人际关系和良好道德风尚，不断提高全民族的道德水平。

（二）塑造中国特色社会主义理想人格

中国特色社会主义理想人格具有几项基本要素：①协调性，即具有协调的品格。他们能够坚持四项基本原则，热爱社会进步和人类正义事业，严守法纪、讲究道德和文明，能够正确处理国家、集体和个人的关系。②创造性，即创造的素质能力。他们无论对于开发自然，或发展社会，都不满足于已有的状态和结论，而总是以大胆创新的精神，提出新见解，打开新局面。他们具有强烈的创新意识和较强的创造能力，是一个思想开阔，创造力勃发的人。③超越性，即具有超越的精神品质。他们能够经常实现自我意识的分化和同一，不断肯定成绩，找出问题，超越自身、超越外界，尝试再前进一步的可能。他们永远不肯将自己和事业停止在一个水平上。

中国特色社会主义理想人格除具有上述基本精神要素外，还应具有以下三项具体特征：第一，具有远大志向。他们信仰马克思列宁主义、毛泽东思想、邓小平理论和"三个代表"重要思想，拥护四项基本原则，立志为实现共同理想、振兴中华而奋斗。他们有雄心壮志，敢于在自己的岗位上，向世界的高峰挑战，决心走向世界，超越前人，将最新的建树呈现给人类。他们讲自立、讲开拓、讲创造、讲贡献，胸怀远大、脚踏实地、尊重规律、埋头苦干，是那种能够将理想变为现实的人。第二，具有高尚的品德。他们有强烈的义务感和道德心，热爱祖国、关心集体、忠诚、积极、正直、关心同志、重视友谊、珍视爱情，有极强的荣誉感和廉耻心。能正确处理国家、集体和个人的关系,必要时能为社会和他人牺牲个人利益。他们遵守道德,是一个行为高尚的人。第三,关心社会生活。他们对社会生活表示关注,愿意同外界接触,对社会发展有较强的责任感。他们不把眼光仅仅局限在与本人有直接关系的事物上,对广泛的公共事务都有兴趣,乐于参加社会公益活动,发表见解。他们不是一个孤立的封闭的人,而是一个联系广泛,性格开放的人,他们积极参与社会生活,见多识广,发挥作用,同时,也不断进行自我调整和完善。

(三)引导人们产生积极的行为

从根本上说,思想政治教育在引导行为上的目标,就是帮助和引导受教育对象,无论在什么环境条件下,选择正确的和积极的行为,不选择错误的和消极的行为。如果从行为的种类上看,无论人们进行何种类型行为的选择,思想政治教育的目标都在于引导受教育者选择正确的和积极的行为。所谓正确的和积极的行为,就是真、善、勇、美的行为。总之,思想政治教育引导行为的目标,就是不论在什么环境和条件下,都必须引导人们选择正确的和积极的行为,即真、善、勇、美的行为,不选择错误的和消极的行为。人们生活和工作的环境是极为复杂的,人的行为每时每刻都会遇到各种考验,要使人们始终选择正确的和积极的行为,不选择错误的和消极的行为并不容易。要做到这一点,除了靠个人的努力外,还必须靠坚强有力的思想政治教育工作,要靠有效的帮助和指导。

人们的行为都是具体的,在每一个具体行为中,正确的和积极的行为,即真、善、勇、美的行为都有具体的含义和内容。要使人们在具体环境下的具体行为实践中,选择正确的和积极的行为,不

第五章 科学实践观视域中思想政治教育价值的要素构成

选择错误的和消极的行为，必须做具体的分析和判断才行。人们所处的环境和条件是极为复杂、千变万化的，要使人们在极为复杂、千变万化的环境中，选择正确的和积极的行为，要靠自己的努力，还要靠思想政治教育工作的具体及时的帮助和指导。

二、科学实践观视域中思想政治教育价值实现的内容

科学实践观视域中思想政治教育价值实现的内容是依据思想政治教育的目标和教育对象的实际确定的。思想政治教育价值实现的内容主要包括世界观、政治观、人生观、价值观等四个方面。

（一）世界观教育

所谓世界观是人们对世界的总的看法和根本观点。任何一个正常人，都有自己的世界观。不同的阶级和不同的人，由于社会经历和在社会中的地位不同，往往有不同的世界观。世界观关系到人们观察问题、处理事情的根本立场和态度。因此，世界观教育是思想政治教育中的基本内容。世界观教育主要包括辩证唯物主义、历史唯物主义和马克思主义认识论教育。

（二）政治观教育

所谓政治观，就是人们对国家政治结构、党和国家在内政外交方面的路线方针、政策的根本立场、根本态度和根本看法。政治观规定了人们的政治方向。进行政治观教育主要是进行党的基本路线、形势与政策和爱国主义教育。

新时期政治观教育主要是进行党的基本路线教育。以经济建设为中心，坚持四项基本原则，坚持改革开放的社会主义建设总路线，是中国特色社会主义现代化建设的根本性指导思想，是新时期

思想政治教育的主要内容。形势和政策教育是思想政治教育的重要内容,是改革开放和建设社会主义现代化的需要。形势和政策教育的主要任务是宣传党的路线、方针和政策,引导群众正确认识社会发生的变革和所产生的新问题,团结一致,为实现全面建设小康社会和中等发达国家任务而奋斗。爱国主义教育是思想政治教育的经常性的教育内容。进行爱国主义教育,首先要引导群众正确认识国情。其次要将爱国与拥护社会主义结合起来,将朴素的爱国主义情感上升到热爱社会主义新中国、走社会主义道路的高度。

(三) 人生观教育

所谓人生观就是人们对人生目的和意义的根本看法和态度。马克思主义人生观是用马克思主义理论分析人生实践所得出的结论,是人类历史上最进步最科学的人生观。人生观教育的内容十分丰富,主要有人生理想教育、人生价值观教育、人生态度教育以及审美和生活方式教育等内容。

人生理想是人生向往和追求的目标,是建立在对现实发展可能性认识基础上的对社会和生活远景的希望和憧憬。崇高的人生理想是对历史必然规律的正确反映,它是人类生命的火炬,是鼓舞人们英勇奋斗的力量源泉,是高尚道德情操的精神支柱。人生理想可分为人生社会理想、人生道德理想、人生职业理想和人生生活理想。人生价值是人生观的核心问题。人生价值是表示个人与社会关系的范畴,是表示个人在社会中的地位、作用和意义的概念,人生价值包含两个方面,即社会对个人的尊重和满足与个人对社会的责任和贡献。马克思主义认为,社会对个人的尊重和满足是人生价值的一个方面,但是,人生价值更为重要的方面是个人对社会的责任和贡献，在于全心全意为人民服务。人生态度是一个人在实现人生理想的过程中，在处理复杂多变的人生矛盾时，比较一贯的立场、观点和方法。人生态度是从人生理想到人生实践的关键环节，是人生观的命脉。有什么样的人生态度，就会有什么样的人生实践，也就会有什么样的人生。审美知识教育。审美是人们普遍进行的实践活动，在新时期，人们物质生活水平提高以后，进行审美教育尤其必要。要引导人们树立正确的审美观，培养健康的审美意识，提高分辨美丑的能力和艺术鉴赏水平，抵制西方腐朽文化的侵蚀，实现语言美、环境美、行为美和心灵美，为创造美好的生活而奋斗。同时，要进行生活方式教育，清除剥削阶级生活方式的影响，引导人们在物质生活逐步富裕起来以后，继续发扬艰苦奋斗的光荣传统，建设科学、文明、健康的生活方式。

（四）价值观教育

价值观是基于人的一定的思维感官之上而作出的认知、理解、判断或抉择，也就是人认定事物、辨定是否的一种思维或取向，从而体现出人、事、物一定的价值或作用。价值观具有相对稳定性和持久性，在特定的时间、地点、条件下，人们的价值观总是相对稳定和持久的。在当前，主要是要进行社会主义核心价值观教育。

党的十八大提出，倡导富强、民主、文明、和谐，倡导自由、平等、公正、法治，倡导爱国、敬业、诚信、友善，积极培育和践行社会主义核心价值观。社会主义核心价值观的提出，是在我国深化改革和世界范围内思想文化交流交融交锋的新形势下，中国特色社会主义社会发展面临的新要求和新挑战。从国内国际形势看，我国正处在深化改革的关键时刻，社会中各种价值观念和社会思潮纷繁复杂，需要社会主义核心价值观引领中国社会价值观的发展方向。与此同时，面临国际思想文化领域交流交锋下的新形势，中国特色社会主义社会必须在国际发声，通过社会主义核心价值观培育，增强国家的影响力，提高国家的文化软实力。从中国社会发展的现状看，社会主义核心价值观是精神支柱，是行动向导，对丰富人们的精神世界，建立起中华民族的精神家园，具有决定性和基础性作用。一个人、一个民族能否在世界上站得住脚，能否永远立于人类社会发展的历史潮流中，其根本作用是其精神是否充实，是否具有精神上崇高的追求。在中国特色社会主义事业发展的新时期，社会主义核心价值观教育可以使当代中国社会更具精神力量，可以凝聚中国社会的人心，也可以激发起中华民族的民族自尊心、自信心和自强不息的精神，引导中华儿女为中国特色社会主义事业奋斗，铸就中华儿女立于世界民族之林的精神底蕴。

三、科学实践观视域中思想政治教育价值实现的方法

科学实践观视域中思想政治教育价值的方法是思想政治教育价值主体对思想政治教育价值客体实施教育影响的基本手段，对于达成思想政治教育目的，完成思想政治教育任务具有重要意义。

（一）科学实践观视域中思想政治教育价值实现的基本方法

其一，理论灌输法。理论灌输法以马克思主义灌输理论为依据，是思想政治教育最主要、最基本的方法。在社会主义条件下，工人阶级已经形成了自己的知识分子队伍，能够自主地发展自己的阶级意识。从整个阶级的意义上来说，工人阶级不再需要从自己的阶级之外去接受灌输。但是，对于工人阶级的每个成员来讲，对于

劳动群众个体来说,理论灌输仍然是十分必要的。一方面,对于受教育者个体而言,正确的思想和理论,不可能不学而知,不教而会,必须通过各种形式的灌输,才能在他们的头脑中扎下根来。另一方面,无论何时何地,人的实践活动总是要受到一定的思想、理论所支配。正确的思想和理论指导人们以正确的方式认识世界和改造世界。在当代复杂多变的社会生活面前,人们比以往任何时候更加需要科学的思想和理论来指导自己进行正确的选择和决策,以便更加有效的认识环境,适应环境。坚持运用理论灌输法这一思想政治教育经常而普遍使用的方法,必须讲求科学性,注意运用的具体条件和有效形式。首先,"灌输"在这里体现的是这种方法的本质特征,而不是具体形式。受教育者不是一个先进思想和科学理论的吸纳容器,他们是具有主观能动性的、能够对教育者传递的教育内容和信息进行主动认识、自主选择的学习与接受主体。理论灌输法必须采用更有利于受教育者学习和接受的形式,反对"我说你听,我打你通"等简单、粗暴的教育方式。其次,运用理论灌输法一定要联系实际。既要联系社会生活实际,善于引导人们运用马克思主义的立场、观点和方法观察问题,分析问题,解决问题;更要联系受教育者的思想实际,注意有的放矢,坚持正面说理,以理服人。再次,教育者必须先受教育。要想用科学的理论武装受教育者,教育者首先就得用这一理论武装好自己。这就是说,理论灌输法对教育者有很高的要求,不仅要求他们能够完整准确地理解先进思想、科学理论的精神实质和内容体系,在教育过程中不至于望文生义,甚至断章取义,更要求他们自己成为这些先进思想和科学理论坚定的信奉者、实践者,能够始终做到言行一致。

其二，实践锻炼法。实践锻炼法以马克思主义的认识论和实践观为直接理论依据。实践活动是人们形成科学的世界观、人生观、价值观观的必由之路，对培养受教育者的思想品德具有极其重要的作用。一是有利于提高人们的思想觉悟和认识能力。实践锻炼的过程，就是受教育者把包括思想品德规范在内的理论付诸实践的过程。受教育者通过实践活动对理论的检验，学会明辨是非、善恶与美丑，从而提高思想觉悟，形成良好的思想品德，增强认识和改造世界的能力。二是有利于形成和巩固言行一致的高尚品德和行为习惯。思想品德不仅要经过反复的实践锻炼才能形成和巩固，它最终也要通过实践活动才能体现出来。

其三，自我教育法。自我教育法是指受教育者按照思想政治教育的目标和要求，通过自我学习、自我修养、自我反思等方式，主动接受科学理论、先进思想观念、社会生活规范，提高自身思想认识和道德水平的方法。在思想政治教育过程中，之所以强调要运用自我教育法，强调受教育者的自我教育，是因为思想政治教育活动和环境影响一样，只是一种外因，教育要求只有通过受教育者积极主动的内化活动，才能起作用。思想政治教育的效果在很大程度上取决于受教育者自我教育的状况。自我教育分为个体自我教育和集体自我教育。个体自我教育主要有加强自我修养，进行自我行为管理，具体形式包括自学、反省、反思、自制和自律等。集体自我教育是指在一个集体内部，通过成员间相互影响、相互激励、相互促进，让群众自己教育自己的活动方式，具体形式包括评比竞赛、讨论会、演讲会、辩论会、民主生活会等。

其四，榜样示范法。榜样示范法，也称典型示范法，是指通过具有典型、榜样意义的人或事的示范引导、警示警戒作用,教育人们提高思想认识、规范自身行为的方法。人生榜样、道德榜样,是人们生活世界里、成长过程中不可或缺的重要元素。榜样教育,作为思想政治教育的一种基本方法,在长期的革命斗争和社会主义现代化建设的进程中,在激发广大群众的积极性、促进三个文明建设方面发挥了重要作用。在社会文化多元互动、冲撞的现代条件下,我们仍然要坚持运用这一方法教育广大群众,在复杂的社会生活中给人们以正确的引导。

运用榜样示范法,必须遵循以下要求:第一,必须实事求是地选择、宣传榜样。榜样的力量首先在于真实。以"高大全"的标准塑造出的英雄人物、道德榜样,游离于人们现实生活世界与精神生活世界之外,难以真正从思想到行动上得到人们的普遍认同,也起不到正面典型的作用。第二,要尽可能让先进人物现身说法。让有理想的人讲理想,守纪律的人讲纪律,有牺牲精神的人讲牺牲精神,诚信的人讲诚信,榜样示范就会产生更强的感染力和说服力,也更能打动人心,收到最佳的教育效果。

其五,比较鉴别法。通过比较对照辨别真伪、正误,比的是本质而不是形式。在思想政治教育实践中,比较鉴别法大致可分为异质比和同质比两大类。异质比有纵向比较与横向比较两种具体方式。纵向比较是把在不同时间内的两种本质不同的事物加以比较,通过比较加深对客观事物的认识和了解,如组织回忆对比、忆苦思甜对新旧中国社会进行比较;横向比较是把两种不同空间的本质不同的事物加以比较,从中获得正确的认识,如通过中国同其他国家的比较,进行中国特色社会主义理论的教育。同质比也有两种情况：一是对两个处在不同历史时期的本质相同的事物进行差异性比较。如通过比较党的十一届三中全会前后中国社会所发生的巨大变化，使人们看到改革开放以来的各方面成就，从而进一步增强贯彻执行党的基本路线的自觉性和改革开放的信心。二是把本质相同的同一类别的两个事物在同一时期内表现出来的差异进行比较，如当代大学生将自己与抗洪英雄等先进个人和集体进行比较，找出自身的差距，从而增强自身思想道德修养的自觉性。

其六，咨询辅导法。咨询辅导方法，就是指教育者通过语言、文字等交流媒体，灵活运用相关理论和咨询、指导的专门技术，对教育对象在思想、心理和行为等方面以帮助、启发和引导的方法。心理咨询是其最典型的形式。

咨询辅导方式应用于解决不同领域的问题会各有特色，但有一些基本的共同要求：第一，咨询辅导方法以咨询者（教育者）与求询者（受教育者）之间的人际关系为基础，良好的人际互动是咨询的前提。第二，咨询辅导方法以推动求询者的综合认知与系列心理活动过程为基本策略。在咨询辅导过程中，教育者应该把推动求询者内在的认知与心理活动过程，以帮助他们接受新的信息，学习新的行为，学会解决问题、进行决策的技能和方法，提高认知水平和能力素质为基本目标。

（二）运用思想政治教育价值实现方法的要求

其一，实效性。实效性是人类实践活动所包含的一项基本意识，实效性伴随着人类实践的产生而产生。恩格斯曾指出，伴随着人运用工具而进行的实践活动的展开，人的"头脑也一步一步发展起来，首先产生了对影响某些个别的实际效益的条件的意识，而后

第五章　科学实践观视域中思想政治教育价值的要素构成

来在处境较好的民族中间，则由此产生了对制约着这些条件的自然规律的理解。"① 恩格斯的论述揭示了人类实效意识与人类实践的内在关联，在实践的基础上，人类社会走过了物我相离、主客分化的历程，形成了人类的自觉自主意识，人类的实效意识实际上是作为实践活动结果的物对人类所具有的效用的意识。人们首先是"积极地活动，通过活动来取得一定的外界物，从而满足自己的需要。……由于这一过程的重复，这些物能使人们'满足需要'这一属性，就铭记在他们的头脑中了，人也就学会'从理论上'把能满足他们需要的外界物同一切其他的外界物区别开来。"② 实效性作为体现特定价值关系中的价值属性问题，是思想政治教育追求的积极特性。我国历来重视思想政治教育实效性研究，沈壮海教授提出，"思想政治教育结果的有效性、思想政治教育过程的有效性、思想政治教育要素的有效性，构成了思想政治教育有效性研究的三个基本方向。"③ 一般来讲，增强思想政治教育实效性的途径有几种：

第一，观念更新。要站在现代社会发展的角度，以"现代人"的视角审视思想政治教育的发展，在思想政治教育活动中，充分重视人的主体性作用，把重视人、发展人作为思想政治教育的根本理念，把以人为本的观念充分贯彻到每一名思想政治教育工作者的头脑中，通过制度、体制、政策等保障，把教育对象真正作为思想政治教育的主体，根据教育对象的需要，结合社会发展目标，尊重思想政治教育发生发展规律和教育对象的身心发展规律，充分发挥教

---

① 马克思恩格斯选集.第4卷.北京：人民出版社,1995,P274.
② 马克思恩格斯全集.第19卷.北京：人民出版社,1963,P405.
③ 沈壮海.思想政治教育有效性研究.武汉：武汉大学出版社,2001,P20.

育对象的主观能动性、创造性。

第二,增强思想政治教育科学性。思想政治教育是一项科学性很强的工作,只有掌握了思想政治教育的科学性,才能提高思想政治教育的实效性。思想政治教育的科学性体现在要把握思想道德形成和发展规律、把握人的成长规律、把握社会发展规律,重视非智力因素在思想政治教育中的作用等等,只有充分把握了思想政治教育规律性,才能在实践中增强其实效性。

第三,提高思想政治教育工作者的素质。从整体上看,我国思想政治教育工作者素质有待提高,国家要充分重视思想政治教育的作用,切实通过制度安排和政策调控,提高思想政治教育工作者的素质,这样才能增强思想政治教育的实效性,实现思想政治教育价值。

其二,创新性。创新性地运用思想政治教育方法,要求教育者要努力做到以下几个方面:第一,坚持解放思想,实事求是,与时俱进,以增强思想政治教育的时效性为基本要求,自觉研究新情况,解决新问题,探索新方法。现代社会发展的丰富内容和复杂情况,要求人们勇于开拓和创新,注重效果和效益,运用系统的思维方式,通过方法的创新,从整体上思考问题,预见问题,解决问题。现代思想政治教育的对象和环境都在不断地发生变化,仅仅用过去曾经发挥过积极作用、取得过良好效果的方法,来解决现代思想政治教育面临的新任务、新课题,是远远不够的,必须在继承的基础上进行创新。不重视方法运用的创造性,必定跟不上社会进步和思想政治教育发展的步伐,也难以适应教育对象和教育环境的新要求。第二,吸取和运用现代科学研究成果,创新思想政治教育方法。思想政治教育方法不仅以马克思主义理论为指导,也以哲学、心理学、教育学等学科理论为基础,这就需要不断综合运用这些相关学科所取得的新的研究效果,丰富和发展适应现代化要求的思想政治教育的科学方法论体系。第三,运用现代科学技术成果,实现教育手段的现代化。家庭电脑的出现和不断改进,多媒体技术的普及应用,互联网信息的迅速发展,为思想政治教育提供了更加丰富的载体和条件。思想政治教育者必须掌握这些新的手段,改进和更新方法,以取得理想的教育效果。

第四节 科学实践观视域中思想政治教育价值实现的环体

一、科学实践观视域中思想政治教育价值实现的宏观环境

科学实践观视域中思想政治教育价值实现的宏观环境包括社会经济制度及经济生活条件、社会政治制度及现实政治状况、社会文化及各种文化活动等。之所以将它们看作是宏观环境,是因为它们都是对思想政治教育总体活动及全体成员发生影响的因素。

(一) 经济环境

经济环境包括社会经济制度和经济生活条件。我国的经济制度建立在生产资料公有制基础之上,全体劳动人民从根本上占有并使用生产资料进行生产,在生产的过程中逐步建立起平等、互助、合作的关系,并根据每个人的劳动付出获得报酬。社会主义经济制度为以共产主义思想为核心的思想政治教育奠定了经济基础,对人们思想品德的形成和发展以及思想政治教育的影响是极其深远的。我

国经济制度中以公有制为主体,其他经济成分并存这一情况也会对人们的思想产生影响。同时,社会主义经济制度不是凝固不变的,它在不断地发展和完善;也不是抽象的,而是体现为一系列具体的经济法规、政策,在法规和政策制定和实施的过程中必然出现这样或那样的问题。所有这些都可能使我国的经济制度发生变化,从而对人们的思想发生影响。改革开放以来人们思想的巨大变化就说明了这一点。

由经济制度决定的经济生活条件尤其是个人的经济生活条件,对人们的思想品德会产生直接的影响。一般来讲,经济生活条件好,或是生活不断改善,会使人们更好地认同社会主义经济制度,更好地接受社会主义价值观念和行为规范,更有利于人们形成良好的思想品德。反之,则可能产生相反的作用。在现实生活中,人们的经济生活条件又与一定的分配方式紧密相连。人们往往是通过一定的分配方式来体验个人与生产资料所有制之间的关系以及自己在社会中所处的地位,由此产生个人对于社会的态度以及相应的行为。因此,在一般情况下,社会经济利益的分配方式和分配结果是否公开、公平、合理,是影响人们的思想和行为,影响思想政治教育效果的最敏感的经济因素。只有坚持以按劳分配为主体,其他分配方式并存,兼顾效率和公平的原则,合理调节社会利益分配,才能为思想政治教育的有序进行构建良好稳定的经济环境。

我国经济体制改革特别是社会主义市场经济建设,极大地促进了经济的发展,也对人们的思想和思想政治教育产生了广泛的影响。一方面,经济的发展为人们提供了更好的物质生活条件,从总体上促使人们的思想品德水平不断提高;也为思想政治教育奠定了更坚实的物质基础,提供了更多、更好的手段和载体,推动思想政治教育不断现代化。另一方面,经济的发展要求人们具有适应市场经济的自主意识、竞争意识、诚信意识、平等意识等,这在客观上改变着人的思想道德素质,也在客观上为思想政治教育的发展提供了动力。

(二) 政治环境

政治环境包括社会政治制度、社会政治文化和社会政治现状。政治制度与经济制度密切相关,是经济制度在政治领域的体现,也从政治上为保障经济制度提供帮助;政治文化是影响人们政治取向的所有要素的集合,是一个国家或社会的政治经济文化长期发展的结果,是一种历史的积淀,政治文化是一国政治"软"实力的象征,一般需要和政治制度相匹配。在我国,工人阶级和广大人民群众是国家的主人,国家的一切权力属于人民。这一根本规定无疑有助于人民群众主人翁责任感的形成,有助于人们的思想品德朝着社会要求的方向发展,也有助于思想政治教育的顺利开展。

但是,社会主义政治制度基本确立以后,还有一个不断发展和完善的过程;制度特别是具体制度的规定和实施之间有可能出现一定的距离,会产生一些问题,由此形成的现实政治状况更直接地影响着思想政治教育活动的开展。当前,社会主义民主和法制建设的状况、党的党风状况、党政领导干部的勤政廉政状况等,都在很大程度上影响着人们的思想行为,影响着思想政治教育的成效。但由于我国还处于社会主义初级阶段,政治制度和政治文化还不够完善,现实政治状况并没有达到理想状态,这在现实社会生活中,可突出体现在几个方面:首先,人治的存在。我国各级政府机构是在各级党委领导下开展工作的,但有的地方监督机制不够完善或由于历史原因,权力高度集中,"一言堂""拍脑袋"的现象屡屡出现,严重危害了我国社会主义政治制度和法治建设,阻碍了我国社会主义民主和法制建设的进程,对思想政治教育及其对象的思想产生了严重的负面影响,值得高度重视。现实政治生活中存在的问题告诉我们,只有发展和完善社会主义的政治制度,加强社会主义民主和法制建设,实现政治生活的有序化,才能为人们思想道德素质发展和思想政治教育的发展创造良好的社会政治条件。

(三) 文化环境

与思想政治教育环境系统中其他环境因素相比,文化环境具有下列特征:

其一,属人性。属人性是文化环境的根本特征。第一,人是文化的主体。文化是人创造的,是"人化"。人所创造的物质财富和精神财富的不断积累和传承积淀,就形成了文化环境,它体现着、孕育着人类的理想和超越自然的发展能力。第二,文化环境在本质上是指向人、塑造人的。文化一经形成,其因素就会以一定的结构形式形成系统,凝固成特定的文化模式,发展出独特的文化传统。

其二,社会性。任何一种文化都是特定社会文化圈的产物,反映着那个社会特有的历史和现实因素,与它所处的那个社会文化圈有着不可分割的内在联系。而每一个人都毫无例外地归属于一定的民族,置身于特定的社会文化背景之中,每一个人在思想品德形成发展的过程中都会不由自主地受制于这种社会文化背景。

其三,时代性。任何一种文化都是特定时代的产物,反映着特定时代的要求,与它所处的时代有着不可分割的内在联系。文化的时代性,强调的是文化与其所处时代的密切关系,反映的是它在历史发展的某一阶段的意义和作用。不同时代的文化,对人的思想道德素质的影响不同。我们要注意文化环境的时代性特征,大力倡导社会主义先进文化,营造良好的文化环境,使其能更好地满足现代社会发展和现代人思想道德发展的需要。

其四,复杂性。文化是一个复杂的系统,其构成要素既包括观念文化,也包括制度文化,还包括物质文化,各个层面要素之间的关系纵横交错,错综复杂。从我国现实的文化形态来看,既有传统文化因素,又有现代文化因素,还有外来文化因素,这些文化环境因素之间也存在复杂的互动关系。会对思想政治教育产生干扰。注意文化环境的复杂性,发挥文化环境中的积极因素,抑制其消极因素的影响,以引导人们朝着社会要求的方向顺利发展,是思想政治教育的重要责任。

二、科学实践观视域中思想政治教育价值实现的微观环境

作为思想政治教育价值的客体(受教育者),每个人都有自己特定的生活实践范围,在不同的生活范围中受到教育环境的不同影响。教育对象的生活实践范围在某种意义上可以说就是思想政治教育的微观环境,它包括家庭环境、组织环境、社区环境、同辈群体环境。

(一)家庭环境

家庭是具有婚姻关系、血缘关系或收养关系并且长期共同生活的小群体,是社会的基本生活单位。家庭至今仍是最基本的社会生

活组织形式，是构成社会的细胞。家庭是人出生后的第一所学校，是个人成长的摇篮。家庭担负着对儿童传授文化知识、培养道德品质、直到行为规范、帮助自主谋生等责任。思想政治教育的家庭环境，主要指家长的思想素质和行为规范对家庭成员尤其是对子女思想品德的形成、发展的影响氛围。婴儿出世后逐步具有社会性，这主要是社会相互影响和社会学习的结果。父母的世界观、人生观以及他们待人接物的态度，往往给子女留下深刻的印象。儿童教育心理学研究表明，婴幼儿的意识具有极大的可塑性。他们富于模仿的特点，加上他们生活上、特别是心理上对父母的依赖和爱恋，使得家长的举止言行容易在他们幼小的心灵上留下深刻的烙印，在日后的成长和学习中也往往以此为基础并作为判断的参照系。

（二）组织环境

社会组织是指为执行某种社会职能、追求特定工作目标而组成的相对独立的社会群体，如政府机关、工矿企业、学校、商店等。人类生活离不开各行各业的各种社会组织，这是人类社会性的重要表现方式。社会组织环境的影响体现在：第一，社会组织效益。一个社会组织如果各方面的效益都比较好，那么它在社会上就会获得较高的地位和声望。在这样的组织里工作的职工也会因为自己的劳动价值得到较好的体现而心情舒畅，积极进取。在个人利益和组织效益直接相连的情况下，组织成员也会因自己的个人收益较高而情绪稳定，工作热情饱满，集体观念增强。相反，如果组织效益差，职工收入低，职工的思想就不稳定，工作热情就可能下降，甚至人心思走。这种情况必然导致组织成员的思想问题增多，增加了思想政治教育的难度。第二，组织领导的形象。良好风气的形成和保持,同领导者的倡导与推广关系密切。领导者以自己模范的行为为表率,就能慢慢引起组织成员的效仿,最后形成风气。领导形象不仅通过影响组织风气对组织成员产生影响,而且他本身也直接影响职工的思想情绪。如果领导者思想境界高、作风正派、廉洁奉公,那就必然会对群众产生良好的影响。第三,组织内的人际关系。人际关系是一个人基本的工作环境。组织内的人际关系状况如何,对组织成员的思想情绪影响很大。

(三) 社区环境

社区,是指聚集在一定地狱中并且在生活上互相关联的人群的生活共同体。绝大多数人都生活在一定的社区里,社区环境对社区的成员思想道德素质的形成、发展有很大的影响。主要体现在:第一,社区生活秩序和经济发展程度。社区生活安定,社会治安状况好,经济繁荣,人民安居乐业,就有助于人们形成正确的价值观念。第二,人际交往。人际交往具有协调作用,对人的思想品德和心理形成影响巨大。在人际交往过程中,社区的行为规范和风俗习惯以及社区风气,以信息传递和情绪感染的方式自觉不自觉地输送给每个社区的成员,从而促使人们的行为相互协调一致。

(四) 同辈群体环境

同辈群体是指由家庭背景、年龄、爱好、特点等方面比较接近而形成的关系比较密切的群体。当儿童升入中学后,同辈群体的影响便日渐增强,日益重要。从十五六岁到十八九岁,同辈群体的影响最为普遍深入。同辈群体环境的特点体现在:第一,自由性。而在同辈群体中,人们更容易按自己的条件和需要自由地选择交往对象,成员之间的交流也是自由的,不受束缚的。有些不便于在正式群体，如学校和社会组织里讨论的问题，在这里可以进行自由讨论。第二，独特性。同辈群体特有的思想观念、价值标准、行为规范对其成员会产生相当大的无形压力，导致同辈群体成员与之发生认同。这就决定同辈群体对其成员的思想有较大影响。

三、科学实践观视域中思想政治教育价值实现环境的优化

所谓优化思想政治教育价值实现的环境，是指充分利用环境中的积极因素并将环境中的消极因素转化为积极因素，使环境成为思想政治教育的自觉手段，充分发挥其促进人的发展的作用。关于思想政治教育价值实现环境的优化，可以从不同角度不同方面去思考，这里着重从宏观角度进行探讨。

（一）优化经济环境

经济基础决定上层建筑，经济基础决定思想政治教育活动开展的程度、广度和深度。因此，要使科学实践观视域中思想政治教育活动得以顺利开展，必须优化社会经济环境，为思想政治教育创造一个良好的经济基础。首先，要继续全面深化改革，推动生产力的进一步解放和发展。改革开放以来，我国经济得以长时间保持快速发展，随着社会的发展，一些不利于经济发展的因素显现出来，中央提出全面深化改革的战略，就是站在宏观和长远的角度，对我国生产力发展的又一次解放和推动。全面深化改革的深入，必将为我国生产力发展带来巨大的推动力，将促进中国经济进入新一轮的大发展，经济的发展为我国社会的进步提供基础性力量，同样，也会为思想政治教育活动的开展提供各种物质条件和经济保障。其次，

第五章 科学实践观视域中思想政治教育价值的要素构成

要建立社会主义市场经济新秩序。良好的经济秩序是经济又好又快发展的必备条件，也是思想政治教育有序进行的前提。在一个混乱的经济环境中，人们的经济行为必然是非理性的，人们的法制意识、道德素质也必然难以提高。因此，必须大力营造建立在法制基础上的市场经济新秩序，为人们的经济活动创造良好的条件，为人们的经济伦理乃至整个道德的生长提供良好的氛围。再次，要实行效率优先、兼顾公平的分配原则，理顺分配关系，在全社会建立和谐的利益关系。人们在社会历史活动中所表现出来的思想政治觉悟的高低，受着物质利益强烈的影响。在一个分配不公、利益矛盾突出的社会里，人们的思想问题必然层出不穷，思想政治教育也必然困难重重。因而缩小收入差距，协调利益关系，就成为优化思想政治教育经济环境的必要措施。

需要指出，优化经济环境主要依靠社会宏观管理部门和广大人民群众的努力，但思想政治教育本身对此也负有责任。思想政治教育通过宣传科学发展观，提高大家对科学发展观本质和内涵的认识，从而坚决贯彻落实科学发展观，推动经济又好又快地发展；通过调动广大群众的积极性，使其更好地参与社会主义现代化建设，可以促进我国生产力的发展；通过提高群众的法制意识和道德观念，可促进社会主义市场经济新秩序的建立；通过帮助人们正确处理国家、集体和个人利益之间的关系，通过协调具体的利益矛盾，可促进和谐的利益关系的形成等。思想政治教育者一定不能坐等良好的经济环境的出现，而要以自己努力的工作投入到优化经济环境的活动中去，以推动思想政治教育经济环境的优化。

(二) 优化政治环境

政治环境对人们的思想品德和思想政治教育的影响最直接、最突出，优化政治环境对思想政治教育具有至关重要的意义。优化政治环境要抓好以下三方面的工作：一是坚持和完善社会主义基本政治制度。社会主义基本制度包括，保障人民当家做主的人民代表大会制度；坚持中国共产党领导的多党合作与政治协商制度；确保各民族权利的民族区域自治制度。人民代表大会制度是我国的根本政治制度，是在长期革命和建设中形成的，以确保人民当家做主的基本政治制度；多党合作与政治协商制度体现了中国共产党与各民主党派肝胆相照，患难与共的历史，也体现了中国共产党高明的政治安排，避免因党派斗争影响国家的经济建设和社会稳定，让各民主党派参与到中国特色社会主义事业建设中，可以推动社会主义政治文明的进一步发展。民族区域自治制度对于发挥少数民族的积极性，尊重少数民族的民族习惯，维护国家的长治久安具有重要作用。我国的基本政治制度是国家建设和发展的内核，通过不断完善我国的基本政治制度，能够调动各方面人民的积极性，为国家建设贡献力量，同时，也可以为思想政治教育的实施营造良好的政治环境，提升思想政治教育活动的质量和水平。二是加强社会主义法治建设。要实行依法治国，要坚持有法可依，有法必依，执法必严，违法必究，营造良好的法治环境。在良好的法治环境中，人们的法制观念、法制意识才能健康地生长，思想政治教育才能获得制度保障。三是推进机构改革。要转变政府职能，改进管理方式，精简机构，提高效能，建设一个行为规范、运转协调、公正透明、廉洁高效的行政管理体制。

（三）优化文化环境

文化环境对人们具有潜移默化的影响，人们往往在不知不觉中受到其熏陶和感染。这一特点要求我们要加强文化环境的优化，以使其对人们产生更积极的影响。优化思想政治教育的文化环境，首先，要在文化建设中坚持社会主义核心价值观，即坚持马克思主义的指导思想，弘扬中国特色社会主义共同理想，弘扬以爱国主义为核心的民族精神和以改革创新为核心的时代精神，倡导社会主义荣辱观等，使社会主义文化建设始终保持正确的政治方向。其次，要促进各项文化事业的发展。各项文化事业是文化环境的重要因素，在满足人们的精神文化需求、促进人们的思想道德素质发展方面具有其他形式不可替代的重要作用。因而必须大力发展文化事业，促使整个文化环境健康发展，为思想政治教育创造良好的文化条件。再次，要努力建设企业文化、校园文化、乡镇文化、社区文化、军营文化、家庭文化，优化亚文化环境。企业文化、校园文化等是文化的重要组成部分，对生活于其中的人们有着直接的影响。优化亚文化环境，使之成为社会主义和谐文化的有机组成部分，对于人们思想道德素质的提高和基层思想政治教育活动的开展具有非常重要的意义。最后，要抓好文化市场的建设和管理。我国的文化市场在丰富人民群众的精神文化生活、推进社会主义精神文明建设方面发挥了重要作用。

第六章　科学实践观视域中思想政治教育价值形态

价值形态，简言之，即价值的存在形式。科学实践观视域中思想政治教育价值作为思想政治教育主客体之间的一种关系，是一种客观历史现象。研究科学实践观视域中思想政治教育价值的存在形式，就是要从科学实践观视域中思想政治教育价值的内涵与本质出发，区分不同前提下思想政治教育价值的存在形态，从而说明科学实践观视域中思想政治教育价值存在的客观基础。

第一节　科学实践观视域中思想政治教育价值形态

一、价值形态与科学实践观视域中思想政治教育价值形态

价值是价值形态研究的起点，准确把握价值的含义有利于更清晰地分析价值形态的存在状态及意义。

（一）价值

价值有多重含义，可指价格，如清李渔《闲情偶寄·声容·熏陶》中"香皂以江南六合县出者为第一，但价值稍昂。"也可指积

极作用,如柯灵《香雪海·时间》中"古往今来,时间老人迈的永远是同样的步子,但是时间的意义和价值不同,对人的感觉就不同了。"价值的核心含义是指事物的属性,事物的属性从根本上决定了价值的内涵和实质。

中国哲学中不乏对价值的探讨,主要集中在义利之争和理欲之争上。儒家的观点是:"正其谊不谋其利,明其道不计其功。"孔子曰:"放于利而行,多怨。""君子喻于义,小人喻于利。"① 孟子反功利,"孟子以为人皆有恻隐、羞恶、辞让、是非之四端。扩而充之,则为仁、义、礼、智之四德。……四德之行,当然可生于社会有利之果,此结果虽极可贵,然亦系附带的。"② "墨家则专注重'利',专注重'功'。'国家百姓人民之利',乃墨子估定一切价值之标准。国家百姓人民之利,即是人民之'富'与'庶'。"③ 道家重生寡欲,反对欲望和知识,老子对知识的态度是:"知识自身本即一欲之对象;知识能使吾人多知欲之对象因而使吾人'不知足';知识能助吾人努力以得欲之对象因而使吾人'不知止',所谓'为学日益'也。"④ 义利、利欲之争贯穿了整个中国哲学思想发展史。

西方思想家对价值的探讨可追溯到古希腊时代。古希腊思想家们对价值的探讨主要用"完美""正义""善"等,如苏格拉底说:"使一切人德行完美所必需的就只是知识。"⑤ 亚里士多德认为,"善

---

① 论语(里仁第四),张燕婴译注,上海:中华书局出版社,2006,P45~47.
② 冯友兰.中国哲学史.上册.重庆:重庆出版社,2009,P108.
③ 冯友兰.中国哲学史.上册.重庆:重庆出版社,2009,P76~78.
④ 冯友兰.中国哲学史.上册.重庆:重庆出版社,2009,P157.
⑤ [英]罗素.西方哲学史.上卷.何兆武,李约瑟译,北京:商务印书馆,1976,P128.

就是幸福,那是灵魂的一种活动。"① 西方功利主义思想家们对价值的定义则侧重于"快乐""幸福""富裕"等。边沁主张,"一种事态如果其中包含的快乐超过痛苦的盈余大于另一种事态,或者痛苦超过快乐的盈余小于另一种事态,它就比另一种事态善。"② 西方古典政治经济学创始人威廉·配弟在《赋税论》中写道:"一切东西都应该由两个自然单位——土地和劳动来评定价值;换句话说,我们应该说:一条船或者一件衣服的价值等于若干土地的价值加上若干数量的劳动,因为船和衣服都是土地和人类劳动的产物。"③ 威廉·配弟思想的继承和发展者亚当·斯密在探讨价值论时,首先区分了交换价值和使用价值,他说:"价值一词有两个不同意义。它有时表示特定物品的效用,有时又表示由于占有某物而取得的对他种货物的购买力。前者叫做使用价值,后者可叫做交换价值。"④ 显然,威廉·配弟混淆了价值和使用价值之间的关系,马克思对威廉·配弟这一观点的评价是,"把作为交换价值的源泉的劳动和作为以自然物质(土地)为前提的使用价值的源泉的劳动混为一谈。"⑤ 而亚当·斯密的思想在实践中则容易陷入交换价值、使用价值孰大孰小的困境。从根本上讲,西方思想界有关价值理论的研究,基本的出发点都是唯心主义,他们关于价值判断来自于主观观念,是主观情感、主观意愿、主观希望的表达。当然,有关西方思想界价值理论的研究,也不能忽视宗教的影响,就有西方思想家把

---

① [英国]罗素.西方哲学史.上卷,何兆武,李约瑟译,北京:商务印书馆,1976,P225.
② [英国]罗素.西方哲学史.下卷,何兆武,李约瑟译,北京:商务印书馆,1976,P328.
③ [英国]威廉·配第.赋税论.邱霞,原磊译,北京:华夏出版社,2006,P132.
④ [英国]亚当·斯密.国富论.郭大力,王亚南译,北京:商务印书馆,1972,P87.
⑤ 马克思恩格斯全集.第46卷.北京:人民出版社,2003,P54.

价值看作上帝创造之物，完全超越现实、超越理想。

（二）马克思主义关于价值的理论

马克思主义价值理论是以彻底的唯物主义世界观和方法论为基础的，在科学实践的基础上坚持以历史的和人民的观点研究价值的意义，和西方的各种价值理论相比，具有显著的科学性和革命性特征。

马克思主义有关价值理论的研究经历了一个从混沌到清晰的过程。在《政治经济学批判大纲》中，恩格斯写到："'在私有制消灭后，就无须再谈现在这样的交换了。到那个时候，价值这个概念实际上就会愈来愈只用于解决生产的问题，而这也是它真正的活动范围。'他还写到，'价值首先是用来解决某种物品是否应该生产的问题，即这种物品的效用是否能够抵偿生产费用的问题。……如果两种物品的生产费用相等，那么效用就是确定它们的比较价值的决定性因素。'"[①] 显然，恩格斯在这里是把价值与使用价值混淆起来了，这个论述也与《资本论》中马克思主义有关价值的理论不一致，和威廉·配第的观点不谋而合，也证明了主观唯心主义在西方思想界的影响是如此之强大。

在《资本论》中，马克思详细阐述了他的价值理论。马克思认为，价值是一个过程，是从使用价值发端，经过交换价值作为中介，最后才到价值环节。而在价值的形成过程中，科学实践起到至关重要的作用，无论是生产过程，还是交换过程，科学实践都通过人类劳动起作用，价值的交换过程体现了科学实践的发展逻辑。马克思指出，"价值没有在额上写明它是什么。不仅如此，价值还把

---

① 马克思恩格斯全集.第1卷.北京：人民出版社,1963,P605.

每个劳动产品变成社会的象形文字。后来,人们竭力要猜出这种象形文字的含义,要了解他们自己的社会产品的秘密,因为使用物品当作价值,正像语言一样,是人们的社会产物。"[1] 从马克思的话中不难看出,劳动产品作为价值之所以变成"社会的象形文字",在于它来源于科学实践,是人类劳动实践的产物,正是因为它的实践性,才具备了价值所具备的"可感觉而又超感觉"的性质。

在对价值进行定义之前,针对西方思想界对价值的主观唯心主义态度,马克思在《资本论》中首先明确区分了价值和交换价值。马克思在《资本论》开篇中说:"在本章的开头,我们曾经依照通常的说法,说商品是使用价值和交换价值,严格来说,这是不对的。商品是使用价值或使用物品和'价值'。"在另一篇著作中,马克思说:"我没有在任何地方说过交换价值之'共同的社会的实体'。我其实是说,交换价值(至少要有两个相互比较,交换价值方才是存在的)表示某一件它们共同具有的东西。这个东西是和'它们的使用价值……相独立的,那就是价值。''商品'一方面是使用价值,另一方面是价值——不是交换价值,因为这只是现象形态,不是它的真正内容。"[2] 价值和使用价值之间的区分,具有十分重要的意义,它是马克思主义价值理论与西方思想界价值理论的根本区别和分水岭,从这一刻起,马克思主义价值理论走上了科学发展的道路。

在区分了价值和交换价值之后,马克思从价值形成于人类实践活动着手,强调价值来源于人类的对象化实践活动和有目的的实践

---

[1] 马克思恩格斯全集.第23卷.北京:人民出版社,1972,P91.
[2] 资本论.第1卷.北京:人民出版社,1955,P1011~1018.

活动,通过"一般人类劳动"概念,为马克思主义价值概念提供了超越西方传统价值概念的尺度和标准。马克思认为,人类的对象化活动——劳动,不仅形成了对象化活动关系,还能够在这种关系的基础上,通过科学实践活动,对人类自身和实践活动进行反思、批判和超越,并由此产生人的主体性概念及价值的概念。马克思立足于人类劳动、主客体关系来阐述自己的价值理论。马克思指出,"'价值'这个普遍概念是从人们对待满足他们需要的外界物的关系中产生的。"[①] 显然,马克思认为,价值产生于人类的社会实践活动中,外界物,也就是客体属性,是价值的基础,是价值的载体,没有"外界物"的存在,价值也就不会存在;人们的需要,也即主体需要是价值产生的现实基础,它将客体的属性转化为现实形态,也就是我们所说的价值,可以说,没有主体的需要,价值也不会存在。马克思明确指出,"人在把成为满足他的需要的资料的外界物,作为这种满足需要的材料,而从其他的外界物中区别出来并加以标明时,对这些物进行估价,赋予它们以价值或使它们具有'价值'属性。"[②] 从这段话可以看出,马克思认为价值不是独立存在的实体范畴,而反映了人与外界物之间的关系。在马克思主义价值理论中,外界物通常被称为价值客体,人通常被称为价值主体,而价值正是由于价值主体与价值客体发生关系时,因客体满足了主体的某种需要而产生的。事实上,由于作为价值主体的人的需要是多层次、多角度和多变的,客体也是丰富多彩的,因此,价值主体与价值客体之间的关系也不是确定的、动态变化的,这样直接导致价值

---

① 马克思恩格斯全集.第19卷.北京:人民出版社,1963,P406.
② 马克思恩格斯全集.第19卷.北京:人民出版社,1963,P409.

概念的多维动态性。在人类历史发展过程中,主体的需要是决定客体是否具有价值的前提和基础,主体在主客体价值关系中居于主导地位,价值主体通过社会实践活动,把客体的价值发掘出来,并在社会实践中产生新的需要,发掘出新的价值客体,因此,价值关系就在主客体之间的需要-满足关系中不断动态向前发展。

(三) 价值的内涵

在对价值的历史发展进行考察后不难发现,由于价值和人类的生存息息相关,价值影响到各个历史阶段的人的发展和社会进步。因此,对于价值概念的理解,由于时代、角度和出发点不同,也不尽相同。马克思在总结了前人价值理论研究的基础上,用科学的理论,为我们诠释了价值的真正含义,因此,从马克思主义彻底唯物主义哲学观点出发,我们对价值做出如下规定:

首先,价值决定于主体。价值问题,根本就是人的问题。主体根据自身需要,对客体进行评价,凡是符合主体需要的客体,就是有价值的,凡是不符合主体需要的客体,无论其属性如何,都是没有价值的。也即,在客体的价值体现过程中,评价的尺度和标准来源于主体,是主体根据自身需要所规定的,是主体根据自身的意愿去创造价值,评价客体。

其次,价值来源于客体。一般意义上讲,价值源于客观世界,客观世界是人类生存和发展的客观条件,可以满足人类的物质需要、精神需求。马克思在演绎他的价值理论过程中,通过使用价值-交换价值-价值的关系,来表明价值的形成过程。在这一过程中,我们可以清晰地看到,使用价值是价值形成的基础和源泉,客体没有使用价值,就无所谓价值。价值是客体属性满足主体需要的程度，客体属性是多元的，价值也必定是多元的。价值来源于客体属性，在客体与主体发生关系时，根据主体需要，价值从客体属性中产生。

再次，价值是一种关系。价值实质上是主客体之间的关系。主体在社会实践过程中，因个人发展和社会发展需要，对客体产生某种需要，客体的天然属性在本质上可以满足主体的需要，在这样的过程中，主客体的需要－满足关系，产生了价值。在价值关系中，客体的属性是客观存在的；主体的需要是会发生变化的；主客体关系是动态的。

最后，价值取决于客体主体化的程度。在主客体关系中，客体的属性在多大程度上满足主体的需要，是否与主体需要、主体发展要求相一致，这种客体主体化的关系表现就是价值。

综上分析，可以对价值的内涵做出定义，价值是主体在实践活动中建立起来，以主体的尺度为尺度，以客体满足主体需要的程度为标准的一种客观的主客体关系。主体是价值的实现者，客体是价值的承载者，实践是价值实现的纽带和桥梁。

（四）价值形态

形态是事物在一定条件下的表现形式。有关形态的论述很多，如哲学形态、意识形态、仪式的形态、社会形态等等。马克思在论述自由的形态时，把自由分为精神自由、实践自由、自由个性等三种形态，通过这三种形态，阐述人的自由而全面发展的逻辑思路和哲学依据。马克思根据历史唯物主义史观，对社会形态进行分类，指出社会形态是依次更迭的论说。总之，形态，可以体现事物存在的形式，这里要强调的是，事物必须是客观存在的，不是主观臆断，也不是虚无缥缈的。形态也是事物在一定条件下的表现形式，这就意味着，事物形态必须具备相应的条件，一种事物在一种条件下可以是一种形态，在另一种条件下，可能是另外一种形态。具体到价值形态上，价值是以主体评价、主体实践为尺度，以客体满足主体程度为标准的一种客观主客体关系。简言之，价值形态是价值在一定条件下的表现方式。

（五）科学实践观视域中思想政治教育价值形态

科学实践观视域中思想政治教育价值形态，也即科学实践观视域中思想政治教育价值的表现形式。作为一种价值形态，科学实践观视域中思想政治教育价值形态的体现必须有一定的社会历史条件，从根本上讲，这种社会历史条件就是当前中国特色社会主义社会发展的实际。中国特色社会主义理论发端于毛泽东思想，毛泽东在谈到中国社会主义指导原则时说："使马克思主义在中国具体化，使之在其每一表现中带着必须有的中国特性，即是说，按照中国的特点去应用它。"[①] 邓小平同志在中共十二大开幕词中提出"走自己的道路，建设有中国特色的社会主义"。此后，经过几代中国共产党人的努力，中国特色社会主义形成了一批成熟的理论和思想，如：社会主义市场经济理论、建设社会主义和谐社会思想、建设社会主义小康社会思想、社会主义"以德治国"思想等。正是在科学实践观的指导下，经过中国人民的不断实践，形成了今天中国特色社会主义社会繁荣发展的局面，这是科学实践观视域中思想政治教育价值形态的最基本前提。在中国特色社会主义事业蓬勃发展过程中，社会的主流价值观如何、人们的个人追求如何是科学实践观视

---

① 毛泽东选集.第2卷.北京：人民出版社，1991，P522.

第六章　科学实践观视域中思想政治教育价值形态

域中思想政治教育价值形态的核心要素条件。习近平同志根据中国特色社会主义发展的进程，提出社会主义核心价值观思想，他指出，"富强、民主、文明、和谐，自由、平等、公正、法治，爱国、敬业、诚信、友善，传承了中国优秀传统文化的基因，寄托着近代以来中国人民上下求索、历经千辛万苦确立的理想和信念，也承载着我们每个人的美好愿景。"[①] 社会主义核心价值观从根本上回答了我们要建设什么样的国家、建设什么样的社会、培育什么样的公民的重大问题。也成为科学实践观视域中思想政治教育价值形态的核心要素。此外，当前国际国内形势风云突变，第二次世界大战后形成的世界格局已经随着苏联的解体而瓦解，而新的国际格局尚未形成。美国、日本、欧洲等西方发达国家依靠先发展优势，对中国等发展中国家进行国际上的战略压迫和打压，以保持自身的国际政治优势、经济优势、文化优势和价值观优势。特别是近年来，美国在中国周边地区不断制造事端，纠集了日本、菲律宾等国家，通过台湾问题、钓鱼岛问题、南海问题，对中国进行发难，目的是在战略上打压中国，压缩中国的发展空间，遏制中国的发展。此外，美国等西方国家通过网络媒体、娱乐传媒等多种途径，在中国宣传西方所谓的"民主、自由"价值观，以期造成中国社会价值观的混乱，打乱中国平稳快速发展的节奏，"棱镜门"事件就是其中突出的案例。还有，境内外极端势力，在美国等西方国家的支持下，通过新疆问题、西藏问题，把中国社会矛盾扩大化，利用宗教信仰问题，企图造成中国社会混乱，以达到其不可告人的目的。国际国内形势的新变化，特别是当前中国社会价值观多元化趋势严重，人们的价

---

① 习近平:青年要自觉践行社会主义核心价值观.2014年5月4日.

值取向也日益多元化和分散化,给思想政治教育工作带来极大的挑战。这构成了科学实践观视域中思想政治教育价值形态的又一重要前提条件。总之,科学实践观视域中思想政治教育价值形态是当前中国社会现状的产物,也是在科学实践观指导下,思想政治教育主动适应社会发展需要,根据教育发展规律,为国家发展和人民幸福,主动表现出来的一种价值形式。

二、科学实践观视域中思想政治教育价值的一般形态

价值形态根据前提条件、分析问题的角度不同,有多种表现形式。科学实践观视域中思想政治教育的价值形态,根据不同的标准、不同的角度,可以分为不同的类型。探究科学实践观视域中思想政治教育价值的一般形态,可以帮助我们更清晰地把握思想政治教育价值发展规律,以利于发挥科学实践观视域中思想政治教育的价值和作用。

(一) 科学实践观视域中思想政治教育的理想价值与现实价值

理想价值是一种目标价值,它来源于现实社会,但高于现实社会,具有超前意识和导向性的特点。理想价值能够让人们树立远大的理想,吸引、激励人们朝着理想目标努力。科学实践观视域中思想政治教育理想价值,是科学实践观指导下思想政治教育实施过程中,其根本目标对人的全面自由发展和社会向更高阶段发展的积极意义,是一种应然状态。比如,在实现共产主义的目标上,中国人民自古以来就有实现大同社会的思想,孔子认为大同社会是天人合一、天人合德;康有为撰写《大同书》阐述自己的理想社会。毛泽东在《论人民民主专政》中讲到,"康有为写了《大同书》,他没有

也不可能找到一条到达大同的路。资产阶级的民主主义让位给工人阶级领导的人民民主主义,资产阶级共和国让位给人民共和国。这样就造成了一种可能性:经过人民共和国到达社会主义和共产主义,到达阶级的消灭和世界的大同。"① 共产主义是中国共产党人远大的理想,在中国共产党领导中国人民进行革命和建设的过程中,具有重要的理想价值意义,共产主义给予中国共产党人以追求的目标和强大的精神动力。科学实践观视域中思想政治教育的根本目标是培育符合中国特色社会主义事业发展需要的人才,为中国社会发展贡献力量。这个目标具有重要的理想价值,它促使思想政治教育围绕这个目标开展实践教育活动,激发思想政治教育工作者的工作热情,吸引更多的人参与到科学实践观视域中思想政治教育活动中来,为培育出具有"中国梦"远大理想的社会栋梁之才而努力奋斗。

现实价值是已经实现或正在实现的价值,科学实践观视域中思想政治教育的现实价值体现在,它能够让人们感受到思想政治教育的有用性。比如,通过科学实践观视域中思想政治教育活动,让人们树立了远大理想,这就是思想政治教育有用性的具体表现,具有重要的现实意义。在社会主义市场经济发展完善过程中,人们对物质的需求还非常大,容易被物质所束缚,出现功利主义的价值取向,一切以利益为先,忽视理想追求和国家、集体利益,在这样情况下,通过对这类人实施科学实践观视域中思想政治教育实践活动,使他们树立了远大的理想,坚定了社会主义信念,具有牢固的集体主义观念,从而推动了中国特色社会主义事业顺利开展。特别

---

① 毛泽东选集.第4卷.北京:人民出版社,1991,P1471.

是在解决社会热点难点问题时,科学实践观视域中思想政治教育的现实价值更加明显,通过教育实践,可以迅速扭转局面,使事态朝着正确的方向前进,这也体现出科学实践观视域中思想政治教育现实价值的时间效应和速度优势。但应该注意的是,在实际工作中,追求科学实践观视域中思想政治教育的现实价值应该避免短期行为,如果一味只顾眼前,忽视长远,只追求立竿见影,不在乎全局发展,那就不能真正发挥科学实践观视域中思想政治教育的现实价值,也容易犯形式主义的错误。因此,在实际工作中,应该是在理想价值的指引下追求现实价值,把二者结合起来,才能真正实现科学实践观视域中思想政治教育的目标。

科学实践观视域中思想政治教育理想价值和现实价值的关系是辩证统一的,二者相互促进,相互发展,共同构成了科学实践观视域中思想政治教育价值的重要表现形式。首先,理想价值是现实价值的目标和方向。"理想是以一定的思想理论对客观规律的反映为基础而形成的,反映了未来发展趋势和主体发展需要,并为人们向往和追求的未来发展的理论构想和奋斗目标。"[①] 理想一旦产生,就会产生重要的导向作用和激励作用。科学实践观视域中思想政治教育理想价值的产生,既来源于当前人的发展需要和社会发展需要,也是根据思想政治教育价值规律形成的,反映了科学实践观视域中思想政治教育价值的发展趋势和当前社会发展的需要,是思想政治教育价值的发展目标。科学实践观视域中思想政治教育理想价值的产生,为现实价值规定了目标和发展方向,同时,理想价值是来源

---

① 骆郁廷.中国古代的尚志思想及其现实价值.载武汉大学学报(人文科学版),2007,3:279.

于现实且高于现实的,可以给人以激励作用,让人们以更大的勇气和信心投入到思想政治教育实践活动中,为实现科学实践观视域中思想政治教育的理想价值而奋斗。现实价值是理想价值的基础。任何理想的实现,都必须立足现实;任何质变的产生,都必须首先发生量变。现实价值本身就是对理想价值实现的一种积累,科学实践观视域中思想政治教育现实价值通过一点一滴的积累,在不断实现现实价值的过程中追求理想价值,毛泽东曾指出,"社会主义制度的建立为我们开辟了一条达到理想境界的道路,而理想境界的实现还要靠我们的辛勤劳动。"① 因此,现实价值为理想价值提供了坚实的现实基础。科学实践观视域中思想政治教育理想价值和现实价值是辩证统一的,这要求我们从现实出发,从当前出发,通过科学实践观视域中思想政治教育活动,解决各种现实问题,实现现实价值,同时,又着眼于理想价值的实现,通过思想政治教育活动,引导人们树立远大理想,树立正确的世界观、人生观和价值观,引导社会价值取向朝着社会主义核心价值取向的方向前进,在理论和实践中,把二者结合起来,在现实价值实现中追求理想价值,在理想价值的引导下实现现实价值,充分发挥科学实践观视域中思想政治教育价值的功能和作用。

(二)科学实践观视域中思想政治教育的正面价值与负面价值

任何事物都有两面性,马克思在探讨资本主义对社会生产力的极大发展作用时,也看到了人类为此付出了沉重的代价:"在我们这个时代,每一种事物好像都包含有自己的反面。我们看到,机器具有减少人类劳动和使劳动更有成效的神奇力量,然而却引起了饥

---

① 毛泽东文集.第7卷.北京:人民出版社,1999,P226.

饿和过度的疲劳。财富的新源泉,由于某种奇怪的、不可思议的魔力而变成贫困的源泉。技术的胜利,似乎是以道德的败坏为代价换来的。随着人类愈益控制自然,个人却似乎愈益成为别人的奴隶或者自身的卑劣行为的奴隶。甚至科学的纯洁光辉仿佛也只能在愚昧无知的黑暗背景上闪耀。我们的一切发明和进步,似乎结果是使物质力量成为有智慧的生命,而人的生命则化为愚钝的物质力量。现代工业和科学为一方与现代贫困和衰颓为另一方的这种对抗,我们时代的生产力与社会关系之间的这种对抗,是显而易见的、不可避免的和毋庸争辩的事实。"① 同样,不可否认的是,科学实践观视域中思想政治教育价值也有两面性,既有正面价值,又有负面价值。正面价值,统称为价值,即对主体合理需要具有促进作用的价值。负面价值,也称为无价值或负价值,是对主体需要没有促进作用,或在某种程度上起到反作用的价值。

科学实践观视域中思想政治教育的正面价值是指思想政治教育活动对科学实践观视域中思想政治教育目标和任务起到推动作用的价值。科学实践观视域中思想政治教育产生正面价值的前提条件是目标的明确性和发展性。目标的明确性体现在：首先,要明确党和国家的目标,要明确党和国家在当前历史阶段的主要任务、阶段性目标、总目标等内容。比如,当前党和国家的任务是全面深化改革,目标是实现中华民族伟大复兴的"中国梦"。党和国家的目标和任务决定了科学实践观视域中思想政治教育在各项目标和任务中的地位和作用,从而决定了科学实践观视域中思想政治教育要在党和国家的目标和任务的指引下,在不同层次、不同领域进行教育实

---

① 马克思恩格斯选集.第1卷.北京:人民出版社,1995,P774~775.

第六章 科学实践观视域中思想政治教育价值形态

践活动,为完成党和国家的总目标而努力。这样,科学实践观视域中思想政治教育活动才能充分发挥积极作用,产生正面价值。应该注意的是,在完成目标和任务的过程中,应根据实际情况,不断修正思想政治教育行为,并进行不断的结果反馈,以利于目标和任务的实现。其次,要明确主体的发展目标。在社会主义市场经济中,主体需要呈现多元化的趋势,能否满足主体需要是科学实践观视域中思想政治教育能否实现正面价值的首要因素,因此,要清晰地了解主体的发展目标,根据主体发展目标实施相应的思想政治教育实践活动。目标的发展性体现在:党和国家的目标是发展的。中国共产党是以马克思主义理论为指导思想的执政党,马克思主义理论最大的特点就是其发展性。因此,在马克思主义理论指导下,党领导人民推进中国特色社会主义事业进程中,会根据世情和实情,不断完善党和国家的发展目标。科学实践观视域中思想政治教育要适应这种变化,以科学实践的视角推动思想政治教育在国家的各个领域开展相关教育实践活动,为实现党和国家的目标而努力。科学实践观视域中思想政治教育的负面价值包括两种情况:一是无价值,即科学实践观视域中思想政治教育活动对其目标和任务的实现没有任何作用、没有任何实际效果,是无效益的。在现实生活中,这种情况屡见不鲜。比如:不顾实际情况的变化,照搬照抄前人的做法,这不仅违背了马克思主义以发展的观点看问题的哲学逻辑,也在实际工作中毫无意义;或者思想政治教育活动只是形式主义、走走过场,没有实质内容,也不会有任何价值。这种无价值的情况既浪费了人力物力精力,又易造成思想政治教育可信度的下降,得不偿失,贻害无穷。二是负价值,即通过科学实践观视域中的思想政治教育活动，不仅没有促进目标和任务的实现，反而妨碍了目标和任务的实现，起到了极大的危害作用。一般来讲，科学实践观视域中思想政治教育负面价值不是人们的主观愿望，造成这种情况的原因或是思想政治教育目标不明确，或是对思想政治教育的内容把握不当，或是思想政治教育方法运用不当，或是对思想政治教育对象缺乏科学的分析，或是思想政治教育工作者自身能力不足等等，都可能造成负价值，在客观上阻碍思想政治教育目标和任务的实现。科学实践观视域中思想政治教育的正面价值和负面价值给我们很大的启示，在实际工作中，我们要做到两点：其一，强化正面价值。科学实践观视域中思想政治教育活动实施的目标，就是要实现人的全面自由发展和社会向更高阶段发展，要在这个目标基础上，根据当前中国社会实际，有针对性地开展相关思想政治教育实践活动，进一步发挥科学实践观视域中思想政治教育的正面价值，把其正面价值最大化。其二，要注意负面价值的转化。马克思主义矛盾论告诉我们，任何事物都是一个矛盾统一体而存在，矛盾是事物发展的源泉和动力。看待科学实践观视域中思想政治教育的负面价值时，也要看到其有利的一面，这体现在：一方面可以通过各种方式，直接把负面价值转化为正面价值。比如，典型人物的示范作用在教育中功不可没，反面教材也能给人们以很大的警示和教育。另一方面可以促进科学实践观视域中思想政治教育向更高阶段发展。在实施过程中，出现了问题，表明科学实践观视域中思想政治教育还未完善，针对出现的负面价值，进行不断修正和改进，提升科学实践观视域中思想政治教育的质量和水平。

第六章 科学实践观视域中思想政治教育价值形态

(三) 科学实践观视域中思想政治教育的直接价值与间接价值

直接价值和间接价值是科学实践观视域中思想政治教育价值的重要价值形态。从效果上看，科学实践观视域中思想政治教育对人的全面自由发展和社会向更高阶段发展的作用，既有直接的一面，也有间接的一面，因而其价值也表现为直接价值和间接价值。科学实践观视域中思想政治教育活动一般是直接作用于教育对象，不经过中介环节，直接引起教育对象思想、行为发生某些符合思想政治教育目标的变化，因此，科学实践观视域中思想政治教育活动通常显现出来的是直接价值。比如：在高校结合《学生手册》对大学生进行热爱学习、热爱生活、团结友爱、热爱国家、热爱中国共产党的思想政治教育实践活动。通过教育，大学生的精神风貌更好了、学习更认真了、更热爱集体了、对党和国家更认同了，这就是科学实践观视域中思想政治教育的直接价值。直接价值具有直接性、贴近性的特点。直接性是指科学实践观视域中思想政治教育的直接价值是能够直接表现出来的，是看得见、摸得着的；贴近性是指科学实践观视域中思想政治教育的直接价值是贴近主体需要、贴近社会需要的。思想政治教育的根本目标是促进人的全面自由发展和社会向更高阶段发展，实现这个目标，不是一朝一夕可以完成的，是要根据主体需要和社会需要，以满足主体需要和社会需要为目标，开展相关的思想政治教育活动。一般来讲，科学实践观视域中思想政治教育直接价值是为了满足价值主体-人的精神需要而实施的，通过教育实践活动，提升人们的思想道德素质，调动人们的工作积极性，也即科学实践观视域中思想政治教育直接价值是一种精神价值。但应当注意的是，精神价值不是科学实践观视域中思想政治教育价值的终极追求,而只是其价值追求中的初级阶段。科学实践观视域中思想政治教育最终是要通过人的思想道德素质提升以及潜能发挥来促进社会生产力的发展,进而推动社会进步和人类进步,这是价值的二次转化,即精神价值向物质价值转化。苏联理论家库兹涅佐夫在谈论认识的价值时提到,"现在只需强调一点,认识的直接价值是其间接价值(经济的、道德的价值等等)的基础。"[1] 认识的直接价值是其间接价值的基础,科学实践观视域中思想政治教育直接价值也是其间接价值的基础。科学实践观视域中思想政治教育间接价值一般表现为社会生产力的发展、社会的进步、经济的发展、物质财富的增加、人类文明的进步等等。科学实践观视域中思想政治教育价值的形成过程,一般有三个阶段:第一阶段,教育者将党和国家要求的政治思想、道德规范、价值取向等传递给受教育者,影响受教育者的心理、情感、意志,激发起劳动积极性和创造性,表现出来的思想政治教育价值是直接的。第二阶段,受教育者在科学实践观视域中思想政治教育的激发和引导下,把精神动力转化为实际行动。在工作中,最大限度地发挥聪明才智,通过体力劳动、脑力劳动等方式,把精神价值转化为物质价值,这里表现出来的思想政治教育价值是间接的。第三阶段,间接价值反哺直接价值。物质价值的产生,完成了科学实践观视域中思想政治教育价值从直接价值到间接价值的转化,但这并没有完成价值的最终形成过程,这是由于,科学实践观视域中思想政治教育的直接价值和间接价值是不断发展的,从直接到间接,只是一个直线的过程,而事物发展的路线往往是不规则的,因此,间接价值产生后,要通过间接

---

[1] 〔苏联〕库兹涅佐夫.认识的价值.北京:人民大学出版社,1987,P32.

第六章 科学实践观视域中思想政治教育价值形态

价值促进科学实践观视域中思想政治教育的发展，使其能够创造出更多的直接价值，只有通过这样不断的循环发展，才能真正实现科学实践观视域中思想政治教育的价值。在实施思想政治教育过程中，直接价值容易被看到、被重视，而间接价值由于其间接性和隐蔽性，有时难以被发觉，这就造成在实际教育实践中，可能会出现重视直接价值，忽视间接价值的问题，也因此会忽视科学实践观视域中思想政治教育在社会发展中的重要作用。科学实践观视域中思想政治教育虽然不是直接作用于物质形态的生产工作和劳动对象，但由于价值是由劳动者所创造，科学实践观视域中思想政治教育又直接作用于劳动者，并通过劳动者这个中介作用于生产工具和劳动对象，因此，科学实践观视域中思想政治教育也间接地创造了物质财富。

科学实践观视域中思想政治教育直接价值和间接价值是相互依存、辩证统一的关系。直接价值是间接价值的基础，只有通过直接价值的不断积累，才能最终实现间接价值，没有直接价值就谈不上间接价值。间接价值又是直接价值的综合表现形式。在价值评价中，精神价值很难评价，但物质财富可以通过各种标准评价出来，科学实践观视域中思想政治教育间接价值可以让其价值通过物的形式表现出来。因此，在教育实践中，要以直接价值为基础，在实现直接价值的前提下追求间接价值；要以间接价值为目标，通过间接价值体现直接价值，从而把科学实践观视域中思想政治教育的直接价值和间接价值有机地结合起来，共同促进科学实践观视域中思想政治教育价值的实现。

(四) 科学实践观视域中思想政治教育的显性价值与隐性价值

"显性价值是作为人们从事某一活动的直接目的呈现出来的、反映了这一活动区别于其他活动的特性，即其本质属性的价值属性。而相对于显性价值，这一活动在其他方面呈现出来的价值属性则是隐性价值。"[①] 科学实践观视域中思想政治教育也呈现出显性价值和隐性价值两种价值形态。科学实践观视域中思想政治教育作为促进人全面自由发展和社会向更高阶段发展的教育实践活动，在促进受教育者思想道德素质发展方面所具有的价值属性，即构成了它的显性价值。由于它促进了受教育者思想道德素质的发展，从而促进了社会发展所呈现出来的价值属性则构成了它的隐性价值。科学实践观视域中思想政治教育显性价值反映在思想政治教育领域或思想政治教育实践活动过程中，它具有相随性的特点，也即伴随着思想政治教育实践活动过程而出现的价值。而科学实践观视域中思想政治教育的隐性价值则是在思想政治教育以外的其他领域和思想政治教育实践活动过程以外的其他方面反映出来的一种价值属性，它是由科学实践观视域中思想政治教育所产生出来的继生价值，相对于思想政治教育活动而言，它是滞后的。

一般而言，科学实践观视域中思想政治教育的显性价值体现在三个方面：其一，能力价值。能力是人们顺利完成某种活动所必备的个性心理特征。任何一种活动都要求参与者具备一定的能力，能力会直接影响活动的效率。能力价值是个体智力、体力等素质的综合表现。科学实践观视域中思想政治教育活动可以通过运用各种思想政治教育方法，整合各种思想政治教育资源，对受教育者进行思

---

① 彭玉琨,张捷.教师劳动显性价值与隐性价值探析.载东疆学刊.1997,3:14.

想道德素质教育，提高受教育者的思想道德素质，增强受教育者改造自然、适应社会的能力和水平。值得注意的是，在这个过程中，不仅受教育者思想道德素质得到提升，教育者也因为参与思想政治教育实践活动，各方面能力得到提升和锻炼。其二，经济价值。科学实践观视域中思想政治教育不仅仅是一项教育实践活动，还是一项教育研究活动，教育实践和教育研究是密不可分的有机整体。思想政治教育工作者在实践工作中研究人的成长规律、成才规律、思想政治教育规律等，这些研究成果进入市场后，能直接产生经济效益，也体现了科学实践观视域中思想政治教育的显性价值。其三，服务价值。思想政治教育工作者的社会角色有时候可能不只是教育者、研究者，也可能是咨询师、心理导师等。思想政治教育工作者可以充分利用自身的知识和实践经验，总结教育实践中的各种问题，为社会提供思想政治教育咨询服务，帮助社会组织整理相关思想政治教育信息，解决社会组织中出现的思想政治教育问题，甚至可以参与企业的智囊活动，为企业文化发展出谋划策，为社会创造服务价值。这些都充分体现了科学实践观视域中思想政治教育的显性价值。

科学实践观视域中思想政治教育的隐性价值，也体现在三个方面：其一，能力的延续性。科学实践观视域中思想政治教育通过提升受教育者的思想道德素质，提高其个人能力，而人的能力一旦形成，便能在较长的时间内发挥作用。从一般意义上讲，一个成熟劳动力的价值周期是30年，也就是一个人在形成自己的某方面能力后，可以在30年以上的时间里创造价值。同时，人的能力不像电脑存储资料一样简单地存储在自己的大脑和身体中，人的能力会随着社会实践活动而不断充实和扩大。人可以根据以往的知识经验,结合实践活动,不断发挥自身潜能,进行创造性的活动。这是科学实践观视域中思想政治教育隐性价值最重要的表现形式。其二,潜在的经济价值。科学实践观视域中思想政治教育价值对人的能力的提升可以在经济价值上体现出来。马克思指出,"工人支出在教育上的东西是微不足道的;凡是工人有这种支出的时候,这种支出都是生产的,因为教育会生产劳动力。"[1] 教育生产劳动力,主要是教育对人的脑力和体力的再生产,这种劳动力的再生产需要思想政治教育工作者的参与。思想政治教育工作者根据社会需要,对受教育者进行思想道德素质教育,使他们符合社会发展需要,受教育者的能力得到提升,他们的能力一旦和物质生产相结合,就会产生巨大的经济价值。其三,科学实践观视域中思想政治教育活动可以满足人们精神文化和道德素养方面的需求,思想政治教育通过引导人们树立正确的世界观、人生观和价值观,协调人们的行为,协调与生产力发展不相适应的生产关系,促进社会和谐发展,这也是科学实践观视域中思想政治教育隐性价值的重要表现形式。

科学实践观视域中思想政治教育的显性价值和隐性价值是相互依存、辩证统一的关系。科学实践观视域中思想政治教育的显性价值是在一定的教育时间内,受教育者德、智、体等方面有了显著进步,也即思想政治教育质量水平有了显著提高。而根据教育规律,受教育者的思想道德素质形成是一个长期的渐进过程,因而,科学实践观视域中思想政治教育的效果,往往在受教育者接受教育结束后很久才能逐渐显现出来,有滞后性。这种显性价值的即时性和隐

---

[1] 马克思恩格斯全集. 第26卷. 北京:人民出版社,1963,P210.

性价值的滞后性体现出科学实践观视域中思想政治教育的显性价值和隐性价值是内在统一的，是思想政治教育价值在不同阶段的表现形式，其本质是一致的，都是科学实践观视域中思想政治教育活动所体现出来的价值。科学实践观视域中思想政治教育的显性价值往往体现在人的全面自由发展上，也即人的思想道德素质水平的提高；而在同时，社会财富的增加、社会发展速度的加快实际上是科学实践观视域中思想政治教育隐性价值在起作用，人的发展和社会的发展，在显性价值和隐性价值上得到了直接体现。

（五）科学实践观视域中思想政治教育的绝对价值与相对价值

科学实践观视域中思想政治教育价值有绝对价值和相对价值之分，绝对价值也可称为终极价值，是科学实践观视域中思想政治教育的终极目标：人的全面自由发展和社会向更高阶段发展。绝对价值具有持久性、永恒性、无条件性、不可变性等特征。科学实践观视域中思想政治教育的相对价值则是相对于绝对价值而言的价值，相对价值受社会历史条件的制约，是在一定范围内的特殊价值。马克思将现代社会价值的相对化情况归因于社会生产方式的变革，"使用价值替代了永恒不变、不可计量的神圣价值。资产阶级把宗教虔诚、骑士热忱、小市民伤感这些情感的神圣发作，淹没在利己主义打算的冰水之中。它把人的尊严变成了交换价值，用一种没有良心的贸易自由代替了无数特许的和自力争得的自由。"[①] 科学实践观视域中思想政治教育的相对价值，同样受到当前社会历史条件的制约，是当前社会历史条件变化的产物。科学实践观视域中思想政治教育的绝对价值则是超越了社会历史条件的制约和范围的普遍价

---

① 马克思恩格斯选集.第1卷.北京：人民出版社，1995，P275.

值,是至善至美的价值,是思想政治教育价值的最理想境界,是思想政治教育价值的"应然状态"。

科学实践观视域中思想政治教育的相对价值是指,思想政治教育价值是相对一定的主体而言的,是具体的、有条件的,因而是相对的。这种相对性体现在:其一,科学实践观视域中思想政治教育价值受到一定社会历史条件的制约。科学实践观视域中思想政治教育是适应中国特色社会主义事业发展的需要而产生的,中国特色社会主义事业是不断发展变化的,也即社会历史条件是不断发展变化的,这就要求科学实践观视域中思想政治教育的价值也要随着社会的变化而变化,根据社会发展需要,不断扩展思想政治教育的价值领域,产生出新的价值。比如:革命年代政治价值具有重要的作用,而在中国全面深化改革的建设年代,经济价值、文化价值又具有重要的作用。其二,科学实践观视域中思想政治教育价值受到主体因素的制约。科学实践观视域中思想政治教育活动的对象是现实社会中的人,思想政治教育价值是相对一定的主体而言的,具有明显的相对性。这种相对性表现在:科学实践观视域中思想政治教育活动价值的有无和大小主要取决于主体的利益和需要,主体的利益和需要对科学实践观视域中思想政治教育价值具有决定性的作用;科学实践观视域中思想政治教育价值的产生取决于主体能动性的发挥,思想政治教育主体主动、自觉地进行思想政治教育活动,才使科学实践观视域中思想政治教育价值关系得以形成,才使科学实践观视域中思想政治教育价值得以产生;科学实践观视域中思想政治教育价值的不同属性对主体的效用也是不一样的,这种不同体现出科学实践观视域中思想政治教育具有经济价值、政治价值、文化价值、生态价值、科技价值等;科学实践观视域中思想政治教育价值的评价主体也决定了其价值的相对性,不同评价主体的认知能力、价值观念、知识水平、评价方法等方面存在差异,这直接导致他们对科学实践观视域中思想政治教育价值的评价结果也不尽相同。

承认科学实践观视域中思想政治教育价值的相对性,正是为了追求其绝对价值。绝对价值是人类追求的终极目标,许多学者对此均有论述。美国学者宾科莱认为:"现代人都非常关注于探求某种能够借以安身立命的东西,许多人简直不顾一切地去寻求某些他们能完全为之献身的价值。"[①] 绝对价值就是那种我们能够为之献身而得以安身立命的价值。具体到科学实践观视域中思想政治教育的绝对价值而言,它的绝对价值是客观存在的,具有普遍性、无条件性等特点。科学实践观视域中思想政治教育绝对价值是人的本质力量的对象化。人的本质力量是人的意志与实践的高度统一,人的本质力量的发挥在于自身全部可能性的实现,因此科学实践观视域中思想政治教育的绝对价值被定义为人的全面自由发展,是人的发展的最理想的境界。科学实践观视域中思想政治教育的绝对价值具有重要的作用:其一,它为衡量各种具体价值、相对价值提供了最终的标准。我们都认识到,随着社会历史条件的变化,科学实践观视域中思想政治教育的相对价值是会发生变化的,不仅价值大小会发生变化,而且价值的有无也会发生变化,过去没有价值的可能会成为有价值的,过去有价值的可能会失去其价值。在衡量相对价值时,必须要有一定的标准,这个标准就是绝对价值,只有符合科学实践观视域中思想政治教育绝对价值的相对价值,才是有价值的,才是

---

① [美国]宾克莱.理想的冲突.马元德等译,北京:商务印书馆,1994,P35.

能够促进思想政治教育向前发展的。其二，它具有导向作用。科学实践观视域中思想政治教育的绝对价值是终极价值，是价值的"应然状态"，这种特性表明，一旦绝对价值被确立，它就会引导思想政治教育活动朝着正确的方向前进，朝着思想政治教育至善至美的方面前进。绝对价值是科学实践观视域中思想政治教育价值永远追求的目标。

相对性和绝对性是辩证法的一对范畴。任何事物都有相对性和绝对性，二者是相互对立，又相互依存的，代表了事物性质的两个不同方面。科学实践观视域中思想政治教育价值也是如此，既表现出相对价值，又表现出绝对价值，是相对价值和绝对价值共同作用的结果。

（六）科学实践观视域中思想政治教育的个体价值与社会价值

科学实践观视域中思想政治教育价值的主要形态是其个体价值和社会价值。个体价值，指思想政治教育对个体发展的价值；社会价值，指思想政治教育作用于社会的政治、经济、文化、生态、科技等所呈现出来的社会政治、经济、文化、生态、科技等价值。个体价值是社会价值的基础，社会价值则是个体价值的延伸，二者是相互促进、相互依存、共同发展的。本章第二节将对科学实践观视域中思想政治教育的个体价值和社会价值做专门论述。

第二节 科学实践观视域中思想政治教育价值的主要形态

思想政治教育，是指社会和社会群体用一定的思想观念、政治观点、道德规范，对其社会成员施加有目的、有计划、有组织的影

第六章 科学实践观视域中思想政治教育价值形态

响,使他们形成符合一定社会所要求的思想政治品德的社会实践活动。思想政治教育对人的全面自由发展和社会向更高阶段发展具有重要的促进作用。党的十八大报告指出:"要坚持依法治国和以德治国相结合,加强社会公德、职业道德、家庭美德、个人品德教育,弘扬中华传统美德,弘扬时代新风。推进公民道德建设工程,弘扬真善美、贬斥假恶丑,引导人们自觉履行法定义务、社会责任、家庭责任,营造劳动光荣、创造伟大的社会氛围,培育知荣辱、讲正气、做奉献、促和谐的良好风尚。深入开展道德领域突出问题专项教育和治理,加强政务诚信、商务诚信、社会诚信和司法公信建设。加强和改进思想政治工作,注重人文关怀和心理疏导,培育自尊自信、理性平和、积极向上的社会心态。深化群众性精神文明创建活动,广泛开展志愿服务,推动学雷锋活动、学习宣传道德模范常态化。"可见,要重视思想政治教育工作,重视发挥思想政治教育工作的价值和意义。科学实践观视域中思想政治教育对个人全面自由发展和社会向更高阶段发展具有重要的促进意义,具有显著的个体价值和社会价值。

一、科学实践观视域中思想政治教育的个体价值

科学实践观视域中思想政治教育的个体价值,简言之,就是对个体发展的促进作用,具体来说,科学实践观视域中思想政治教育个体价值主要表现在开发潜在能力、塑造完善人格、引领政治方向、激发精神力量、调控道德行为等几个方面。

(一)开发潜在能力

潜能是个人潜在的体能与智能的总和。心理学上对潜能的定义

是指个人在将来有机会学习时,可能在行为上表现出的能力。潜能分为先天潜能和后天潜能两种,先天潜能是人天生具备的能力,诸如:人的反应速度、身体爆发力、神经的灵敏程度等等。后天潜能和个人的成长教育环境相关,良好的教育环境能开发人的潜能,使个人最大限度地发挥自身的能力。科学实践观视域中思想政治教育对个体潜能的开发具有重要的促进作用。一般意义上讲,思想政治教育可以在三个方面开发个体的潜在能力。其一,帮助个体认识自己。认识自己是一种很高的智慧,一个人的一生能否成功很大程度上取决于能否认识自己。认识自己也是开发个体潜在能力的前提条件。《孙子兵法》有云:"知己知彼,百战不殆。"日本著名企业家松下幸之助在谈到成功时说:"了解自己的个性、特质是非常重要的。自我认知是处事最重要的态度,有了自知之明就不会失败。无论旁人如何劝诱,都应该坚持原则,不适合个性则辞而不就,否则必然导致失败。同时,自己认为对的,就执着不放,坚持下去……"[①] 认识自己,有很多途径,但最重要的途径就是实践。科学实践观视域中思想政治教育通过教育实践活动使受教育者在接受教育的过程中,通过各种实践活动,认识自身的优势、劣势,认清自己的发展方向,为自身价值实现奠定了基础。其二,帮助个体增强自我实现的责任感。责任感是主体对于责任所产生的主观意识,也就是责任在人的头脑中的主观反映形式。从本质上讲,责任感要求个体在实际工作中,既要利己,又要利人、利国家、利社会,当自己的利益同国家、社会和他人的利益相冲突时,要以国家、社会、他人利益为重,责任感是个人发展的不竭动力,也是人生的真正意

---

① [日]松下幸之助.道路无限宽广.路秀明译,海南:南海出版社,2012,P73.

义所在。责任感教育是科学实践观视域中思想政治教育的重要内容，思想政治教育通过对个体进行思想素质教育、理想信念教育、职业教育和人生观教育等活动，让个体明确自身的责任，认识到自觉履行责任的价值，增强个体的责任意识和责任心，并把这种意识落实到实际工作中去，也即要正确看待工作责任，发挥主观能动性，对自己负责的工作要主动承担相应的责任，遇到困难要积极克服，懂得运用自身的聪明才智去克服困难，要有不断进取的精神，在工作中勇于运用自身的知识进行创新，把工作当作事业做，真正做一个有担当、有责任的人。其三，帮助个体创造开发潜能的环境。个体潜能的发挥，环境非常重要，良好的环境有助于个体的成长，良好的环境也有助于个体能力的发挥。一般来讲，科学实践观视域中思想政治教育可以在两个方面为个体创造开发潜能的良好环境。一方面是优化社会环境。科学实践观视域中思想政治教育能优化社会环境，思想政治教育能够优化社会的精神环境，净化社会风气，给个体成长创造良好的社会精神环境；思想政治教育能够优化社会文化环境，通过文化教育活动，营造百花齐放的文化氛围，为个体成长创造良好的社会文化环境；思想政治教育还能优化社会生态环境，通过思想政治教育活动，人们对生态更加重视，更注意环保，给个体创造了良好的社会生态环境。另一方面是优化个体环境。从生态学角度看，个体的精神、意志、体能等也组成一个有机循环的生态环境，思想政治教育通过思想道德素质教育活动，提升个体的思想道德素质，给个体成长创造出良好的个体环境。

(二) 塑造完善人格

人格，是指一个人与社会环境相互作用表现出的一种独特的行为模式、思想模式和情绪反应模式,也是一个人和其他人相区别的重要标志。人格是个体相对稳定的比较重要的心理特征的总和。具体来说,人格是由个体的思想、情感、行为、气质、性格、认知风格、自我调控、道德素质等要素构成的。完善人格,也即健全人格,是指个体具有崇高的精神追求、健康的心理品质、过硬的心理素质、崇高的思想道德素质等。科学实践观视域中思想政治教育的重要任务,就是塑造个体完善的人格。康德在谈到人格教育时指出,"人们必须注意道德教化。……好的目的就是那些必然成为每个人所认同的目的,那些能够同时成为每个人的目的的目的。"① 儒家对完善人格的追求在于"立于礼",也即人不光要有外在形式,更要有内在涵养。钱穆在谈到儒家对完善人格统一追求的信念时指出,"孔子和儒家,是最看重道德教育,人格教育和文化教育的。他们创造了中国社会里'士君子'的教育。"② 显然,这里的"士君子",就是儒家所追求的完善人格在现实社会中的形象代表。科学实践观视域中思想政治教育在塑造个体完善人格时,可以在几个方面下功夫。其一,保持和发展人的个性。以人为本是科学实践观视域中思想政治教育的基本原则,在教育实践中,要坚持以人为本原则,理解并尊重每一位受教育者,真正关心个体的兴趣、爱好、性格、脾气等个性要素,尊重每一位受教育者的权利和尊严,因材施教,让每一位受教育者在接受思想政治教育过程中,个性得到张扬,创新精神得到保护。要为个体个性健康发展创造宽容的个性发展空间,在思想政治教育活动中,多求同存异,少整齐划一;多兼

---

① [德国]康德. 论教育学. 赵鹏,何兆武译,上海:上海世纪出版集团,2005,P10.
② 钱穆. 中国历史精神. 台湾东大图书公司,1984,P86.

容并包,少求全责备,在宽容和善待个性的教育环境中促使个体个性充分成长。其二,把握人格成长规律。中国古训"百年树人",具有微言大义式的深刻教育哲理。它其实就是最好的人格教育理念,也说明了个体人格形成是一个长期过程,不仅需要个体道德养成,更需要道德的传承和延续。使个体成为一个人格完善的人,实际上就是对教育的本质性的规定。因此,把握个体人格成长规律,实际上就是遵循思想政治教育规律。谈到人格教育,康德是这样说的:"好的教育正是这样的:从中全部的'善'能够在世界中产生出来。被放进人之内的那些萌芽,必须得到更大的发展。……在人之内只有向善的萌芽。"[①] 因此,科学实践观视域中思想政治教育在塑造完善人格过程中,要有长效机制,要在人格培养的长期性上下功夫,切忌有功利思想地去培养人格,那样是不会形成完善人格的。其三,追求理想人格与现实人格的统一。科学实践观视域中思想政治教育的终极目标是塑造完善人格,而在现实生活中,完善人格或理想人格是很难实现的。因此,在实际的教育实践中,要结合现实生活进行人格教育,人格教育的标准、规范要和社会现实相结合,人格教育的观点、内容、语境、方法要和个体需求相结合,要体现现实生活中的人格诉求,力求在追求理想人格过程中实现现实人格,在实现现实人格过程中追求完善人格。

(三) 引领政治方向

引领政治方向,就是通过运用动员、启发、实践等方式,把人们的思想行为引导向符合统治阶级需要的社会发展方向上来。具体到思想政治教育引领政治方向上,就是把人们的思想行为引导向中

[①] [德国]康德.论教育学.赵鹏,何兆武译,上海:上海世纪出版集团,2005,P9.

国特色社会主义事业的建设上来。习近平在谈到政治方向时指出，"必须坚持正确方向，沿着正确道路推进。在方向问题上，我们头脑必须十分清醒，不断推动社会主义制度自我完善和发展，坚定不移地走中国特色社会主义道路。"[①] 引领政治方向，首先，要坚持用正确的政治方向引领科学实践观视域中思想政治教育工作。在开展思想政治教育实践工作时，要坚持马克思主义理论为指导，坚持用中国化的马克思主义理论指导思想政治教育工作，坚持中国特色社会主义的政治方向，坚持社会主义制度，坚持走中国特色社会主义道路。其次，要发挥人们的主观能动性。人民群众是历史的创造者，是历史发展的动力。要达到政治引领的预期目标，就要正确处理思想政治教育工作者与人民群众的关系，思想政治教育是做人的工作的，其实质是通过教育实践活动来引导人、激发人的积极性和创造性。因此，要充分尊重人民群众，充分信任人民群众的政治觉悟，通过教育实践活动，充分发掘人民群众的积极性和创造性，让人民群众在教育中主动接受政治方向引领。再次，要加强理论建设。理论建设是引领政治方向的基础条件，科学的理论能使人自觉接受并主动内化为理想信念外化为实际行动。胡锦涛指出，"理论建设是党的建设的根本。一个马克思主义政党，只有坚持以科学的理论为指导，才能制定正确的路线方针政策，才能凝聚全党全国人民为崇高的理想和目标而奋斗。"[②] 在科学实践观视域中思想政治教育引领政治方向工作中，也要加强理论建设，用科学的理论指导思想政治教育实践活动，这样不仅能提升思想政治教育科学化水平，

---

① 习近平.以更大的政治智慧和勇气深化改革.2012年12月31日.
② 胡锦涛.思想理论建设是党的建设的根本.2004年4月28日.

还能增强思想政治教育的权威性,让人民群众更愿意接受思想政治教育的政治方向引领工作。

在全面深化改革的过程中,科学实践观视域中思想政治教育的政治引领作用更加重要。党的十八届三中全会通过的《中共中央关于全面深化改革若干重大问题的决定》中指出:"全面深化改革,必须高举中国特色社会主义伟大旗帜,以马克思列宁主义、毛泽东思想、邓小平理论、'三个代表'重要思想、科学发展观为指导,坚定信心,凝聚共识,统筹谋划,协同推进,坚持社会主义市场经济改革方向,以促进社会公平正义、增进人民福祉为出发点和落脚点,进一步解放思想、解放和发展社会生产力、解放和增强社会活力,坚决破除各方面体制机制弊端,努力开拓中国特色社会主义事业更加广阔的前景。"① 要实现这个目标,必须解决当前社会价值取向趋向多元化、人们的科学民主精神显著增强等社会现实问题。科学实践观视域中思想政治教育理应抓住有利时机,进行理论创新和实践创新,引领社会的政治方向和个人的政治取向,为全面深化改革奠定良好基础。

(四) 激发精神力量

科学实践观视域中思想政治教育对人们精神力量的调动和激发,就是指运用多种思想政治教育方法,充分调动人们的积极性和创造性,让人们在促进自我发展和社会发展过程中实现个体价值,为中国特色社会主义事业向前推进提供强大的精神动力。马克思在谈到精神力量时指出,"批判的武器当然不能代替武器的批判,物

---

① 中共中央关于全面深化改革若干重大问题的决定. 新华网 http://www.sn.xinhuanet.com/2013-11/16/c_118166672.htm.

质力量只能用物质力量来摧毁；但是理论一经群众掌握，也会变成物质力量。理论只要说服人，就能掌握群众；而理论只要彻底，就能说服人。所谓彻底，就是抓住事物的根本。"① 毛泽东也非常重视精神力量的重要性，在谈到精神力量时指出，"人们的社会存在，决定人们的思想。而代表先进阶级的正确思想，一旦被群众掌握，就会变成改造社会、改造世界的物质力量。"② 邓小平也指出，"对马克思主义的信仰是中国革命胜利的一种精神动力。为什么我们过去能在非常困难的情况下奋斗出来，战胜千难万险使革命胜利呢？就是因为我们有理想，有马克思主义信念，有共产主义信念。"③ 可见，精神力量是党的革命和建设胜利的重要动力。从心理学上说，人的精神力量受到多种因素的制约，人的精神力量是以需要为基础，以意识为调控中枢，通过把认识、动机、情感、兴趣、意志等联系而构成的。需要在人的心理活动中占据首要位置，是心理活动和行为活动的主要驱动力。美国心理学家马斯洛在《人类激励理论》中，把人的需要分为五个层次，提出要根据人在不同阶段的不同需要进行激励。由此可见，人的精神力量主要来源于需要，需要越强烈精神力量就越大。人的需要又包括物质需要和精神需要，与此对应，激励也分为物质激励和精神激励。因此，科学实践观视域中思想政治教育对人们精神力量的激发，要注意几个问题。其一，要坚持物质激励和精神激励相结合的原则。邓小平在谈到精神和物质的关系时明确指出，"如果只讲精神牺牲，不讲物质利益，那就

---

① 马克思恩格斯选集.第1卷.北京:人民出版社,1995,P9.
② 毛泽东著作选读.下册.北京:人民出版社,1986,P839.
③ 邓小平文选.第3卷.北京:人民出版社,1993,P110.

是唯心论。"① 科学实践观视域中思想政治教育要坚持物质激励原则，但仅仅依靠物质手段，不讲精神力量，也是错误的。因为人的需要是物质和精神相结合的，物质决定精神，精神又反作用于物质，当物质达到一定程度时，人必将追求精神上的自由。激发人们投入中国特色社会主义事业建设中的热情，既要靠物质激励，把更多的改革红利让老百姓分享，更要靠精神激励，要靠科学实践观视域中思想政治教育对人们精神上的引领和激励。其二，要坚持物质利益和精神力量相转化原则。辩证唯物主义告诉我们，观念不仅能够反映客观世界，而且能够改造客观世界，前提是有正确掌握和运用思想观念的人。科学实践观视域中思想政治教育可以帮助人们更新观念，正确认识世界、认识自我，使之成为改造客观世界的强大精神动力。因此，在思想政治教育实践中，要坚持物质利益和精神力量的相互转化，及时把社会物质成就转化为精神成就，也要用精神力量来创造出更大的物质财富。

（五）调控道德行为

调控道德行为，就是科学实践观视域中思想政治教育活动对人们的思想、行为、品德进行调节、控制，使其符合科学实践观视域中思想政治教育的方向、目标，使其符合中国特色社会主义事业发展所需要的道德标准和道德要求。对人们道德行为进行调控，有很多途径。蔡元培在《中国伦理学史》中提出了调控道德行为的思路，他说："悉本国古圣贤道德之原理，旁及东西伦理学大家之说，斟酌取舍，以求适合今日之社会。强调修身以实践为要，所编修身

---

① 邓小平文选.第2卷.北京：人民出版社，1994，P146.

教科书'上篇为注重实践，下篇注重理论。'"① 墨子也提出在道德认知和行动时，尽量做到知行合一，而实际生活中，人们对道德的认知和行为并非都是一致的，他指出，"言足以迁行者常（尚）之，不足以迁行者勿常，不足以迁行而常之，是荡口（空谈）也。"② 思想政治教育对人们道德行为调控使用内化—外化原理，即"内化是将社会发展所需要的思想品德转化为受教育者的认识，是一个由外（社会发展需要）向内（个人精神世界）的发展过程……外化是将受教育者所产生的新思想道德认识转化为行为实践，是一个由内（思想道德认识）向外（行为实践）的发展过程。思想政治教育只有成功地实现了'内化'和'外化'两次飞跃，……从而形成受教育者的新的思想品德。"③ 一般来讲，人们道德行为的形成分为四个阶段：第一阶段，道德反应，也就是人们对客观世界做出的道德解释，是人们用道德观点认识客观世界的过程，人们在这个时候还处在"感觉印象"阶段，还未形成"反省印象"，④ 也即黑格尔的"在直接意志中表现为直接现存内容"⑤ 的意志阶段。第二阶段，道德判断，道德判断一般有两个标准：社会道德准则和个人的认知水平，社会道德准则是社会中的人判断是非、善恶、美丑的基本准则，社会道德准则的基本要求是人人为我，我为人人。个人的认知水平是人认识世界、认识社会、认识道德所达到的深度和广度。第三阶段，道德激励，道德激励是道德理性转化为道德行为的重要手

---

① 蔡元培.中国伦理学史.北京:商务印书馆,2004,P111.
② 高时良.中国古代教育史纲.北京:人民教育出版社,2003,P80.
③ 陈秉公.思想政治教育学原理.北京:高等教育出版社,2006,P108.
④ [英国]休谟.人性论.上册.关文运译,北京:商务印书馆,1998,P19.
⑤ [德国]黑格尔.法哲学原理.上册.范扬,张启泰译,北京:商务印书馆,1996,P22.

段,道德激励一般包括社会道德需求满足和个体道德需求满足两个方面。第四阶段,道德实践,也即把道德判断的结果付诸实际行动,是道德行为的形成阶段。科学实践观视域中思想政治教育要根据道德行为形成规律,借鉴道德行为养成的经验,调控人们的道德行为。因此,可以从几个方面着手,调控人们的道德行为:其一,把握德育认知规律。科尔伯格曾指出,"提供给受教育者一个高于其自身一个阶段的思维方式而不是过高或过低才有利于学生的了解和接受。"[①] 因此,科学实践观视域中思想政治教育在进行道德行为调控时,要了解教育对象的状况,根据教育对象的实际情况开展相关教育实践活动,要关注教育对象的生活境遇,依托生活进行道德行为培养。其二,发挥主体性作用。科学实践观视域中思想政治教育实践活动中的教育者和受教育者,"首先是一种互相学习、互相启发、共同探索、共同进步的关系,是一种不时会有角色转换的人际交往关系,而不是截然分开、泾渭分明的两部分。"[②] 因此,要发挥主体的独立性、能动性、选择性和创造性,帮助、指导、激发主体进行道德行为反思,使主体主动进行道德认知,主动接受道德行为规范。其三,注重道德激励。科学实践观视域中思想政治教育通过道德自我评价和社会评价、行为激励等方式,对人们进行道德激励,特别是精神上的道德激励。

二、科学实践观视域中思想政治教育的社会价值

科学实践观视域中思想政治教育的社会价值,简言之,就是思

---

① [美]科尔伯格.道德发展心理学.郭本禹等译,上海:华东师范大学出版社,2004,P134.

② 杜作润.高等教育学.上海:复旦大学出版社,2003,P62.

想政治教育对社会发展的促进作用,科学实践观视域中思想政治教育社会价值主要表现在政治价值、经济价值、文化价值、生态价值、科技价值等几个方面。

(一) 科学实践观视域中思想政治教育的政治价值

科学实践观视域中思想政治教育的政治价值在其所有价值中,处于最重要的地位。科学实践观视域中思想政治教育的价值体现在政治上主要包括:养成政治意识、传播政治文化、引导政治行为、造就政治人才、发展政治关系等方面,它起着维护社会稳定,促进社会政治发展的作用。在谈到教育的政治价值时,马克思指出,"而你们的教育不也是由社会决定的吗?不也是由你们借以进行教育的那种社会关系决定的吗?不也是由社会通过学校等等进行的直接的或间接的干涉所决定的吗?共产党人并没有发明社会对教育的影响,他们仅仅是要改变这种影响的性质,要使教育摆脱统治阶级的影响。"[①] 马克思对教育政治价值的论断给予我们很大的启示,在分析科学实践观视域中思想政治教育的政治价值时,要坚持马克思主义哲学观点,具体地、历史地把握其政治价值的深刻内涵,在实际工作中,充分发挥科学实践观视域中思想政治教育的政治价值,为中国特色社会主义事业服务。

其一,促进政治文明不断进步。政治文明的进步具体包括:政治关系、政治制度和政治生活通过不断调整、发展而趋向合理化、完善化和科学化。政治关系包括党群关系、个人与集体关系、个人与个人关系等,科学实践观视域中思想政治教育是为政治关系发展服务的,通过引导、说服等方式,促进政治关系中各参与主体之间

---

① 马克思恩格斯全集.第1卷.北京:人民出版社,1963,P58.

相互认同，促使政治交往活动的正常实现，协调各种政治关系的和谐发展。政治制度是一国政治的基本安排，反映了统治阶级的政治理想和政治观点。科学实践观视域中思想政治教育可以通过多种途径向全国人民宣传我国的政治制度，让人们了解我国政治制度的合理性和优越性，使人们认可、接受、维护和支持我国的政治制度。政治生活泛指一切政治活动，科学实践观视域中思想政治教育通过教育实践活动，让人们了解中国的基本政治制度，了解自身的政治权利和义务，促使人们更主动地参与政治生活。

其二，推动社会精神生产。马克思在谈到阶级社会的精神生产时指出，"思想的历史除了证明精神生产随着物质生产的改造而改造，还证明了什么呢？任何一个时代的统治思想始终不过是统治阶级的思想。"[①] 诚如马克思所说，统治阶级要使自己的思想成为社会上占统治地位的思想，必须通过思想政治教育调节社会精神生产，具体来讲，包括几个方面：第一，对社会精神生产进行引导。在社会主义市场经济条件下，特别是在网络技术飞速发展的今天，精神生产的方式和途径越来越多，精神产品也日益丰富。科学实践观视域中思想政治教育要坚持社会主义核心价值取向，传递社会正能量，正确把握社会精神生产的方向，坚决抵制西方国家对中国的精神产品渗透，坚持中国特色社会主义社会的主流社会精神生产方向。第二，对社会精神生产进行激励。生产力与生产关系之间的矛盾是社会主义社会的基本矛盾，人们的精神需求与现实精神生产之间的矛盾是中国社会精神生产的基本矛盾，要通过科学实践观视域中思想政治教育，广泛宣传社会精神产品的作用和意义，激励更多

---

① 马克思恩格斯选集.第1卷.北京：人民出版社，1995，P292.

的人参与到生产、创造社会主义社会精神产品中来。

其三，深化民族认同。民族认同是保持国家政治稳定，促进国家政治文明发展的重要前提，中国作为一个多民族国家，民族认同是一个重要的政治议题。科学实践观视域中思想政治教育可以通过各种途径，深化中国各民族对中华民族的认同，具体来讲，体现在两个方面：第一，提升民族意识。民族意识是民族认同的前提和基础，没有民族意识就谈不上民族认同。民族意识的产生需要对民族历史、民族文化具有深入而广泛的学习和认识。中华民族具有悠久的历史、优秀的文化传统和独特的民族精神。科学实践观视域中思想政治教育要通过中华民族历史、文化教育，使中华儿女都能认识到中华民族的伟大精神，树立强烈的民族意识。第二，凝聚民族感情。民族感情是民族认同的基础，没有民族感情，就不会有民族认同。一般来讲，民族感情是由亲情、友情、交情等组成的，具有血缘和地缘特征。科学实践观视域中思想政治教育通过宣传教育，让中华儿女认识到彼此之间血浓于水的民族感情，深化对中华民族的认同感。

其四，维护社会稳定和发展。科学实践观视域中思想政治教育一方面要坚持中国特色社会主义道路，坚持社会主义核心价值观，坚持中国共产党的方针政策，把这些内容通过教育实践活动，转化为人民群众的思想、行为，从而有利于党的大政方针的顺利实施。另一方面要把基层的意见反馈给党，认真倾听群众的呼声，把基层群众的所思所想所需传递给国家。科学实践观视域中思想政治教育通过这些活动，促成社会现实问题的解决，维护社会稳定和发展，促进中国政治向前发展。

(二) 科学实践观视域中思想政治教育的经济价值

马克思主义哲学告诉我们,物质与精神可以相互转化,这是因为,"有没有高昂的民族精神,是衡量一个国家综合国力强弱的一个重要尺度。综合国力,主要是经济实力、技术实力,这种物质力量是基础,但也离不开民族精神、民族凝聚力,精神力量也是综合国力的重要组成部分……强大的精神力量不仅可以促进物质技术力量的发展,而且可以使一定的物质技术力量发挥出更好更大的作用。"① 这一论述,为我们更好地认识思想政治教育的经济价值,具有重要的启示意义。"在市场经济条件下,道德作为特殊的生成性资源具有独特的经济价值,不仅体现在创造使用价值的过程中,也体现在创造价值的过程中。"② 思想政治教育作为道德教育的一种重要教育形式,在教育实践中,不仅使受教育者思想道德素质得到提升,而且能创造出丰富的经济价值。科学实践观视域中思想政治教育的经济价值,实质上是思想政治教育对国家经济建设的贡献程度,是思想政治教育对经济发展的影响程度。"所谓思想政治教育的经济价值是指思想政治教育劳动所创造的能促进社会经济增长和发展,满足人们物质和精神需要的效应。"③ 具体来讲,科学实践观视域中思想政治教育的经济价值,可以从几个方面得到实现。

其一,科学实践观视域中思想政治教育为经济发展提供精神动力。

经济发展,归根到底是社会生产力的发展,科学实践观视域中

---

① 毛泽东,邓小平,江泽民论思想政治工作.北京:学习出版社,2000,P14.
② 王小锡.论道德的经济价值.载中国社会科学.2011,4:55.
③ 张耀灿等.现代思想政治教育学.北京:人民出版社,2001,P119.

思想政治教育与经济发展之间具有内在必然的联系。马克思主义政治经济学思想告诉我们，经济基础决定上层建筑，上层建筑影响经济基础的发展。生产力属于经济基础的范畴，而科学实践观视域中思想政治教育属于上层建筑的范畴。恩格斯指出，劳动"还包括经济学家没有想到的第三要素，我指的是简单劳动这一肉体要素以外的发明和思想这一精神要素。"[①] 显然，"发明和思想这一精神要素"包括人的思想道德素质，在人类的劳动中居于重要的地位，也即对生产力发展具有重要的作用。因此，我们可以这样说，科学实践观视域中思想政治教育对生产力的发展必定有促进或阻碍作用，这取决于科学实践观视域中思想政治教育实践活动是否适合社会生产力发展的要求。科学实践观视域中思想政治教育对生产力诸要素的作用是全方位的，但从其对生产力诸要素中最主要的要素——劳动者的作用看，科学实践观视域中思想政治教育的目的在于提高人的思想道德素质，促进人的全面自由发展。马克思指出，"劳动的物质因素是否具有正常性质并不取决于工人，而是取决于资本家。再一个条件，就是劳动力本身的正常性质。劳动力在它们被使用专业中，必须具有在该专业占统治地位的平均的熟悉程度、技巧和速度。"[②] 马克思讲的前一个因素是决定生产力发展的客观因素，也就是物质因素；后一个因素是决定生产力发展的主观因素，也就是人的因素，人的因素是生产力发展的最活跃的因素，因为人是具有主观能动性的，能够用自己的聪明才智促进生产力的发展。人的因素是推动生产力发展的决定性因素。马克思认为教育能够生产劳动

---

① 马克思恩格斯文集.第1卷.北京:人民出版社,2009,P67.
② 马克思恩格斯全集.第23卷.北京:人民出版社,1974,P222.

力,他论述道:教育可以"直接地把劳动能力本身生产、训练、发展、维持、再生产出来。"[①] 科学实践观视域中思想政治教育就是要通过教育实践活动,提高人的思想道德素质,使之促进生产力的发展,具体来讲包括两个方面:一方面,科学实践观视域中思想政治教育通过激发人的积极性和创造性,提高生产力的发展。思想政治教育的目的在于让人们具有较高的思想道德素质,思想道德素质在人的积极性、创造性发挥中具有决定性作用,这也是国家要培养"德才兼备"人才的内在含义。另一方面,科学实践观视域中思想政治教育通过促进生产关系变革,促进生产力发展。生产关系变革必须有理论和思想做指导,科学实践观视域中思想政治教育通过教育实践活动,使人们具备较高的思想政治素质和较高的理论水准,为生产关系变革奠定基础。

其二,科学实践观视域中思想政治教育为经济发展提供价值导向。

从马克思主义历史唯物史观出发考察人类历史,在任何一种社会,在政治经济上占统治地位的阶级,总是要通过该阶级的思想体系摄和影响社会经济的发展方向。在中国特色社会主义事业推进过程中,党和国家的目标是推动全面深化改革和完善社会主义市场经济体制。社会主义市场的目的是为了满足人民群众日益增长的物质文化生活的需求。科学实践观视域中思想政治教育作为中国特色社会主义文化建设的重要组成部分,它以马克思主义为指导,通过对党的路线、方针、政策的宣传,以及社会主义核心价值取向教育,为保障中国特色社会主义经济发展的方向发挥着重要的作用。

[①] 马克思恩格斯全集.第23卷.北京:人民出版社,1974,P164.

首先,它保证我国全面深化改革朝着正确方向发展。《中共中央关于全面深化改革若干重大问题的决定》中指出,"全面深化改革的总目标是完善和发展中国特色社会主义制度,推进国家治理体系和治理能力现代化。"全面深化改革要保持正确的方向,必须在全社会进行科学实践观视域中思想政治教育活动,让人们了解全面深化改革的指导思想、内容和目标,使全社会对全面深化改革形成共识,共同促进全面深化改革的发展。其次,它保证中国社会主义基本制度的巩固和发展。科学实践观视域中思想政治教育通过思想导航作用,确保人们拥护和发展社会主义基本制度。再次,它保证我国社会主义市场经济发展方向。社会主义市场经济发展,既要遵循经济发展的一般规律,又要和社会主义制度相结合,为社会主义制度发展服务。科学实践观视域中思想政治教育通过个体思想引导和社会思想引领,确保我国社会主义市场经济沿着社会主义基本制度的方向前进。

(三) 科学实践观视域中思想政治教育的文化价值

文化有广义和狭义之分,广义上的文化指人类所创造的物质财富与精神财富的总和;狭义上的文化是指社会上的意识形态。一般意义上讲,文化主要包括器物、制度和观念三个方面,具体包括语言、文字、习俗、思想、观念等,文化就是社会价值系统的总和。按照马克思主义对文化的理解,文化就是"人化",也即人的本质的对象化。科学实践观视域中思想政治教育作为社会意识形态的重要组成部分,其价值与文化密切相关。具体来讲,科学实践观视域中思想政治教育的文化价值包括四个方面:

第一,科学实践观视域中思想政治教育的文化传承功能。文化

第六章 科学实践观视域中思想政治教育价值形态

传承是指文化的保存和继承。胡锦涛指出,"高等教育是优秀文化传承的重要载体和思想文化创新的重要源泉。"[①] 科学实践观视域中思想政治教育作为高等教育的重要组成部分,其文化传承功能体现在:文化传承的专业性,思想道德方面的文化得以传承;文化传承的系统性,科学实践观视域中思想政治教育是一个系统工程,其传承的思想道德文化也是有系统的;文化传承的精华性,科学实践观视域中思想政治教育经过文化的选择,把优质的文化传承下来。

第二,科学实践观视域中思想政治教育的文化传播功能。文化传播是指人类的思想观念、文化符号和其他文化特质从一种文化传到另一种文化,从一个社会传到另一个社会的过程,也称文化扩散,是基本的文化过程之一。科学实践观视域中思想政治教育作为社会主义先进文化的承载者,承担了重要的文化传播功能。科学实践观视域中思想政治教育是社会主义先进文化传播的重要载体。社会主义先进文化传播的载体有人、书籍资料、教育等,其中教育是最重要的载体,科学实践观视域中思想政治教育作为社会意识形态的重要组成部分,是社会主义先进文化传播的重要载体。科学实践观视域中思想政治教育传播深层次的社会主义先进文化。文化一般分为三个层次:表层文化是蕴含在人类衣、食、住、行中的文化;中层文化是借助物质所体现出来的文化,是可以感触的具有物质实体的文化事物;深层文化是人类在社会生产活动中形成的伦理观念、审美意识和哲学思想等,是人类社会的精神文明成果。科学实践观视域中思想政治教育通过对社会主义核心价值取向、马克思主

---

① 胡锦涛.在庆祝清华大学建校100周年大会上的讲话.载《人民日报》第1版,2011年4月25日.

义理论等深层文化的传播，把中国共产党在革命和建设实践中形成的深层次文化传播开来，实现了文化传播功能。

第三，科学实践观视域中思想政治教育的文化整合功能。文化整合，是指不同区域、不同民族、不同国家的文化相互吸收、融合而趋于一体化的过程。文化整合会给社会注入新鲜血液，使落后、过时的文化得到更新，从而推动社会文化的发展。根据文化的内外关系，文化整合可归为内部的中国各民族文化的融合，外部的中西文化的融通。科学实践观视域中思想政治教育在文化内部、外部整合中均发挥重要作用。科学实践观视域中思想政治教育内部文化整合功能体现在：内部文化整合是指社会主义先进文化的形成和变化过程，也即以华夏文化为基础，融汇、整合各民族文化，形成社会主义先进文化的过程。科学实践观视域中思想政治教育，其对象是全国各族人民群众，在实施思想政治教育实践过程中，通过主客体之间的相互交流学习，使受教育者摈弃自身文化中不合理的部分，吸纳其他民族文化的优秀成果，通过这种相互调适、相互磨合，形成新的文化形式，也即社会主义先进文化。科学实践观视域中思想政治教育外部文化整合功能体现在：外部文化整合是指社会主义先进文化吸纳西方文化的优秀成果，取其精华去其糟粕，为我所用，增强社会主义先进文化的生命力和凝聚力。历史上，外部文化整合主要通过诸如"丝绸之路""郑和下西洋"等方式。科学实践观视域中思想政治教育对外部文化整合的主要表现就是马克思主义的中国化，通过这个过程，吸纳马克思主义的优秀文化成果，形成指导中国革命和实践的社会主义先进文化。

第四，科学实践观视域中思想政治教育的文化创新功能。创新是人类特有的认识能力和实践能力，是人类主观能动性的高级表现，是推动民族进步和社会发展的不竭动力。人类文化历史，是各国、各民族人们创新的历史，人类文化的不断创新推动了人类文明的持续进步。文化创新是各文化交流传播、交汇融通过程中文化思维的碰撞而展现出来的新的文化形式、文化思想和文化理论。科学实践观视域中思想政治教育在社会主义先进文化创新中具有不可替代的地位和作用。科学实践观视域中思想政治教育为社会主义文化创新提供了外部动力条件。科学实践观视域中思想政治教育为人们提供了自由、开放的文化交流环境和无拘无束的文化交流空间，人们在接受思想政治教育过程中，可以自由地交流思想、充分发挥自己的创造灵感。科学实践观视域中思想政治教育也可以通过激发人们的创新需要、培养人们的创新思维、刺激人们的创新动机，体现文化创新功能。

（四）科学实践观视域中思想政治教育的生态价值

《中共中央关于全面深化改革若干重大问题的决定》中指出，"紧紧围绕建设美丽中国深化生态文明体制改革，加快建立生态文明制度，健全国土空间开发、资源节约利用、生态环境保护的体制机制，推动形成人与自然和谐发展的现代化建设格局。""美丽中国"的提出，为我们描绘了一个"自然美""社会美""人格美"的理想境界，美丽中国也具有深刻的哲学内涵：人与自然的和谐统一。从人的本质上看，人的本质是自然性与社会性的辩证统一。恩格斯指出，"我们统治自然界，决不像征服者统治异族人那样，决不是像站在自然界之外的人似的，相反地，我们连同我们的肉、血和头脑都是属于自然界和存在于自然之中的；我们对自然界的全部统治力量，就在于我们比其他一切生物强，能够认识和正确运用自然规律。"① 马克思也认为人与自然的关系是主客体的统一，他指出，"主体是人，客体是自然，这总是一样的，这里已经出现了统一。"② 由此可见，科学实践观视域中思想政治教育的生态价值具有内在的规定性，思想政治教育本身决定了其具有生态价值，一般意义上讲，"所谓思想政治教育的生态价值，是指基于'生态的价值'之上，通过改变人的思想和行动，调节人与生态的关系而体现出思想政治教育活动对于生态的意义关系。"③ 具体来讲，科学实践观视域中思想政治教育的生态价值体现在几个方面：

其一，科学实践观视域中思想政治教育能帮助人们树立人与自然和谐统一的思想。马克思指出，人是自然的一部分，他说：那些"现实的、有形体的、站在稳固的地球上呼吸着一切自然力的人，本来就是自然界，直接地是自然存物，是自然界的一部分。"④ 在探讨人的本质时，马克思说："人本身是自然界的产物，是在自己所处的环境中并且和这个环境一起发展起来的。"可见，人与自然界是统一的。科学实践观视域中思想政治教育通过各种教育实践活动，把马克思关于人与自然关系的思想传递给人们，让人们认识到人的本质，人与自然的关系，树立人与自然和谐统一的思想。

其二，科学实践观视域中思想政治教育可以帮助人们树立可持续发展的自然观。马克思认为人与其他动物最根本的区别在于，动物是被动地适应自然界的生存法则，而人类"能够认识和正确运用

---

① 马克思恩格斯选集.第46卷.北京：人民出版社，1995，P383～384.
② 马克思恩格斯选集.第46卷.北京：人民出版社，1995，P122.
③ 陈绪林.论思想政治教育的生态价值.载中国高等教育，2008，8：84.
④ 马克思恩格斯全集.第42卷.北京：人民出版社，1975，P67.

自然规律。"① 人类通过实践活动适应自然、改造自然，人类在实践活动中，实现了人的自然化和自然的人化。人的自然化是人对自然的适应，也即人在改造自然的实践活动中进化的过程；自然的人化是人类通过实践活动对自然进行改造，使之适应人的过程。马克思指出，"社会是人同自然界的完成了的本质的统一，是自然界的真正复活，是人的实现了的自然主义和自然界的实现了的人道主义。"② 科学实践观视域中思想政治教育作为人类的一项重要实践活动，在人的自然化和自然的人化过程中发挥重要作用，通过思想政治教育实践活动，提高人们自身的思想道德素质，深化人们对自然界的认识，使他们克服在改造自然过程中的短视和近视，以人类的生存发展为出发点，关注长远利益、全局利益，树立可持续发展的自然观。

其三，科学实践观视域中思想政治教育可以帮助人们树立生态消费观。消费是人类生存的基本需要，消费也是社会再生产的前提条件，没有消费就没有生产，更谈不上生产力的发展。生产决定消费，消费反过来能促进生产，也即马克思所说的，"消费在观念上提出了生产的对象，把它作为内心的图像、作为需要、作为动力和目的提出来。"③ 但是，过度的消费会导致向自然索取过度，打破生态平衡，破坏生态环境。科学实践观视域中思想政治教育通过生态教育实践活动，让人们在生态讨论会、生态科普活动、生态旅游、生态环保团体活动等生态教育实践活动中，形成良好的生态消费观

---

① 马克思恩格斯选集.第4卷.北京:人民出版社,1995,P384.
② 马克思恩格斯全集.第42卷.北京:人民出版社,1975,P122.
③ 马克思恩格斯全集.第2卷.北京:人民出版社,1975,P9～10.

念,增强人们保护环境,热爱自然的意识。

(五) 科学实践观视域中思想政治教育的科技价值

马克思主义哲学从根本上说是实践哲学,在马克思恩格斯看来,科技是人类最基本的生存方式,直接关系人的本质存在,是人的实践活动和价值存在。谈到科技发展与人的关系时,马克思指出,"在实践上,人的普遍性正表现为这样的普遍性,它把整个自然界——首先作为人的直接的生活资料,其次作为人的生命活动的对象(材料)和工具——变成人的无机的身体。自然界,就它自身不是人的身体而言,是人的无机的身体。人靠自然界生活。这就是说,自然界是人为了不致死亡而必须与之处于持续不断的交互作用过程的、人的身体。所谓人的肉体生活和精神生活同自然界相联系,不外是说自然界同自身相联系,因为人是自然界的一部分。"[①] 人类把自然界作为改造对象,通过科技发展改造自然,是人类发展历史的真实写照。从马克思主义哲学观点出发,科学实践观视域中思想政治教育的科技价值可定义为,思想政治教育作为一种客体对科技发展的需要的满足程度。在思想政治教育和科技的关系中,处于主体地位的是科学技术。科学实践观视域中思想政治教育的科技价值,主要体现在以下几个方面:

其一,科学实践观视域中思想政治教育可以为科技发展提供精神动力。科学实践观视域中思想政治教育的核心是以真善美为主导的精神来引导人们的思想,促使人们追求精神上的自由和思想的解放,目标是人的全面自由发展;而科技发展是人类对于物质世界真理的不懈追求和义无反顾的探究,人的自由全面发展实质上是精神

---

① 马克思.1844 年经济学哲学手稿.北京:人民出版社,2000,P56.

追求和科技追求共同作用的结果。爱因斯坦曾写道:"我们这一时代的一大特征就是科学研究硕果累累,科研成果在技术应用中也取得了巨大成功。大家都为此感到欢欣鼓舞。但他们切莫忘记,仅凭知识和技巧并不能给人类的生活带来幸福和尊严。人类完全有理由把高尚的道德标准和价值观的宣道士置于客观真理的发现者之上。"① 科学实践观视域中思想政治教育培养人们高尚的道德情操和强烈的社会责任感,不仅能使科技得到合理使用,更重要的是能够激发人们参与科技创新的积极性,为科技发展的献身精神,引导人们孜孜不倦地追求科技真理。

其二,科学实践观视域中思想政治教育可以为科技发展和应用提供价值导向。科学技术发展是一种社会客观存在,没有价值标准,因此,科学技术具有显著的工具性,它的工具性造成了它不可避免的双重后果:科技既可能为人类造福,也可能给人类带来灾难。从科技发展史看,科技的发展伴随着人类的进步,科技的发展也给人带来无穷的灾难。20世纪,人类历史上爆发了有史以来的两次世界大战,大批科技成果被用于战争:化学武器、核武器、飞机、雷达技术、航空母舰等等。从中可以看出,非人性的科技是反人类的。科学实践观视域中思想政治教育重视人性的完善,通过提升人的思想道德素质,使人们树立正确的世界观、人生观、价值观,把科学实践观视域中思想政治教育和科技教育相结合,使科技更具人格化、人性化的特质,使之能在追求科技进步的过程中,始终指向美好、至善。这正如一句至理名言所讲的:"科学本身并不值得我们害怕,重要的是我们如何运用科学。"

---

① [德国]弗尔辛.爱因斯坦传.薛春志译,北京:人民文学出版社,2011,P179.

第三节　科学实践观视域中思想政治教育价值形态的特征

科学实践观视域中思想政治教育价值形态的形成，既是思想政治教育长期发展的结果，也是思想政治教育符合人的发展需求和社会发展需求所产生的。从马克思主义哲学观出发考察科学实践观视域中思想政治教育的价值形态，我们发现，其具有历史性、实践性、社会性和现实性的特征。

一、科学实践观视域中思想政治教育价值形态的历史性

历史唯物主义是马克思的重大发现，从历史唯物主义出发查看历史性，具有重要的方法论意义。历史唯物主义告诉我们，人民是历史的创造者，最根本历史规律——生产力和生产关系的矛盾运动规律，实质上是人民追求价值、创造价值、实现价值的活动规律。人民是人类社会历史发展进程中物质财富和精神财富的创造者，同时也是物质财富和精神财富的享用者。人民的利益是判断科学实践观视域中思想政治教育是否具有价值、有什么样的价值的最高标准。换句话说，科学实践观视域中思想政治教育是否有价值是由人民决定的，它的价值形态也是根据人民的需要产生的。马克思指出，"历史的每一个阶段都遇到一定的物质结果、一定数量的生产力总和，人和自然以及人与人之间在历史上形成的关系，都遇到有前一代传给后一代的大量生产力、资金和环境，尽管一方面这些生产力、资金和环境为新一代所改变，但另一方面，它们也预先规定

第六章 科学实践观视域中思想政治教育价值形态

新的一代的生活条件,使它得到一定的发展和具有特殊的性质。"①历史性就是指一定社会、一定历史阶段所遇到的一定的物质结果和环境等以及由前一代为后一代所规定的生活条件等物质前提和基础。因此,科学实践观视域中思想政治教育价值形态的历史性就是指科学实践观视域中思想政治教育价值形态发展具有一定的历史条件,是历史发展的产物,是发展变化的,是思想政治教育价值形态发展的总体趋势。具体来讲,科学实践观视域中思想政治教育价值形态的历史性体现在几个方面:

其一,科学实践观视域中思想政治教育价值在中国革命和建设年代突出体现了其政治价值形态。在中国革命年代,中国共产党和中华民族的最大任务是结束半殖民地半封建的社会状态,在这个历史阶段,中华民族受到帝国主义、封建主义和官僚资本主义的三重压迫,中国共产党的主要任务是领导中国人民推翻三座大山的压迫,建立起社会主义新中国。思想政治教育在这一历史时期的价值形态,主要体现在政治价值上,也即通过思想政治教育活动,让中华民族意识到国家、民族面临的巨大挑战和困难,聚集在中国共产党周围,在党的领导下,反抗帝国主义、封建主义和官僚资本主义的压迫。新中国成立后,面临国内国际形势的风云突变,思想政治教育活动必须紧跟形势,引导人们同国内外敌对势力做斗争。因此,在中国革命和建设年代,科学实践观视域中思想政治教育价值突出体现了其政治价值形态。

其二,科学实践观视域中思想政治教育价值在中国改革开放年代突出体现了其经济价值形态。历史性不是故步自封,也不是历史

---

① 马克思恩格斯全集.第3卷.北京:人民出版社,1965,P43.

观念的自我变化和发展,而是以人类丰富的社会实践活动为基础的。历史性体现出个人和社会生存环境的变化,马克思指出,"环境的改变和人的活动的一致,只能被看作是并合理地理解为革命的实践。"① 在革命和建设年代,思想政治教育价值的形态是服务于民族独立、民族解放和新中国建设。在中国改革开放的历史时期,科学实践观视域中思想政治教育价值必须与国家改革开放的总体目标相适应。以邓小平为代表的中国共产党中央第二代领导集体,面对国家发展的关键时期,提出以经济建设为中心,坚持四项基本原则,坚持改革开放的治国思想。在这一思想的指引下,中国改革开放和现代化建设取得巨大成就。思想政治教育作为国家建设中一项重要工作,牢牢把握中国改革开放的脉搏,围绕国家经济建设,为社会培养适应中国改革开放和社会主义市场经济发展所需要的各类人才,体现了其经济价值形态。

其三,科学实践观视域中思想政治教育价值在当代中国突出体现了其文化价值形态。

随着中国改革开放的深入和社会主义市场经济制度的初步建立,中国特色社会主义事业进入了深化改革的历史新时期,在这一时期,党和国家的主要任务体现在:全面深化改革的总目标是完善和发展中国特色社会主义制度,推进国家治理体系和治理能力现代化。在这一任务的引领下,全国各族人民紧紧围绕在党中央周围,以深化改革为总目标,在各行各业推进工作创新。科学实践观视域中思想政治教育活动也要以深化改革为总目标,以提高自身的现代化、科学化水平为基础,在思想政治教育实践活动中,以中华传统

---

① 马克思恩格斯全集.第3卷.北京:人民出版社,1965,P43.

第六章 科学实践观视域中思想政治教育价值形态

优秀文化和社会主义核心价值观为主要内容,通过各种活动,促使人们增强文化自觉和文化自信,在社会主义核心价值观的引领下,积极在国际、国内建设新时代的中华文化。因此,在这一时期,科学实践观视域中思想政治教育价值突出体现了其文化价值。

二、科学实践观视域中思想政治教育价值形态的实践性

作为思想政治教育价值的表现形式,科学实践观视域中思想政治教育价值形态既不是思想政治教育所固有的,也不是人们头脑主观臆想的,而是在人类的实践活动中生成的。正如马克思所指出的,"全部社会生活在本质上是实践的。凡是把理论引向神秘主义的神秘东西,都能在人的实践中以及对这个实践的理解中得到合理的解决。"[①] 而"相对于世界的存在、现实、事物的既有状态而言,价值现象具有某种超越的性质,它是产生于现实和实践,又高于现实的现象。要准确把握价值现象的本质和特征,就必须深入全面地理解人类的生活实践,实事求是地考察人类生活实践的表现和逻辑,才能得出科学有效的结论。"[②] 实践对象化出思想政治教育价值的主体和客体,实践对象化出思想政治教育价值主、客体之间的关系,更重要的是,实践通过思想政治教育客体主体化的过程,产生了价值,正如产品在消费中价值才能真实实现一样。马克思在《1857-1861年经济学手稿》中说的,"产品在消费中才得到最后完成。一条铁路,如果没有通车、不被磨损、不被消费,它只是可能

---

① 马克思恩格斯选集.第1卷.北京:人民出版社,1995,P56.
② 李德顺.价值论.北京:中国人民大学出版社,2007,P25.

性的铁路,不是现实的铁路。一件衣服由于穿的行为才能现实地成为衣服;一间房屋无人居住,事实上就不成其为现实的房屋;因此,产品不同于单纯的自然现象,它在消费中才证实自己是产品,才成为产品。"① 这里所讲的"消费"实际上就是实践的过程,也可以这么说,科学实践观视域中思想政治教育价值实现的根本途径就是实践,也即教育实践活动。在教育实践活动中,根据不同角度、不同标准和不同用途,对科学实践观视域中思想政治教育价值的形式进行了划分:个体价值和社会价值、绝对价值和相对价值、现实价值和理想价值、正面价值和负面价值以及直接价值和间接价值。但从本质上区分,科学实践观视域中思想政治教育价值形态可分为物质价值、精神价值和人的价值三种价值形态,从这三种价值形态的形成过程考察,我们可以看出,科学实践观视域中思想政治教育价值形态的实践性特征。

科学实践观视域中思想政治教育的物质价值是其在教育实践中,对人们的生活实践和生产实践的促进作用,而产生出来的物质价值,这些价值是看得见、摸得着的,比如,商品、现金、艺术品、固定资产等,是科学实践观视域中思想政治教育价值的物质表现形式。物质价值的实现,必须是科学实践观视域中思想政治教育在人们生活和社会生产中发挥作用,也即思想政治教育实践活动被人们所"消费",只有这样,其潜在的价值才能以物质的形式表现出来。对此,马克思论述道,"机器不在劳动过程中服务就没有用。不仅如此,它还会由于自然界物质变换的破坏作用而解体。铁会生锈,木会腐朽。纱不用来织或编,会成为废棉。活劳动必须抓住这

---

① 马克思恩格斯全集.第46卷上.北京:人民出版社,2003,P28.

第六章 科学实践观视域中思想政治教育价值形态

些东西,使它们由死复生,使它们从仅仅是可能的使用价值变为现实的和起作用的使用价值。它们被劳动的火焰笼罩着,被当作劳动者的躯体,被赋予活力以在劳动过程中执行与它们的概念和职务相适合的职能,它们虽然被消费掉,然而是有目的地,作为形成新使用价值,新产品的要素被消费掉,而这些新使用价值,新产品或者可以作为生活资料进入个人消费领域,或者可以用为生产资料进入新的劳动过程。"[1] 可见,科学实践观视域中思想政治教育的价值,在被"消费"之前,只是一种潜在的价值,只有经过人们的教育实践活动,产生出实实在在的"新产品",才能称其为价值。

科学实践观视域中思想政治教育的精神价值是指在教育实践中,所产生出来的精神产品,比如,人们形成的思想、观念、道德等。这些精神产品的产生,不是受教育者凭空产生的,而是由受教育者在社会实践中,把这些精神产品内化为某种深刻而稳定的心理结构,外化为一种现实的个体动机和行为,从而实现精神价值对人和社会的积极效用。显然,"内化"过程和"外化"过程,实际上就是受教育者的实践过程。马克思指出,"自然界没有创造出任何机器,没有制造出机车、铁路、电报、走锭精纺机等等。它们是人类劳动的产物,是变成了人类意志驾驭自然的器官或人类在自然界活动的器官的自然物质。它们是人类的手创造出来的人类大脑的器官,是物化的知识力量。固定资本的发展表明,一般社会知识,已经在那么大的程度上变成了直接的生产力,从而社会生活过程的条件本身在多么大的程度上受到一般智力的控制并按照这种智力得到改善。它表明,社会生产力已经在多么大的程度上,不仅以知识的

---

[1] 马克思恩格斯选集.第23卷.北京:人民出版社,1972,P40.

形式，而且作为社会实践的直接器官，作为实际生活过程的直接器官被生产出来。"① 科学实践观视域中思想政治教育精神价值的实现，正是受教育者接受思想政治教育所讲授的思想观念、价值取向等，并通过"内化"和"外化"的实践活动，把这种精神价值表现出来。

科学实践观视域中思想政治教育的人的价值是指，思想政治教育对人的发展的促进作用，或者也可以用思想政治教育促进人的发展，从而创造的物质财富和精神财富来体现，也就是说，科学实践观视域中思想政治教育的人的价值要通过人的实践活动来实现，没有人的实践，任何人的价值都是空中楼阁。人们正是根据不断的实践活动经验，从实践中获得自我价值的追求，从而达到最终价值的实现。科学实践观视域中思想政治教育的人的价值的终极目标是人的全面自由发展，这样是马克思所追求的价值思想，也是人类所追求的伟大梦想。总之，没有实践活动，任何形式的价值都不能表现出来，对于科学实践观视域中思想政治教育价值形态来说，"实践永远是一条永恒的主线。"②

三、科学实践观视域中思想政治教育价值形态的社会性

科学实践观视域中思想政治教育价值形态是在社会中产生的，受到一定社会历史条件的制约，科学实践观视域中思想政治教育价值形态也在一定程度上促进社会历史的进程。社会是"一切关系同

---

① 马克思恩格斯全集.第46卷下.北京：人民出版社，2003，P220.
② 冯兰义.人的价值和人的全面发展研究概览.载文史哲.1998，6；117～120.

时存在而又相互依存的社会有机体。"① 社会是人类通过实践活动建立起来的有机体，在人类实践活动中展开和表现。科学实践观视域中思想政治教育作为人类一项重要的教育实践活动，通过对受教育者的思想观念、道德素质等进行修正和改进，促进人的全面自由发展和社会向更高阶段发展。从这个意义上讲，科学实践观视域中思想政治教育所表现出来的价值形态也是在一定社会历史阶段表现出来的，并经过社会发展的考验而表现出来的，因此，科学实践观视域中思想政治教育价值形态具有明显的社会性特征，它的社会性体现在几个方面：

其一，社会存在是科学实践观视域中思想政治教育价值形态的前提条件。"在现代社会中，哲学考察所要坚持的方法应该是'逻辑在先'。这里说的'逻辑在先'指的是在现代社会的生活世界结构中，从最具前提性的因素出发。显然，这个最具前提性的因素不是自然，而是社会。"② 从逻辑的角度出发，任何研究都有一定的前提。虽然马克思主义哲学观认为人类实践活动形成了社会，但社会对人类的每一项具体活动而言又具有一种条件的先在性。从这个角度出发，社会是科学实践观视域中思想政治教育价值形态的前提条件，科学实践观视域中思想政治教育价值形态的表现只能在这个前提条件下进行。马克思指出，"只有在社会中，自然界对人来说才是人与人的联系的纽带，才是他为别人的存在和别人为他的存在，才是人的现实的生活要素；只有在社会中，自然界才是人自己的人的存在的基础。只有在社会中，人的自然的存在对他来说才是他的

---

① 马克思恩格斯全集.第4卷.北京：人民出版社，1958，P145.
② 俞吾金.俞吾金集.上海：学林出版社，1998，P220.

人的存在，而自然界对他来说才成为人。"① 只有在社会中，人才有与自然的关系，同样，只有在社会中，思想政治教育活动主客体之间的关系，才有思想政治教育价值活动的过程，才有思想政治教育价值的表现形式。可见，科学实践观视域中思想政治教育价值形态是由社会决定的，不是天然产生的，是在社会存在前提下产生的。

其二，社会存在规范和制约着科学实践观视域中思想政治教育的价值形态。科学实践观视域中思想政治教育价值的表现形式，并不是任意和无限创造的，它必须接受社会存在的规范和制约，也正是这种制约，科学实践观视域中思想政治教育价值形态才呈现出它的秩序性和规律性。这种制约体现在：第一，社会存在规范着科学实践观视域中思想政治教育价值的本质。马克思说："每个个人和每一代所遇到的现成的东西：生产力、资金和社会交往方式的总和，是哲学家们想象为'实体'和'人的本质'的东西的现实基础。"② 可见，社会存在这种现成的东西不仅规范着科学实践观视域中思想政治教育价值的本质，而且影响其发展方向。第二，社会存在规范和制约着科学实践观视域中思想政治教育活动的现实基础。科学实践观视域中思想政治教育活动不是随心所欲的，只能在当前历史条件下存在着的社会现实基础上开展。马克思指出，"人们自己创造自己的历史，但是他们并不是随心所欲地创造，并不是在他们自己所选定的条件下创造，而是在直接碰到的、既定的、人的过去继承下来的条件下创造的。"③ 因此，科学实践观视域中思想政治

---

① 马克思恩格斯全集.第42卷.北京:人民出版社,1979,P97.
② 马克思恩格斯选集.第1卷.北京:人民出版社,1995,P93.
③ 马克思恩格斯全集.第8卷.北京:人民出版社,1961,P121.

第六章 科学实践观视域中思想政治教育价值形态

教育活动只能在当前社会存在的基础之上开展,而当前社会存在的基础实际上就预先规定着科学实践观视域中思想政治教育价值的基础和可能的发展空间。第三,社会存在规范和制约着科学实践观视域中思想政治教育价值形态的可能方向。科学实践观视域中思想政治教育活动是在当前中国特色社会主义事业发展的新阶段开展的,其价值也是在当前中国社会存在的基础上体现的。科学实践观视域中思想政治教育活动受制于当前社会存在,也因其受制于当前的社会存在而显示出内在的规律性和必然性,它的规律性和必然性也昭示着科学实践观视域中思想政治教育价值形态的可能方向。

其三,科学实践观视域中思想政治教育价值形态对社会的反作用。当前社会存在对科学实践观视域中思想政治教育价值形态的规定和规范,体现了物质决定意识的哲学观念,但是意识也能反作用于物质,对物质的存在和发展产生作用,那么,科学实践观视域中思想政治教育价值形态是如何反作用于社会的呢?一般来讲,它从两个方面作用于社会:第一,建构着当前中国特色社会主义社会。科学实践观视域中思想政治教育活动是在一定社会存在基础上进行的,这就意味着由思想政治教育活动所建构起的社会与以往社会具有历史的连续性,建构实际上是一种创造和发展,科学实践观视域中思想政治教育价值形态是在以往思想政治教育价值形态的基础上,对当前社会发展起到促进作用。第二,规范着当前中国特色社会主义社会。科学实践观视域中思想政治教育价值形态包含了对以往思想政治教育价值形态之合理性的继承和对以往思想政治教育价值形态不合理性的摒弃,实际上是对以往思想政治教育价值形态的评价,这种评价对社会发展起到规范作用,规定哪些价值形态是正确的,我们应该遵守,哪些价值形态是该淘汰的,我们应该摒弃它。

四、科学实践观视域中思想政治教育价值形态的时代性

科学实践观视域中思想政治教育价值形态是对现实社会价值需求的反映,具有显明的时代性特征。毛泽东在《改造我们的学习》中写道:"'事实'就是客观存在着的一切事物,'是'就是客观事物的内部联系,即规律性,'求'就是我们去研究。我们要从国内外、省内外、县内外、区内外的实际情况出发,从中引出其固有的而不是臆造的规律性,即找到周围事物的内部联系,作为我们行动的向导。"① 毛泽东在这里虽然谈的是对实事求是内涵的解析,但对我们正确认识科学实践观视域中思想政治教育价值形态的特征具有重要的指导意义,科学实践观视域中思想政治教育的价值形态,就是我们从周围的事物出发,从当前中国最大的实际——中国处于社会主义初级阶段的实际出发,而不是从抽象的"物"或者理论出发得出的。科学实践观视域中思想政治教育价值形态的时代性体现在以下几个方面:

其一,科学实践观视域中思想政治教育价值形态是为了满足国家和社会发展的需要而产生的。事实上,科学实践观视域中思想政治教育价值形态转变的根本动力来源于国家和社会发展的需要。我国思想政治教育价值形态的发展历史鲜明地体现了这一点。思想政治教育作为一门学科设立于1983年,20世纪90年代,思想政治教

---

① 毛泽东选集.第3卷.北京:人民出版社,1991,P801.

第六章　科学实践观视域中思想政治教育价值形态

育价值问题才进入研究视野，为人们所重视和研究。而事实上，思想政治教育自中国共产党成立起就是党的一种重要的教育方式和宣传手段，"思想政治教育在战争和革命成为时代主题的历史背景下曾经谱写了壮丽史诗般的价值篇章。"[①] 革命年代，思想政治教育的价值主要体现在为国家民族独立和解放做贡献，其表现形式也主要依据国家民族的需要；20世纪80年代以前，中国长期处在计划经济时代，这一时代人们的思维主要以国有制和集体主义为主，思想政治教育的价值也主要体现在为国有制和集体主义做贡献，其表现形式也主要依据国家计划经济建设的需要。改革开放以来，社会主义市场经济体制要求人们打破过去的计划经济思维，树立竞争意识、民主意识、自主意识、法制意识和创新意识等等；社会经济成分多元化，人们生活方式多样化，社会组织形式多元化等，也造成社会矛盾复杂化和多元化。从世界范围看，改革开放以来，经济全球化、政治多极化、文化多元化趋势明显，西方国家凭借先发优势，通过国际市场、互联网等多种方式对中国进行意识形态、价值观、文化观渗透，企图以西方意识形态、价值观、文化观来主导中国的现代化进程。在这样的大背景下，科学实践观视域中思想政治教育要应对来自多方面的挑战，在中国社会树立以社会主义核心价值观和社会主义先进文化为主流的价值观和文化观，更好地服务于人的全面自由发展和中国特色社会主义社会的发展，这是科学实践观视域中思想政治教育价值形态表现形式的现实基础。

其二，科学实践观视域中思想政治教育价值形态的时代性基于满足受教育者的需要。科学实践观视域中思想政治教育价值形态作

[①] 张耀灿等著.思想政治教育学前沿.北京：人民出版社，2006，P72.

为一种价值表现形式,其根本来源于受教育者对科学实践观视域中思想政治教育的评价,因此,科学实践观视域中思想政治教育价值形态要满足受教育者的现实需要,这种现实需要表现为三种状态:第一,受教育者身心发展特点。教育对象的思想道德水平制约着思想政治教育实践活动的实施过程,也制约着其对思想政治教育价值的评价。因此,在实施思想政治教育过程中,不仅要考虑国家社会需要什么,什么样的思想政治教育价值形态能满足国家社会的要求,更要了解受教育者的思想道德素质的实际水平。也就是说,科学实践观视域中思想政治教育的价值形态要受制于受教育者的身心发展状况,科学实践观视域中思想政治教育要追求教育质量必须首先尊重受教育者的身心发展特点。科学实践观视域中思想政治教育的价值表现形式,正是根据中国特色社会主义社会中受教育者的身心发展状况、态势、特点和规律出发而体现出来的。第二,受教育者的现实需要。科学实践观视域中思想政治教育既要提高人的思想道德素质,帮助人们树立正确的世界观、人生观和价值观,更要关心人,关心人们的所思所想,关心人们的现实需要。尤其在当前社会条件下,各种社会矛盾突出,科学实践观视域中思想政治教育必须关注人们现实生活中的困惑,满足他们生活、工作、心理所需,根据他们的需要体现科学实践观视域中思想政治教育的价值形态,使其深切感受到科学实践观视域中思想政治教育的重要性,从而能更自觉、主动地接受教育。第三,受教育者的发展诉求。科学实践观视域中思想政治教育的价值形态,不仅基于受教育者的现实需求,更要在受教育者现实需求的基础上关注他们的发展需求。科学实践观视域中思想政治教育本身就是发展的,是根据受教育者的身心发展和需求发展而发展的,也是根据受教育者的发展诉求而发展的,这种发展是在现实基础上的发展,是对现实的超越,是现实与未来的统一。因此,科学实践观视域中思想政治教育价值形态在为了满足受教育者的现实需求而体现出来的,是一种人性化的价值表现形式,充分满足了受教育者现实发展的需要。

第七章 科学实践观视域中思想政治教育价值形态的同构

科学实践观视域中思想政治教育价值的形态及特征对于我们更清晰地认识其价值具有重要的作用。但从根本上讲,科学实践观视域中思想政治教育价值最重要的形态是社会价值和个体价值。这一对价值形态决定了科学实践观视域中思想政治教育价值的其他形态,也决定了科学实践观视域中思想政治教育价值形态的基本内涵。科学实践观视域中思想政治教育的社会价值和个体价值,从根本上讲,首先有个体价值,然后才有社会价值。在马克思主义哲学中,社会和个人是一对哲学范畴,二者是一对既有联系、又有矛盾的统一体。科学实践观视域中思想政治教育的个体价值,就是把社会个体作为价值对象,是对个人价值的探讨,科学实践观视域中思想政治教育是否有价值、价值的大小如何,都是针对个体来说的,都是以个体的价值需求和判断为标准的,也即科学实践观视域中思想政治教育是否对个人的全面自由发展起到推动作用。一般来讲,构成个体价值的要素有两个层面:第一层面,是个体生存的维护,即对个体生存、成长、发展的各种需求的满足,这种满足既有生理上的,也有心理和精神上的,只有个体的这一方面需求得到维护,

第七章 科学实践观视域中思想政治教育价值形态的同构

个体价值才能进一步展现出来。第二层面，是个体自我价值的实现。即个体以一定的方式来说明自己生存的意义，其中包括个体某种能力的展示，也包括个体对于社会或他人的作用。比如，个体具备某方面的知识或技能，在运用过程中产生了积极效果，个体从中感到自己对社会或他人是"有用的"。同时，这种行为也被社会和他人所认可，从而得到了自我实现的满足。显然，个体价值的起点是社会个体，但必须有与之相对应的另一面——社会或他人，否则，个体价值很难体现出来。社会价值和个体价值有很多相关性，比如，我们说，某某的个人价值得到了社会实现，就是说他对社会起了作用，在自己的活动中创造了社会价值，为社会创造了物质财富或精神财富，在这一过程中，作为个人的个体价值也得到了社会的认可，也实现了社会价值。从这一意义上讲，社会价值就像一面镜子，有了它，个体价值才能被"照"出来，个体才能在社会中找到自我。但是，社会价值和个体价值也有很大的区别，从内涵上讲，科学实践观视域中思想政治教育的社会价值的价值对象是社会，即以科学实践观视域中思想政治教育满足社会的需求来判定的，只有满足社会需要，有助于社会的进步发展，才能判定为有价值的（当然，我们在讲到价值时，一般讲的是正面价值），正如马克思在阐述历史唯物主义的基本观点时所说的，"人们在自己生活的社会生产中发生一定的、必然的、不以他们的意志为转移的关系，即同他们的物质生产力的一定发展阶段相适应的生产关系。这些生产关系的总和构成社会的经济结构，即有法律的和政治的上层建筑竖立其上并有一定的社会意识形式与之相适应的现实基础。物质生活的生产方式制约着整个社会生活、政治生活和经济生活的过程。不是人们的意志决定人们的存在,相反,是人们的社会存在决定人们的意识。社会的物质生产力发展到一定阶段,便同它们一直在其中活动的现存生产关系或财产关系(这只是生产关系的法律用语)发生矛盾。于是这些关系便由生产力的发生形式变为生产力的桎梏。那时社会革命的时代就到来了。随着经济经常的变更,全面庞大的上层建筑也或慢或快地发生变革。"① 历史唯物主义告诉我们,是人们的社会存在决定人们的意识,社会是一个由自己内在结构、内在动力、内在发展规律的有机体,因此,科学实践观视域中思想政治教育的社会价值有自己独特的性质,在研究其社会价值时,要关注社会历史发展规律和社会有机体本身的进步发展,从个体角度出发,探讨个体对社会发展的作用,探讨个体对社会有机体完善的影响等等。

第一节 科学实践观视域中
思想政治教育社会价值和个体价值的统一性

科学实践观视域中思想政治教育的社会价值和个体价值具有内在的统一性,任何个人、群体都"不是抽象地栖息在世界以外的东西。"② 个体、群体通过一定的方式构成社会,社会反过来影响个人、群体的发展。科学实践观视域中思想政治教育的社会价值必须经由个人展示出来,而其个体价值必须在社会中才得以实现,因此,科学实践观视域中思想政治教育社会价值和个体价值的统一性

---

① 马克思恩格斯选集.第2卷.北京:人民出版社,1972,P194.
② 马克思恩格斯选集.第1卷.北京:人民出版社,1972,P1.

体现在本质的一致性、作用的相互性、条件的客观性和过程的共生性。

一、本质的一致性

科学实践观视域中思想政治教育社会价值是社会对思想政治教育活动的评价和需要；其个体价值是个体对思想政治教育活动的评价和需要，科学实践观视域中思想政治教育活动追求的目标是人的全面自由发展和社会向更高阶段发展，与中国特色社会主义社会发展的目标一致，科学实践观视域中思想政治教育发展的目标也是实现共产主义社会，因为只有在共产主义社会，人才能全面自由发展，社会才能趋于完善，从这个意义上讲，科学实践观视域中思想政治教育社会价值和个体价值是具有本质的一致性，这种一致性体现在以下几个方面：

其一，社会价值和个体价值均属于科学实践观视域中思想政治教育价值的范畴。科学实践观视域中思想政治教育价值从本质上讲是抽象的，要把这种抽象的价值具体化，必须有一种物去承载这种价值。人作为社会中具有认知思维、主观能动性的个体，符合科学实践观视域中思想政治教育价值承载物的要求，是理想的价值承载物。但人的价值不能通过人自身体现，人对价值的评价具有主观性和自私性，人对价值的评价的前提是必须满足人自身的需要，这就要求必须有统一的标准和规范来衡量这种价值。而人又是社会中的人，只有在社会中才能实现自身的价值，只有社会才能给人提供一面"镜子"，让人在其中看到自己的影像，这种影像包含人自身的因素，也包含了社会的因素，这种影像也就是价值。因此，科学实践观视域中思想政治教育价值是通过人和社会共同体现出来的,科学实践观视域中思想政治教育价值内涵从抽象到具体的演进过程充分证明了这一点。在这个阶段,科学实践观视域中思想政治教育社会价值和个体价值还是分别存在的,可以在现实中找到根源,因为科学实践观视域中思想政治教育社会价值和个体价值本身就是现实社会的产物,也即中国特色社会主义社会的产物,这种价值具有显著的历史阶段性。科学实践观视域中思想政治教育价值的内涵显然不仅仅到此为止,社会价值和个体价值的现实性给人们展示了科学实践观视域中思想政治教育在当前社会的真实作用,具有现实意义。但任何只追求现实价值的理论都是没有生命力的理论,因为社会在发展,时事在变化,没有对未来的追求,就是没有生命力的表现;任何不追求未来的理论也是没有激情的理论,理论的作用在于指导实践,指导人们的认识活动,这里讲的指导不仅仅指方法论意义上的指导,还应该有精神上的指导,立足现实高于现实的目标才能激起人们的追求热情,同样,指导现实追求未来的理论才能给人以强大的精神动力。因此,科学实践观视域中思想政治教育价值在社会价值和个体价值上完成了对现实社会的指导意义,从其发展方向和目标看,其终极价值目标显然是在共产主义社会才能实现的,也即人的全面发展和社会的完善。在科学实践观视域中思想政治教育价值的终极目标上,社会价值和个体价值体现了本质上的一致性。

其二,科学实践观视域中思想政治教育社会价值和个体价值本质都是实践的。从科学实践观视域中思想政治教育个体价值的生成看,个体价值产生于中国特色社会主义发展实践中,是中国特色社会主义社会不同于自然界和资本主义社会的一种独特的生存方式和

第七章 科学实践观视域中思想政治教育价值形态的同构

发展样式。当人们通过劳动实践活动把自己从动物界、自然界提升出来,组成人类社会起,人就创造出了自己的价值。可见,科学实践观视域中思想政治教育个体价值的本质存在于个体的历史实践当中,通过教育活动,让个体思想道德素质得到提升,从而提高了个体的实践能力,在思想政治教育活动中,个体价值的生成从根本上讲取决于个体的实践能力,在个体实践展开和实践能力形成过程中,个体创造出了自己的价值,从而体现出了科学实践观视域中思想政治教育价值。从科学实践观视域中思想政治教育社会价值的生成看,社会价值也产生于中国特色社会主义发展实践中,科学实践观视域中思想政治教育通过各种教育实践活动,提升了整个社会的整体素质和机能,提高了中国特色社会主义社会的发展潜力和发展水平,从根本上讲,社会价值取决于社会的实践能力,中国特色社会主义社会发展能力,也即实践能力的提高,标志着科学实践观视域中思想政治教育价值的实现。此外,从中国特色社会主义历史实践与时代精神的角度看,科学实践观视域中思想政治教育个体价值和社会价值都具有显著的实践性特征。21世纪以来,中国特色社会主义社会在实践发展中遇到许多难题,诸如改革瓶颈、社会价值观多元化、个体价值取向分散化,现实社会中功利主义价值观膨胀,人文价值失落等普遍性的社会问题和个人问题,这些问题背后隐藏的是深层次的中国特色社会主义价值观困惑。科学实践观视域中思想政治教育正是立足于中国特色社会主义社会中的社会问题和个人问题,开展相关的教育实践活动,通过个体实践和社会实践,解决这些问题,促进中国特色社会主义社会向前发展和个体实践能力的进一步完善,从这个意义上讲,科学实践观视域中思想政治教育社会价值和个体价值从本质上看都是实践的。

其三,科学实践观视域中思想政治教育的社会价值和个体价值的本质都是有效的。从社会价值的有效性看,科学实践观视域中思想政治教育的社会价值有效性体现在:社会认同的满足和社会精神构建的满足。所谓社会认同,是指对于生活于其中的人们在社会政治道德规范、目标、价值的思想认识方面达成基本一致。从本质上看,社会是一个整合体,它确立于人们对于一些规范、惯例、规则、价值的共同遵守之上,人们基于基本的共同性行为规范、价值准则而构建其的社会秩序,是人类社会生存与发展的基本条件。中国特色社会主义社会是在中国共产党领导下,全体中国人对社会主义基本制度、基本规范、基本价值的共同遵守和认同。科学实践观视域中思想政治教育的重要任务就是加强人们对中国特色社会主义社会的认同,其价值也就体现在对人们社会认同的满足上。社会认同的满足,只是社会发展的基本要求,社会要想进一步发展,必须有社会精神的存在。社会是个体的集合体。与个体对精神需求的必然性相一致,社会也有对精神的需求。科学实践观视域中思想政治教育通过教育活动,传承和发展着人们对中国特色社会主义社会精神价值的认同,实现了中国特色社会主义社会精神建构的满足。从个体价值的有效性看,科学实践观视域中思想政治教育个体价值有效性体现在:个体精神的满足和自我实现的满足。个体的思想道德素质由思想、情感、能力、行为几个方面构成,科学实践观视域中思想政治教育通过对个体思想道德素质的影响,满足个体精神上的追求,同时个体思想道德素质提升也是个体自我实现的重要基础,从而满足了个体自我实现的需求。因此,从有效性上看,科学实践观视域中思想政治教育社会价值和个体价值对社会和个体都有极大的促进作用,通过这种促进作用,推动了个体的全面自由发展和社会的进步。

二、作用的相互性

科学实践观视域中思想政治教育社会价值和个体价值,不仅在本质上是一致性的,在某种程度上讲,二者的作用是相互的,也即社会价值和个体价值在相互作用中共同发展,共同实现科学实践观视域中思想政治教育价值。个体与社会密不可分,个体是社会中的个体,社会是个体中的社会。因此,个体发展和社会发展是一个相互作用过程的两个方面。社会发展与个体发展都是一个从低级到高级、从简单到复杂的自然演进过程,社会全面发展要求并促进人的全面发展,社会发展为人的全面发展提供客观条件,人的全面发展对社会发展起到促进作用,社会发展与人的发展的作用是相互的。这是历史唯物主义关于个体与社会关系的基本观点,从这个观点出发,我们可以演绎出科学实践观视域中思想政治教育社会价值与个体价值之间的关系,也即社会价值与个体价值是相互作用的,二者互为前提,互相促进,共同实现了科学实践观视域中思想政治教育价值。具体来讲,科学实践观视域中思想政治教育社会价值和个体价值作用的相互性表现在以下几个方面:

其一,在一定程度上,科学实践观视域中思想政治教育个体价值是其社会价值形成和发展的前提、基础和结果。从社会价值的内容层次看,社会价值一般包括三个层面:国家层面、社会层面和个人层面。比如:中国共产党第十八次代表大会上提出,倡导富强、民主、文明、和谐,倡导自由、平等、公正、法治,倡导爱国、敬业、诚信、友善,积极培育和践行社会主义核心价值观。这是社会主义核心价值观的主要内容,而在其中,"富强、民主、文明、和谐",是我国现代化国家的建设目标,是国家层面的价值观,在社会主义核心价值观中居于最高层次,对其他层次的价值理念具有统领作用。"自由、平等、公正、法治",是对美好社会的生动表述,是社会层面的价值观。"爱国、敬业、诚信、友善",是公民基本道德规范,是个人层面对社会主义核心价值观基本理念的凝练。这三种层次中所有的价值取向都必须通过个体层面来实现,没有个体层面价值的实现,就没有社会层面价值和国家层面价值的实现。因此,科学实践观视域中思想政治教育个体价值包含在其社会价值之中,是其社会价值实现的前提和基础。从社会价值的纵向结构看,科学实践观视域中思想政治教育社会价值,其中包含了中国革命时代思想政治教育社会价值、中国改革开放以前思想政治教育社会价值和中国改革开放以后思想政治教育社会价值,这些社会价值共同构成了科学实践观视域中思想政治教育社会价值,这些社会价值是每个时代思想政治教育作用于个体和社会的结果,其中包含有每个时代思想政治教育个体价值的成果,因此,从这个意义上说,思想政治教育社会价值和个体价值的演进形成了当前科学实践观视域中思想政治教育社会价值和个体价值。由于科学实践观视域中思想政治教育个体价值是其社会价值的前提、基础和结果,所以,科学实践观视域中思想政治教育个体价值的发展可以在总体上促进其社会价值的发展。这种促进作用表现在:第一,满足社会价值发展需要的作用。科学实践观视域中思想政治教育社会价值发展的需要具有

第七章 科学实践观视域中思想政治教育价值形态的同构

多层次性、多样化、直接性、间接性、无止境性、发展性等特点,科学实践观视域中思想政治教育个体价值可以在不同程度、不同方式、不同层次地刺激其社会价值发展的需要、开发其社会价值发展的需要和满足其社会价值发展的需要。第二,科学实践观视域中思想政治教育个体价值的认知作用。科学实践观视域中思想政治教育个体价值是对个体需要的满足,而个体是具有主观能动性的人,因此其有个体价值认知作用,这种认知作用于社会价值,可以促进对科学实践观视域中思想政治教育社会价值作用的认同。

其二,在中国特色社会主义社会中,科学实践观视域中思想政治教育社会价值指导着个体价值的发展方向。科学实践观视域中思想政治教育社会价值是一种强大而又具深远影响力的力量,它对个体的行为是一种无声的命令。正如马克思所说,"如果从观念上来考察,那么一定的意识形式的解体足以使整个时代覆灭。"[①] 科学实践观视域中思想政治教育社会价值作为意识形式领域的东西,能赋予一定的社会、一定的人的思维、认知、取舍上的模式,引导着社会和人们朝着一定的价值方向前进。社会价值的导向作用主要是通过一定的教育实践活动使广大社会民众形成一定的理想信念,并通过这种理想信念来凝聚社会力量,激发社会动力,指导人们的行动等,由于理想信念具有引导性、方向性、持久性、稳定性等特点,人们自然就会根据自己的理想信念所遵循的价值准则来思考问题、分析问题、评价事物和实施行为,也就对个体的认识活动和实践活动产生明确的指向性和导向性。而科学实践观视域中思想政治教育个体价值正是通过个体对思想政治教育的认知活动和实践活动中评

[①] 马克思恩格斯全集.第30卷.北京:人民出版社,1995,P539.

价出来的,从这个意义上讲,科学实践观视域中思想政治教育社会价值通过教育实践活动,对社会中的人们进行理想信念教育,使他们树立符合社会价值目标的理想信念,从而影响每位个体的认识活动和实践活动,达到引导科学实践观视域中思想政治教育个体价值的目的。另外,科学实践观视域中思想政治教育社会价值通过育人作用的发挥,达到引导其个体价值的功能。马克思指出,每一个阶级,"为了达到自己的目的不得不把自己的利益说成是社会全体成员的共同利益,就是说,这种观念上的表达就是:赋予自己的思想以普遍的形式,把它们描绘成唯一合乎理性的、有普遍意义的思想。"[1] 科学实践观视域中思想政治教育社会价值,通过把这种具有"普遍意义"的价值取向,传授到社会中每个人的思想和行为之中,从而影响人们的价值取向和价值判断,影响科学实践观视域中思想政治教育个体价值的形成和发展。

三、条件的客观性

社会价值和个体价值作为科学实践观视域中思想政治教育价值的两种价值形态,共同构成了科学实践观视域中思想政治教育的价值。考察二者实现条件是否是客观的,也即考察科学实践观视域中思想政治教育价值实现条件是否具备客观性,一般来讲,科学实践观视域中思想政治教育价值的实现需要三个条件:人的条件、物的条件、中介条件,只用考察这三者是否客观,我们即可得知科学实践观视域中思想政治教育社会价值和个体价值的实现条件是否是客观的。

---

[1] 马克思恩格斯选集.第1卷.北京:人民出版社,1995,P100.

第七章 科学实践观视域中思想政治教育价值形态的同构

其一,科学实践观视域中思想政治教育价值实现的人的条件。人在科学实践观视域中思想政治教育价值的实现中具有重要作用,有关人的价值,中国自古至今颇有论述,孔子说:"天地之性,人为贵。"① 荀子认为,人与禽兽最大的区别在于人"能群、有分、有义、有辨、有礼,故最为天下贵也。"② 毛泽东提出了"天地之间人为贵,世间一切事物中,人是第一可宝贵的。"③ 毛泽东还认为人是社会发展的动力,他说:"各除去我,即无宇宙。各我集合,而成宇宙,而各我又以我而成,苟无我何有各我哉。是故,宇宙间可尊者唯我也,可畏者唯我也,可服者唯我也。"④ 可见,人是科学实践观视域中思想政治教育活动的主体,在思想政治教育活动中依靠主体意识和主体能力,担负着思想政治教育价值实现的功能。"所谓思想政治教育主体一般指思想政治教育的承担者、发动者和实施者。它与思想政治教育客体相对应,是对一定客体实施思想政治教育活动的主体。"⑤ 在科学实践观视域中思想政治教育活动中,不仅要重视作为思想政治教育主体的人,培养他们的责任感、敬业精神和业务素质,而且要重视作为思想政治教育客体的受教育者,关注他们的需要和发展。科学实践观视域中思想政治教育价值的实现,有赖于作为思想政治教育主体的人的作用的发挥,也有赖于作为思想政治教育客体的人的能动性与主动性作用的发挥。辩证唯物主义告诉我们,物质是第一位的,意识是第二位的,人的意识只是客观

---

① 罗国杰等.中国传统道德.理论卷.北京:中国人民大学出版社,1995,P74.
② 罗国杰等.中国传统道德.理论卷.北京:中国人民大学出版社,1995,P75.
③ 毛泽东选集.第4卷.北京:人民出版社,1991,P1512.
④ 毛泽东早期文稿.长沙:湖南出版社,1990,P231.
⑤ 张耀灿等.思想政治教育学前沿.北京:人民出版社,2006,P221.

事物在人的头脑中的反应，物质决定意识，没有客观的物质世界就没有人的意识。因此，科学实践观视域中思想政治教育价值实现中的人是客观的，人的客观性不仅表现在人是社会的产物，人处在客观世界当中，更重要的是人的意识是对客观事物的反映。

其二，科学实践观视域中思想政治教育价值实现的物的条件。科学实践观视域中思想政治教育价值实现的物的条件包括两个方面：理论条件和社会条件。从理论条件来看，理论水平的高度和科学化程度是评价一门学科是否标准的重要条件。科学实践观视域中思想政治教育价值的实现首先需要有科学的理论作指导。思想政治教育作为一门学科，自1983年成立以来，一直坚持以马克思主义理论为指导，在社会主义建设新时期，把中国特色社会主义理论作为科学实践观视域中思想政治教育的指导思想，科学实践观视域中思想政治教育活动在马克思主义和中国特色社会主义理论的指导下，在思想界、理论界和社会实践领域，都发挥了重要作用。马克思主义和中国特色社会主义理论属于上层建设的一部分，但他们的内容和性质在根本上取决于客观的社会存在，因此具有客观性的特征。从社会条件来看，科学实践观视域中思想政治教育价值实现的社会条件包括直接社会条件和间接社会条件。直接社会条件是直接影响科学实践观视域中思想政治教育活动开展的各种因素，比如，教学条件、组织机构条件等。间接社会条件是科学实践观视域中思想政治教育价值实现的宏观社会环境，这个宏观社会环境既包括区域性的条件，诸如：区域的经济发展水平、社会文化现状、人们的思想道德水平、社会发展程度等；也包括国家层面的条件，诸如：国家的政治情况、经济发展水平、文化发展程度等条件。从总体上看，

第七章 科学实践观视域中思想政治教育价值形态的同构

间接社会条件是一个大系统,在这个系统中,任何方面的因素都有可能影响到科学实践观视域中思想政治教育价值的实现,因此在实际工作中,要把科学实践观视域中思想政治教育价值实现工作放在一个宏观环境中考虑,要考虑各方面的要素,从系统的角度去实现其价值。科学实践观视域中思想政治教育价值实现的社会条件,从本质上讲是客观的,社会条件的存在从本质上讲是客观的,是社会存在在人们意识中的反应。因此,科学实践观视域中思想政治教育价值实现的物的条件是客观的。

其三,科学实践观视域中思想政治教育价值实现的中介条件。简言之,科学实践观视域中思想政治教育价值实现的中介条件是社会实践活动,因为,"思想政治教育是指社会或社会群体用一定的思想观念、政治观点、道德规范,对其成员施加有目的、有计划、有组织的影响,使他们形成符合一定社会所要求的思想品德的社会实践活动。"[①] 这种中介条件可分为两种情况,人与物的互动和人与人的互动。人与物的互动表现在,在科学实践观视域中思想政治教育活动中,人通过自己的努力逐渐掌握有形的设备、工具的用途;无形的方法、环境的条件等等,在这个过程中,人通过发挥自己的主观能动性和创造性,创造出有利于科学实践观视域中思想政治教育价值实现的各种条件。人与人的互动表现在,思想政治教育者在日常生活中积极与受教育者进行心灵的沟通和交流,关心他们的心理需要和发展状况,为他们的发展创造条件。马克思主义实践观告诉我们,社会实践从本质上讲是客观的,科学实践观视域中思想政治教育活动,作为一种教育实践活动,也是客观的。科学实践观视

---

① 邱伟光,张耀灿.思想政治教育学原理.北京:高等教育出版社,1999,P9.

域中思想政治教育价值实现的人的条件、物的条件和中介条件都是客观的,因此,其社会价值和个体价值的条件也是客观的,正是在这些客观条件的前提下,才最终实现其价值。

四、过程的共生性

社会与个体是辩证统一的。每个个体都是社会中的个体,每个个体都有自己的需要结构和满足体验,都有自己独特的价值目标和价值追求;同时,每个个体都处在一定的社会之中,并在社会价值目标的影响下追求和实现个体价值。因此,科学实践观视域中思想政治教育社会价值和个体价值在实现过程中,是相互促进,相互影响的,二者的相互关系表现在几个方面:

其一,科学实践观视域中思想政治教育个体价值的实现在客观上也实现了其社会价值。马克思曾明确指出,"人们奋斗所争取的一切,都同他们的利益有关。"[①] 一般来讲,科学实践观视域中思想政治教育个体价值的实现,作为具体的、历史的个体,总是以当前中国特色社会主义社会条件和个体所处的社会位置为基础,在追求满足自身需要和自我价值实现的过程中,实现科学实践观视域中思想政治教育个体价值,即使在认识和评价科学实践观视域中思想政治教育社会价值时,也会站在个体特殊立场上,以个体的切身体验和实际利益为依据进行评价。从总体上看,科学实践观视域中思想政治教育活动中每个成员都在追求着自己特殊的价值目标和价值诉求,尽管人们的价值目标未必都能实现,但正是在这种对个体价值强烈的追求过程中,科学实践观视域中思想政治教育社会价值才得

---

① 马克思恩格斯选集.第1卷.北京:人民出版社,1972,P82.

第七章 科学实践观视域中思想政治教育价值形态的同构

以实现。对此,恩格斯在分析社会发展时进行了清晰的阐述,他指出,"历史总是这样创造的:最终的结果总是从许多单个的意志的相互冲突中产生出来的,而其中每一个意志,又是由于许多特殊的生活条件,才成为它所成为的那样。这样就有无数相互交错的力量,有无数个力的平行四边形,而由此就产生出一个总的结果,即历史事变,这个结果又可以看作一个作为整体的、不自觉地和不自主地起作用的力量的产物。"① 恩格斯在这里所说的"单个的意志",也就是科学实践观视域中思想政治教育个体价值的追求,正是通过无数人的科学实践观视域中思想政治教育个体价值的追求活动,才在客观上实现了其社会价值,推动了科学实践观视域中思想政治教育价值的实现。这里需要说明的是,从人类发展的角度作动态考察,我们发现,科学实践观视域中思想政治教育价值追求这一辩证运动经历了由自发到自觉、由分离到统一的过程。也即,随着社会的发展和认识的深化,科学实践观视域中思想政治教育的价值主体会逐渐从只考虑追求个体价值,仅仅在客观结果上实现思想政治教育社会价值,慢慢过渡到能够有意识地在追求个体价值的同时兼顾到社会价值,最终是价值主体能够自觉把科学实践观视域中思想政治教育个体价值目标和社会价值目标统一起来,完全契合科学实践观视域中思想政治教育个体价值追求和社会价值追求。

其二,在科学实践观视域中思想政治教育价值追求过程中,对社会价值的追求常常以牺牲某些人的个体价值为代价,但最终可以在更高层次上实现人们的个体价值。在价值追求过程中,任何价值目标的实现都要有一定的代价作为前提,一般来讲,价值目标越

---

① 马克思恩格斯选集.第4卷.北京:人民出版社,1972,P478.

高,在实现过程中需要付出的代价就越大。在科学实践观视域中思想政治教育个体价值实现过程中,其代价包括社会的投入、个体智力、体力及时间的付出等;而在科学实践观视域中思想政治教育社会价值实现过程中,其代价除了社会人力物力投入外,在一定历史条件下还表现为某些思想政治教育个体价值的受损和丧失,这是因为,个体发展需要与需求满足和社会发展与社会成员的长期需要之间并不完全一致,所以,在追求科学实践观视域中思想政治教育社会价值时,为了促进社会进步和发展,必须牺牲某些局部利益和暂时利益,其中就包括思想政治教育的个体价值。但应该看到的是,这种代价会换来科学实践观视域中思想政治教育社会价值的实现,也即社会整体的发展和社会有机体的完善,这将为个人发展提供更好的社会基础条件和社会环境。比如,当前中国全面深化改革,它必然要求牺牲某些人的个体利益,当改革显现出其成果时,又能为人们个体利益在更高层次上的实现奠定坚实的社会条件。还应该注意的是,在科学实践观视域中思想政治教育社会价值实现代价问题上,有一种倾向,即希望其个体价值失而复得的时间越短越好,在人们普遍追求经济效益的市场经济时代,这种想法无可厚非,但在实际工作中,要避免为了在更短时间内追求科学实践观视域中思想政治教育个体价值的实现,忽视了其社会价值的长期性、全局性特点,从而造成得不偿失的后果。

通过上面的论述可见,在科学实践观视域中思想政治教育社会价值和个体价值互动共生过程中,要注意两点内容:第一,科学实践观视域中思想政治教育社会价值是通过其无数的个体价值的实现而实现的,因此,科学实践观视域中思想政治教育社会价值如果能包括绝大多数个体的需求,也就是包括绝大多数的个体价值,那么,二者在总体方向上就会协调起来,就比较能够顺利地实现科学实践观视域中思想政治教育价值。第二,在二者互动共生过程中,社会价值和个体价值的不协调是必然现象,不能把这种不协调看成是个体价值阻碍了社会价值的实现。也就是说,在科学实践观视域中思想政治教育社会价值实现要以牺牲其某些个体价值为代价,但这种牺牲不能是毫无节制和底线的牺牲,必须有一定的度,只有这样才能调动个体的积极性,为科学实践观视域中思想政治教育价值的最终实现奠定基础。

第二节 科学实践观视域中思想政治教育社会价值和个体价值的矛盾性

科学实践观视域中思想政治教育社会价值体现在思想政治教育对社会需求的满足和社会进步的促进作用;其个体价值体现在思想政治教育对个体需求的满足和个体存在意义的展现,也即社会对个体的尊重和满足以及个体对社会的责任和奉献。科学实践观视域中思想政治教育的社会价值和个体价值,在实现过程中,由于出发点和立足点的不同,二者不可避免地存在矛盾性,这种矛盾性体现在以下几个方面:

一、整体性与局部性之间的矛盾

科学实践观视域中思想政治教育社会价值和个体价值之间存在的第一对矛盾关系是整体性与局部性之间的矛盾。科学实践观视域中思想政治教育所追求的社会价值，是从中国特色社会主义社会的角度出发来考虑其价值的。诚然，科学实践观视域中思想政治教育社会价值是其个体价值的一种"集合"，但这并不意味着对其社会价值整体性的理解和把握只需把握某些个体价值的特性即可，而必须从不同个体价值的各个方位、各个角度考虑，在此基础上形成科学实践观视域中思想政治教育社会价值。科学实践观视域中思想政治教育社会价值是从中国特色社会主义社会和全体成员的长远利益出发来确定价值目标的，其价值判断标准不在于是否满足个别社会成员的暂时需要，而是是否能够满足绝大多数社会成员长远发展需要和中国特色社会主义社会全面发展和进步的需要。科学实践观视域中思想政治教育社会价值的整体性体现在：价值内容的完整性、理论的科学性。首先，科学实践观视域中思想政治教育社会价值整体性体现在其价值内容的完整性，正确认识社会价值内容的完整性，必须要弄清楚的是，既不把本来不属于社会价值的内容加到社会价值中去，也不把属于社会价值内容的东西从社会价值的整体中割裂出去，科学实践观视域中思想政治教育社会价值整体性的基本要求就是价值内容构成的完整性。其次，科学实践观视域中思想政治教育社会价值的整体性体现在指导理论的科学性，马克思主义有关社会与个人关系学说、马克思主义哲学、中国特色社会主义理论体系指导了科学实践观视域中思想政治教育社会价值的规定和实现，实践证明，这些理论是科学化的理论。科学实践观视域中思想政治教育个体价值从根本上讲具有局部性的特征，个体价值一般是社会个体从自身角度和立场来选择和确定价值目标，其价值判断标准主要是科学实践观视域中思想政治教育能否满足个人的各种切身

第七章 科学实践观视域中思想政治教育价值形态的同构

需要和能否实际地体现自己存在的意义。社会个体的社会阶层、经济状况、行业状况、生活状况及家庭状况等是影响个体价值取向的重要因素。

从个体价值的"集合"的角度去把握科学实践观视域中思想政治教育社会价值,是可能的,也是比较接近其社会价值的实质的。但应该注意的是,在对科学实践观视域中思想政治教育社会价值的把握过程中,没有一个占据绝对优势位置上的个体主体,也即人人都是具体的,人人都是从自己的立场和观点出发来理解和把握的。因而,对个体来说,对科学实践观视域中思想政治教育社会价值的理解和把握不可能是整体的、全面的,在很多时候,他们的理解和把握是局部性的和片面性的,这种局部性和片面性是由个体本身的特点和局限性所决定的。在一些情况下,科学实践观视域中思想政治教育社会价值与个体价值的整体性和局部性的矛盾还体现在真知灼见和偏见的矛盾对立上。人们在科学实践观视域中思想政治教育实践活动中所追求的价值,即要满足个体的满足和发展,人们往往从自己特定的需求和价值目标出发,追求思想政治教育个体价值,至于整个人类、整个社会的发展进步,这种科学实践观视域中思想政治教育社会价值,却很难被人们所考虑到。所以,鉴于个体视野的局限,个体背景的狭小,不可能对科学实践观视域中思想政治教育社会价值有准确的理解和把握。在实际思想政治教育活动中就有可能出现这种情况,当人们把一些局部的、片面的价值理解为科学实践观视域中思想政治教育社会价值时,其社会价值追求就有可能出现偏差,这种偏差是致命的,它不仅能造成社会价值追求的错误,也会造成对人们个体价值追求的误导,从而引起社会价值取向的混乱，影响社会的发展。这就要求我们在对科学实践观视域中思想政治教育社会价值的整体性把握上，必须自觉、清醒地理解和把握其社会价值。透过社会历史发展过程我们发现，那些能够站在社会历史发展高度、代表社会生产力发展方向的先进阶级，对于思想政治教育社会价值的理解和表达显然更全面和准确，虽然他们也是站在一定的位置上来认识和把握思想政治教育的社会价值的，但由于他们所处位置的特殊性使他们具有更为全面的视野，更重要的是，他们站在历史发展的整体性高度，不易受到局部既得利益的限制，而且具有明确的自我批评和自我反思的意识，能从全人类、全社会的角度来考察进步与发展，而不是从个人或小集团的既得利益、特殊利益来考察。正如马克思所说：只有达到一定程度，才有可能"被看作和被认为是社会的普遍代表，真正是社会理性和社会的心脏。"①

二、持久性与暂时性之间的矛盾

科学实践观视域中思想政治教育社会价值具有持久性的特征。我们不得不承认，思想政治教育社会价值是以人，往往是具体的人为载体的，脱离了具体的、具有特等社会历史文化个性的人，不可能由其他任何东西来实现社会价值，正如马克思所论述的那样，"历史什么事情也没有做，它并不拥有任何无穷尽的丰富性，它并没有在任何战斗中作战！创造这一切、拥有这一切并为这一切斗争的，不是历史，而是人，现实的、活生生的人。历史并不是要把人当作达到自己目的的工具来利用的某种特殊的人格。历史不过是追

---

① 马克思恩格斯选集.第1卷.北京:人民出版社,1972,P11.

第七章 科学实践观视域中思想政治教育价值形态的同构

求着自己目的的人的活动而已。"① 科学实践观视域中思想政治教育社会价值的持久性正是通过具体的人来实现的，是通过一代又一代具体的人来实现的。当科学实践观视域中思想政治教育社会价值作用于社会中的人时，它引导并使多数社会成员遵从社会规范、社会道德，从而使其社会价值获得了较高的统一性。比如：中国传统文化以"三纲五常"为核心的封建价值观念的社会价值，这种封建价值观念在春秋战国时已经确立，经过秦汉魏晋南北朝的发展和隋唐的繁荣，形成了相对完整和牢固的价值取向，它对人们的思想和心灵具有强大的统摄力，对于维护封建社会的稳定和发展起到重要作用。在封建价值观念统治中国社会的历史时期，人们对于自己价值的选择和价值行为不再问"为什么"，而是自然而然地遵守封建价值观念。明末清初封建社会由顶峰开始逐渐衰落，黄宗羲虽然提出了"天下为主，君为客，天下应为天下人之天下"的主张，但人们对封建价值观念依旧信服，封建价值观念的瓦解要远远慢于社会经济、文化的变化。可见，科学实践观视域中思想政治教育社会价值具有明显的持久性和内稳性特征，即它的价值功能不会立即中断或者消失，即使与之相适应的社会形态在政治上和经济上已经瓦解，科学实践观视域中思想政治教育社会价值作为一种价值追求的集中体现，还可以在相当长时间内具有影响力，并有可能在新的历史条件下转化，再生为可以和新环境一致的价值追求。比如，我们党在革命时期，有关思想政治教育的群众路线、统一战线等工作方法，通过在新的社会历史条件下的转化，并经过改革开放的实践证明，这些工作方法在新的历史时期仍然有旺盛的生命力，仍然能够作为

---

① 马克思恩格斯全集.第2卷.北京：人民出版社，1963，P118~119.

思想政治教育的重要工作方法，为思想政治教育实现社会价值提供支持。

科学实践观视域中思想政治教育个体价值具有暂时性的特征。科学实践观视域中思想政治教育价值的载体是现实中的人，也即社会中的个体，个体在进行思想政治教育价值选择和需求满足时，立足点和出发点一般都是根据个人所处的情况进行考虑，他们追求的思想政治教育个体价值都是暂时性的，这种暂时性体现在，从人的生命周期看，个体的寿命是有限的，在有限的生命周期里，个体所追求的思想政治教育价值一般都是具有时间性限制的，是短期的。从人的社会关系看，人们一般处于某个社会历史阶段，这个社会历史阶段给个人提供了发展所必须的基本条件和基本前提，人们在进行发展选择时，必须依据已有的社会条件进行选择。因此，个体在追求科学实践观视域中思想政治教育个体价值时，所依据的社会条件和社会前提是阶段性的，是社会历史发展的一定阶段，个体所追求也是在这个历史阶段上能实现的价值，因此是暂时性的。

对科学实践观视域中思想政治教育社会价值持久性的把握，要注意两个层面的问题：第一，总体目标层面。科学实践观视域中思想政治教育社会价值的总体目标，是从全社会、全人类的角度和立场来选择确定价值目标的，以促进人类社会的发展为其最高价值。从内容上看，这一价值目标涉及的都是有关人类生存和人类社会发展的核心的问题。比如，人类生存需要地球，地球的破坏和毁灭就意味着人类生存条件的丧失，因而，维持地球生态平衡便是科学实践观视域中思想政治教育社会价值的一个总体目标。但在实际工作中，由于人们在追求科学实践观视域中思想政治教育个体价值时，

第七章　科学实践观视域中思想政治教育价值形态的同构

对其社会价值的总体目标把握不清楚，对其社会价值目标难以达成一致，人们认为这个目标和他们自己的现实的、短期的目标没有直接关系，人生在世只有几十年，而地球毁灭可能是很久以后的事情，而且保护地球也不是个别人、或一代人的努力可以实现的，这种重视暂时价值、忽视持久价值、总体性价值的现状是科学实践观视域中思想政治教育社会价值和个体价值的矛盾之一。第二，具体目标层面。具体目标是科学实践观视域中思想政治教育社会价值的具体体现，是根据总体目标和社会某方面需要，确立社会有关方面的价值目标。比如，当前中国特色社会主义社会，科学实践观视域中思想政治教育的社会具体目标是实现人的发展和社会的进步。这个目标不是一蹴而就的，要经过中国特色社会主义社会的长期发展才能实现。因此，党和国家依据中国社会实际，提出了培育和践行社会主义核心价值观，这个目标可理解为科学实践观视域中思想政治教育社会价值的具体目标。

三、发展性与适应性之间的矛盾

科学实践观视域中思想政治教育社会价值具有发展性的特征。思想政治教育社会价值是以满足社会发展和社会需要为前提的，而社会是不断发展变化的，与之相适应，要求科学实践观视域中思想政治教育社会价值也必须随着社会的发展变化而发展。随着科学实践观视域中思想政治教育社会价值的发展，那些能够适应这种发展的个体，往往能比较全面和准确地认识科学实践观视域中思想政治教育的社会价值，在把握社会价值的基础上，自觉把个体追求的价值和社会价值统一起来，在实现科学实践观视域中思想政治教育社会价值过程中,实现其个体价值。这就是科学实践观视域中思想政治教育社会价值和个体价值的又一对矛盾:发展性和适应性之间的矛盾。科学实践观视域中思想政治教育社会价值总是在发展的,这种发展要求其个体价值必须与之相适应,能否适应、适应程度等都成为实现科学实践观视域中思想政治教育价值的关键。发展性和适应性的矛盾,具体来讲,体现在两个方面:

其一,有限与无限的矛盾。科学实践观视域中思想政治教育社会价值作为与社会历史发展密切相关的价值目标、价值活动和价值规范,从其涵盖范围和由来看,是无限发展的。当前被理解为思想政治教育重大社会价值的价值目标,也许不久就可能没有价值或者是负价值,科学实践观视域中思想政治教育社会价值作为一种发展的价值追求,我们不可能去穷尽它,只能逐步接近它和逐步实现它。即使是那些站在历史发展前列的社会先进分子,在追求思想政治教育社会价值时,也会因为所处的社会历史阶段的局限,他们追求的目标是有限的,这是因为,他们的自然存在、社会存在,在本质上都和一般社会成员没有什么根本上的区别。因此,要真正理解和把握科学实践观视域中思想政治教育的社会价值,唯有借助并积累无数社会个体的理解和把握,也即要增强社会个体的适应性,只有将每个社会个体所追求的科学实践观视域中思想政治教育个体价值结合起来,才有可能在思想政治教育价值追求过程中,逐渐靠近无限的科学实践观视域中思想政治教育社会价值。也可以这么说,科学实践观视域中思想政治教育社会价值从根本上讲是属人的,但它不属于那些个别的人。那是因为,科学实践观视域中思想政治教育社会价值是无限发展的,这种无限发展需要社会个体通过对其的

第七章 科学实践观视域中思想政治教育价值形态的同构

适应来实现,也即科学实践观视域中思想政治教育社会价值的无限发展性,需要其社会个体的有限适应性来实现,而在实际社会中,无限发展和有限适应必然存在极大的矛盾,有限适应只是根据当前社会条件和个人条件对科学实践观视域中思想政治教育所追求价值的推动,而其无限发展的价值要求社会个体必须能够跟上社会价值追求的节奏,这显然是不现实的,这也构成了科学实践观视域中思想政治教育价值实现的内在动力。

其二,真理与功利的矛盾。在科学实践观视域中思想政治教育价值实现过程中,一个很重要的问题是对其价值的认识问题,能否正确理解和把握科学实践观视域中思想政治教育的价值,是实现价值的关键。一般来讲,如果能够对科学实践观视域中思想政治教育社会价值的把握和理解较为准确,更为接近其本质,那么其价值目标的实现可能性就更大。相反,如果没有根据地,社会个体根据主观臆断、盲目冲动地追求个体价值,则会有碍科学实践观视域中思想政治教育社会价值的实现。这就出现了对科学实践观视域中思想政治教育社会价值发展性和个体价值适应性把握的真理和功利矛盾。功利性对适应性的影响在于,人们往往采用功利的方案,从直接现实的、眼前的适应性或可见的适应性进行选择和考虑,没有关注到科学实践观视域中思想政治教育社会价值的发展性和长远性,特别是其中普遍性、理想化的价值目标,较少为人们所选择和追求,或者只是在追求短期价值时,兼顾考虑长远价值。因此,在科学实践观视域中思想政治教育社会价值的发展性和个体价值的适应性问题上,要关注发展的真理性和适应的功利性问题,正确认识社会价值的发展性,准确把握和理解社会价值的发展性,在实现科学实践观视域中思想政治教育社会价值时，要抵制个体价值适应性的功利主义倾向，尽可能从发展的观点、长远的角度考虑科学实践观视域中思想政治教育社会价值的实现，避免因个体价值适应性的功利主义倾向而影响科学实践观视域中思想政治教育价值的最终实现。但也要注意的是，真理和功利并非完全对立，要善于利用功利的积极作用，促进科学实践观视域中思想政治教育价值的实现。

第三节　科学实践观视域中
思想政治教育社会价值和个体价值矛盾性的转化

科学实践观视域中思想政治教育价值的实现，有赖于其社会价值和个体价值的实现，而社会价值和个体价值之间存在着整体性与局部性、持久性与暂时性、发展性与适应性的矛盾。因此，探索促使科学实践观视域中思想政治教育社会价值和个体价值之间矛盾转化的思路，通过矛盾转化，实现科学实践观视域中思想政治教育的价值。具体来说，可以从三个方面推动二者矛盾的转化。

一、提高科学实践观视域中思想政治教育社会价值的兼容性

马克思主义哲学很容易被人理解为斗争哲学，在讨论阶级斗争时，恩格斯指出，"只要有利益相互对立、相互冲突和社会地位不同的阶级存在，阶级之间的战争就不会熄灭。"[①] 这很容易让人们感

---

① 马克思恩格斯全集.第8卷.北京：人民出版社，1961，P249.

第七章 科学实践观视域中思想政治教育价值形态的同构

觉马克思主义哲学是斗争性的,而实际上,马克思主义哲学有很强的兼容性,在描绘未来社会景象时,恩格斯写道:"管理上的民主,社会中的博爱,权利的平等,普及的教育,将揭开社会的下一个更高的阶段,经验、理智和科学正在不断向这个阶段努力。这将是古代氏族的自由、平等和博爱的复活,但却是在更高级形式上的复活。"① 马克思主义哲学的兼容性给马克思主义理论以无限的生命力和活力。因此,在解决科学实践观视域中思想政治教育价值实现问题上,要以马克思主义为指导思想,提高科学实践观视域中思想政治教育社会价值的兼容性,充分发挥社会价值的统摄作用。具体来讲,可以从三个方面提高科学实践观视域中思想政治教育社会价值的兼容性。

其一,提高科学实践观视域中思想政治教育社会价值的价值主体定位的兼容性:社会本位和个体本位兼顾。在科学实践观视域中思想政治教育社会价值的价值主体定位时,会遇到一个难题,即到底是以社会为本位,还是以个体为本位,这也是科学实践观视域中思想政治教育社会价值的核心问题。在中国传统社会价值观念中,一直强调国家利益至上、社会价值优先的社会本位主义和集体主义价值倾向。但是,随着改革开放以来社会主义市场经济的发展和中国社会转型的加速,以往以社会或群体为本位的单一价值取向被打破,国家和集体荣誉至上的观念发生了动摇,而在社会主义市场经济条件下,个体价值得到尊重和肯定,这直接强化了社会个体自我奋斗、自我拼搏的意识和观念,也使得人们的价值定位更加注重个体利益,表现出更加明显的个体本位倾向。同时,在中国"走出

---

① 马克思恩格斯全集.第21卷.北京:人民出版社,1963,P198~203.

去"战略和全球一体化进程加快的背景下,西方价值观念中所倡导的个人主义价值取向也给中国社会原有的集体主义价值取向以极大的冲击。在中西方价值观念不断融合、碰撞、发展的过程中,对科学实践观视域中思想政治教育社会价值的社会本位影响是不容质疑的,随着中国特色社会主义社会的发展,科学实践观视域中思想政治教育社会价值的社会本位向个体本位转移是不争的事实,这也符合中国特色社会主义社会以人为本的发展观。但应该承认的是,人们的个体本位倾向并没有完全取代社会本位,西方价值观念中的个人主义也没有吞噬本土的集体主义,人们在价值选择时,既不想追求传统社会本位大公无私、无私奉献的价值取向,也不愿意只追求极端的个人利益,不顾国家和社会利益。在当代中国社会中,人们对价值的追求兼顾社会本位和个体本位,倾向于二者同时共存和相互影响。因此,科学实践观视域中思想政治教育社会价值的价值主体定位时,要兼顾国家社会价值和个体价值,把人们的价值追求统一到科学实践观视域中思想政治教育的社会价值中来。

其二,提高科学实践观视域中思想政治教育的社会价值取向选择的兼容性:社会奉献和个体索取平衡。在社会主义市场经济条件下,随着改革开放的深入发展,个体利益的合理性和合法性得到社会的承认和肯定,社会发展进步和国际化程度加快也大大拓宽了人们的价值视野,使人们在日益丰富的社会政治经济文化生活面前有了更多的价值选择方向,他们的价值取向选择也更加务实化和个性化。他们不再局限于传统社会本位价值观主导下的"为人民服务"价值选择,人们关心国家、热爱国家、拥护党的路线方针政策的思想没有变化,也充分认识到个体利益和国家利益息息相关,具有强

第七章 科学实践观视域中思想政治教育价值形态的同构

烈的社会责任感和历史责任感。但与之前相比,现在的人们更关注自我成长、自我需求、自我情感和自我实现。因此,科学实践观视域中思想政治教育社会价值在提高兼容性时,要兼顾社会个体的奉献与索取之间的平衡,让个体在为国家做贡献,为社会做奉献时,能够有现实的回报,能够找到社会义与利的平衡点,这样才能激发个体为国家、社会做贡献的积极性和主观能动性。

其三,提高科学实践观视域中思想政治教育社会价值的价值目标追求的兼容性:物质利益与精神追求兼顾。所谓价值目标追求,一般指价值主体对自己所设想的实践活动结果的一种追求。在改革开放前,人们在价值追求上,更倾向于精神的追求,而忽视了物质利益的追求。在中国特色社会主义事业建设的新时期,社会发展大大拓宽了人们的价值视野,社会政治经济文化生活极大丰富也为人们的价值目标提供了更多的选择性。另外,在市场经济条件下,人们的价值追求更加功利,尽管人们有理想、有梦想,有自己的精神追求,但面对现实生活中各种利益追求的冲击,人们逐渐将价值追求目标从精神追求转移到注重实惠的物质追求上,甚至还出现了只重物质、重享受的物质主义倾向。因此,科学实践观视域中思想政治教育社会价值在价值目标追求设定上,要根据中国特色社会主义社会发展现实,兼顾物质利益和精神追求,引导个体在追求物质利益的同时,不能没有精神追求,要在实现物质利益的基础上,实现更高层次的精神追求,实现物质文明和精神文明的双丰收。

二、增强科学实践观视域中思想政治教育社会价值的认同度

科学实践观视域中思想政治教育对受教育者的统摄、引领作用,主要通过受教育者对其社会价值的认同所实现的。而在当代中国,有两大问题对科学实践观视域中思想政治教育社会价值认同构成严峻挑战。第一,全球化、现代化的挑战。21世纪以来,随着中国改革开放的深入和国民经济的发展,中国融入世界的步伐加快,中国的现代化进程迅速。全球化带给中国的不仅是国际先进的技术、国际广阔的市场和管理经验,还带给我们全球各地的风土人情、宗教信仰等,这其中最重要的就是价值观,各国人民对于民主、自由、平等的理解不尽相同,这势必造成我们社会价值取向多样化和多元化,给社会主义核心价值观的认同以极大的挑战。现代化带给我们极大的物质利益,人们的实际生存环境产生了巨大变化,但也造成了人们价值坐标体系、存在意义标尺的变化,正如一名学者所言:"历史上没有一个时代像当前这样,人人对于自身这样的困惑不解。"① 现代化给人类带来最大的挑战就是价值认同的危机。第二,中国社会结构转型带来的挑战。随着改革开放的深入,中国社会正在由传统的农业社会向现代社会转型,在传统中国社会中,社会整合主要依赖一个自上而下的强制性政治权威来实现,而现代社会结构则意味着社会各阶层在社会管理中拥有更大的权力,

---

① [德国]马克斯·舍勒.资本主义的未来.上海:三联书店出版社,1997,P57.

第七章 科学实践观视域中思想政治教育价值形态的同构

也即中共中央在全面深化改革若干意见中所说的要提高国家治理能力,实际上就是建立和完善中国现代的社会结构。社会结构变化给人们价值生活带来巨大变化,社会各阶层、各领域都以自己的标准和生活意义来建构自己的价值,给主流社会价值的形成以严峻挑战。基于这种背景,科学实践观视域中思想政治教育社会价值在增强其认同度的问题上,应该从几个方面着手:

其一,充分认识价值认同的内涵和规律。认同是一种自觉或不自觉的赞许、遵从。社会个体若认同了某种社会价值,就会在自己的价值观念、价值取向、价值选择上遵从该社会价值的主要内容,并在个体的各种社会实践中和社会价值规范保持一致。一般来讲,价值认同是习惯成自然的过程,也是潜移默化的过程。随着认同度的加深,人们就不会考虑"要不要"去接受和遵从某种社会价值规范,而是不假思索地去接受和遵从。从社会价值的规范和功能角度来说,社会成员对其认同度越高,其功能作用发挥就越好,对社会成员的统摄力就越强。人们对某中社会价值规范的认同,一般基于三种因素:第一,血缘、家族、民族因素。这些因素主要是社会成员的成长环境因素,从出生就成长于斯的社会成员对这些环境因素中包含的价值会毫不犹豫地遵从的,有时甚至会去盲从。比如,美国文化学者曾指出,"一个降生于存在着巫术的社会文化系统内的个人,将按照特定的方式去行为;在他的文化引导和规定下思考、感觉和行为。他怀疑某些人搞妖术而心怀恐惧,他谨慎提防他们的侵害,他满脑子充塞着刺探、惩罚、消灭巫婆的方法,而所有这些方法全是他的文化所规定的。"[1] 第二,认知、教育因素。主要指学

---

[1] [美国]怀特. 文化科学. 杭州:浙江人民出版社,1988,P174.

校教育，比如，学习文科的学生，对社会科学的社会价值认同度较高，而学校理科的学生，则对自然科学的社会价值认同度高。第三，特殊的个人经历所形成的体验因素。在个体成长中，会有一些对个体影响深远、触动非常大的事件发生，这些事情给个体以特殊的经历，会影响个体的价值选择。另外，社会价值认同的形式也有很多种：情感认同形式，主要从感情上肯定的；认知认同形式，主要从观念、理性的层面认同的；信仰认同形式，主要从信仰或信念层面上认同的。从认同的过程看，社会价值认同的过程是一个动态的互动过程。"只要我们活着，对生活方式的探求，就将继续进行下去。"① 社会价值规范本身是发展变化的、动态的；被社会价值规范统摄的社会成员也是发展变化的、动态的，社会价值的认同就是二者发展变化、不断相互作用而达成相对统一的过程。另一方面，在全球一体化的时代，社会价值认同也是一个本土社会价值与外来社会价值相互渗透、相互交融的动态过程。

其二，确立科学实践观视域中思想政治教育社会价值主导价值观。主导价值观要反映社会的基本制度，在社会价值观念体系中占据主导地位，对社会发展方向具有指导性的意义。主导价值观引导着社会价值的发展方向和人们的价值取向，为人们对事物进行价值评价、价值判断提供标准，对人们的价值观和价值行为起着决定性的作用。构建科学实践观视域中思想政治教育社会价值的主导价值观，最根本的就是培育和践行社会主义核心价值观。面对世界范围内思想文化交流交融交锋形势下价值观较量越来越激励的新态势，

---

① [美国]宾克莱.理想的冲突.马元德、陈白澄、王太庆等译，北京：商务印书馆，1983，P41.

面对国内全面深化改革和社会主义市场经济条件下思想意识形态多元多样多变的新特点,社会主义核心价值观可以扩大中国特色社会主义主流价值观念的影响力,提高国家的文化软实力。

其三,大力弘扬中国精神。习近平指出,"实现中国梦必须弘扬中国精神,这就是以爱国主义为核心的民族精神,以改革创新为核心的时代精神。"[①] 中国精神是科学实践观视域中思想政治教育社会价值的题中之义。中华民族具有5000多年连绵不断的文明历史,经过几千年岁月积淀,形成了中国精神。以爱国主义为核心的民族精神,是中华民族最深厚的思想传统,是把中华民族团结在一起的精神力量,是中华民族历久弥坚的精神支柱。中国精神丰富的历史积淀,是中国人民在共同努力、共同奋斗创造历史的过程中产生的,具有深厚的民族基础;中国精神有极强的时代精神,是中国人民改革创新精神的精炼。因此,要在科学实践观视域中思想政治教育社会价值中融入中国精神,以中国精神提高其认同度,增强人们对中国特色社会主义事业的勇气和信心。

三、扩展科学实践观视域中思想政治教育个体价值的选择性

科学实践观视域中思想政治教育个体价值的选择性问题,也是科学实践观视域中思想政治教育的质量问题,即当受教育者在科学实践观视域中思想政治教育社会价值和个体价值发生矛盾时,尽可能为受教育者提供一个可以回旋的余地,让科学实践观视域中思想

---

① 习近平.实现中国梦必须弘扬中国精神.2013年3月17日.

政治教育社会价值和个体价值都能最终实现。一般来说，扩展科学实践观视域中思想政治教育个体价值的选择性，可以从两个方面着手：

其一，提升科学实践观视域中思想政治教育的质量，为受教育者提供更多的选择性。在科学实践观视域中思想政治教育实践活动中，要采用"菜单式"的培养模式。根据每名受教育者的独特的兴趣爱好、特长、个性特征、特殊素质等自身条件，通过实施思想政治教育活动，使每名受教育者的个性和特长得到充分发挥，根据受教育者的不同特征，采用不同的思想政治教育"菜单"对其进行教育培养。在科学实践观视域中思想政治教育实践活动中，要采用"服务型"管理模式。受教育者能力的发挥需要一个可以激发智慧和创造力的宽松自由的空间，在这个空间里，受教育者可以充分张扬个性、自由发展兴趣，可根据受教育者个体发展需求，建立"服务型"的管理模式，把为受教育者服务，提升受教育者的思想道德素质作为根本目标，充分体现科学实践观视域中思想政治教育"以人为本"和"服务型"的管理理念。还要实施"多样化"教学模式。在科学实践观视域中思想政治教育实践活动中，要根据受教育者的特点，注重受教育者能动性的发挥，引导其个性发展，采用启发式、体验式、互动式、探究式、模拟式、实践式等多样化的思想政治教育教学模式，重视培养受教育者的独立思考能力、批评思维能力、独立观察思考能力、分析问题能力等。

其二，提高受教育者的素质。马克思指出，"我的对象只能是我的一种本质力量的确证……任何一个对象对我的意义（它只是对

第七章 科学实践观视域中思想政治教育价值形态的同构

那个与它相适应的感觉来说才有意义）都以我的感觉所及的程度为限。"① 科学实践观视域中思想政治教育个体价值选择性的扩展需要受教育者具备相适应的素质，能够以更开阔的视野去理解、认识思想政治教育活动。要提高受教育者的素质，首先，要增强科学实践观视域中思想政治教育的实效性，坚持先进性和广泛性相结合的原则，既要倡导理想信念教育，又以现实生活为突破口，充分考虑受教育者的思想道德觉悟的差异性、层次性，使受教育者在可接受的范围内接受思想政治教育。其次，加强实践教育，使受教育者在实践过程中养成良好的思想品质和行为习惯，实践是受教育者内化外部教育信息的必要环节，因此，要有目的、有意识、有组织地开展相关教育实践活动，使受教育者在实际活动中了解和适应中国特色社会主义事业发展的需要。再次，加强人文社会科学教育，提高受教育者的人文素养。要着力培养受教育者的价值理性和人文精神，丰富受教育者的精神家园，为中国特色社会主义事业提供必要的人文支撑。

---

① 马克思恩格斯全集.第42卷.北京：人民出版社,1979,P126.

第八章 科学实践观视域中思想政治教育价值实现的路径

作为一种影响人、教育人、鼓舞人和塑造人的社会实践活动，思想政治教育本质上是一定的社会阶级或政治集团对人们施加意识形态影响的过程。科学实践观视域中思想政治教育价值的实现，需要通过价值传播、教育引导、实践养成、数据分析等途径，增强思想政治教育的实效性，实现科学实践观视域中思想政治教育的价值。

第一节 科学实践观视域中思想政治教育价值实现的价值传播路径

思想政治教育的价值传播，是教育主体（教育者）有目的、有意识地向教育客体（受教育者）施加影响，通过思想政治教育价值的传递、认同、接受和反馈过程，促使受教育者吸收、接受一定的思想政治道德内容并内化为自己的某种深刻而稳定的心理结构，进而外化为行为的过程。

首先，教育者向受教育者传递思想政治教育价值，这是开展思想政治教育的起点。"思想政治教育，就是教育者根据一定社会的思想品德要求和受教育者思想品德形成发展的规律,对受教育者进行有目的、有组织、有计划的教育影响,以促使受教育者产生内在的思想矛盾运动,以形成一定社会所期望的思想品德的过程。"① 教育者向受教育者传递的是社会所期望的价值观念、政治观点和道德规范等思想政治教育价值。教育者进行思想政治教育价值传递后,如果被受教育者所吸收、接受、认同并内化为自己的自觉追求,那么教育者与受教育者就达成了共享、共识的价值,一个良性的思想政治教育价值传播过程得以实现;反之,教育者与受教育者的价值传播过程就要中断,教育者就无法达到教育的目的。

其次,思想政治教育的价值传播是教育者和受教育者双向互动的过程。一方面,价值传递的过程中,教育者是主体。教育者要根据一定社会要求选择适合的内容进行传递;如果传递的内容能引起受教育者的关注和认同,并引发内在的情感需求,那么受教育者可以发挥自身的主观能动性予以接受。另一方面,受教育者接受教育者传递的价值,并积极做出回应甚至内化入自身的价值体系。这一过程中,受教育者是价值内化的主体。从这个意义上说,教育者和受教育者互为对方存在的条件,二者相互依存、相互制约,处于不断的互动之中。

最后,思想政治教育价值传播的效果不仅受制于教育者和受教育者,还受到很多因素的影响和制约。思想政治教育是一种有目的、有意识的活动,希望能取得预期的效果。但价值传播的效果往往不以教育者的主观意志为转移,有时候甚至出现与教育者愿望相违背的结果。这是因为思想政治教育价值传播是一个复杂的心理和

---

① 陈万柏,张耀灿.思想政治教育学原理.北京:高等教育出版社,2007,P124.

社会过程，受到教育者的自身条件、社会环境、价值传播的方式方法等因素的综合影响。归根结底，思想政治教育价值传播效果的检验，取决于三个因素：其一，教育者把社会要求的价值观念、政治观点、道德规范在多大程度上作用于受教育者的知觉和记忆系统，引起受教育者信息量的增加和信息内容结构的变化；其二，教育者对受教育者的较之传播可否引起受教育者情绪情感的变化，实现受教育者对社会主导价值的维护并进而内化为个人价值体系；其三，受教育者能否将接受的价值观念通过言行表现出来，以实现价值观念向社会行为或行为习惯的转变。笼统而言，前两个环节是"内化"过程，后一个环节是"外化过程"。从认知到态度再到行为，这是一个逐渐深化、效果累积的过程，也是思想政治教育价值传播的完整过程。这一过程涉及教育者、受教育者、价值传播的途径和方式、社会环境等多种因素之间的矛盾运动。

从本质上讲，思想政治教育是一种特定的信息传播活动，是教育者和受教育者进行价值传播和互动的过程，传播是思想政治教育的重要环节。思想政治教育传播的内容主要是社会主导价值观念。换言之，思想政治教育是一个借助于各种传播媒介和载体传递符合社会要求的价值观念的过程。从一定意义上说，思想政治教育就是价值传播的过程。

一、价值传播路径的内涵

依据传播学理论，一个完整的传播过程受到传播者（教育者）、信息、通道、受传者（受教育者）、反馈、障碍和环境等因素的综合影响。这些因素都处于变化中，构成影响传播效果的动态性变量，其组合方式随时都会因其中一些因素的变化而呈现复杂多样的方式。这里重点从传播者（教育者）、传播内容、传播通道和媒介因素、受传者（受教育者）三方面进行分析，其中传播者（教育者）与受传者（受教育者）同属于主观性因素。

(一) 主观性因素

主观性因素主要是指传播者（教育者）和受传者（受教育者）两方面。教育者和受教育者是思想政治教育价值传播中的基本要素，二者的双向互动构成思想政治教育价值传播的主要矛盾。

教育者即价值传播的主体，是传播内容的发送者，同时也是思想政治教育的组织者与实施者，需要解决"传播什么""如何传播"的问题。前者是指思想政治教育价值传播内容的取舍，从根本上是由国家、社会的主流意识形态决定的；后者是指思想政治教育价值传播手段、途径和方式方法。教育者可以是个人，也可以是群体或社会组织。但不管是哪种形式，教育者都在思想政治教育价值传播中起主导作用。

受教育者即思想政治教育价值传播的接受者，是教育者的作用对象。仅就实施传播的过程来看，受教育者处于客体地位。但思想政治教育价值传播的客体具有与一般的物质客体不同的属性，他们是有独立思想、情感和意志的人，也是具有能动性、创造性、自主性的个体，因而在接受价值传播时并非完全被动的，恰恰相反受教育者可以发挥自身的主体性因素，在接受价值传播的具体实践活动表现出主动选择和积极内化的正向特征，也可以表现出消极抵制和不闻不问的负向特征。不仅如此，受教育者还可以通过沟通、反馈等活动影响思想政治教育价值传播过程，甚至在一定程度上影响和改变教育者的价值观念、政治观点和道德准则。

因此,思想政治教育价值传播过程就是教育者和受教育者双向互动的动态过程,是教育者和受教育者相互作用、交换并共享价值观的过程。

(二)传播内容

传播内容即思想政治教育传播的价值观,主要反映一个社会统治阶级的思想观念,或为大多数民众所认同的思想观念、政治观点和道德规范等。传播本质上是信息的流通,因此"说什么"是思想政治教育价值传播中的关键要素。内容确定以后,还有一个"怎么说"的问题,全面或片面,诉诸情感或偏重理性,有针对性或漫无目的等,这些都是教育者可选择的价值传播方式。当然,在思想政治教育价值传播的过程中,无论"说什么"还是"怎么说",都要根据对象的特征,把握问题的性质,有的放矢,才能取得良好的价值传播效果。

(三)传播途径和媒介因素

媒介是指负载或传播符号的物质实体。在思想政治教育价值传播过程中,媒介是指思想政治教育的传播渠道和传播途径。一般来说,按照价值传播所涉及的范围来说,可以分为自我渠道、家庭渠道、组织渠道和社会渠道;按照传播的途径分为自我传播、人际传播、组织传播和大众传播等方式;按照承载信息的不同层次,可以分为直接媒介和间接媒介,前者包括行为媒介、话语媒介和符号媒介,后者包括印刷媒介、影视媒介和网络传播媒介。传播途径和媒介是将思想政治教育价值传播过程中各要素相互连接起来的桥梁和纽带,教育者和受教育者之间只有通过一定的传播途径或媒介才能发生关系。

当然，传播途径和媒介随着人类社会生活的变迁和技术水平的提升而变化。最早人们主要依赖于口头传播、书面传播、日常行为传播物质产品传播等。随着科学技术的发展，现代传播途径更为多样，广播、电视、电话特别是以互联网已经成为现代传播的主流。不同的价值传播途径具有不同的特点和规律，使用不同的传播途径也会产生不同的传播效果。比如，在信息的时效性方面，广播、电视的时效性超过报纸，然而网络的时效性又远远超过广播和电视；在信息的持久性方面，杂志的生命周期较长，报纸次之，而网络、广播、电视都较弱；在符号的选择和运用方面，报纸、杂志主要是运用视觉符号进行传播，广播依赖听觉符号，电视和网络则综合运用了视听觉符号。因此，在思想政治教育价值传播过程中，我们要充分把握不同传播途径的规律，把各种途径结合起来，使其相互补充、相互加强，以提升思想政治教育价值传播的效果。

二、传统媒体传播路径

20世纪被成为大众传媒的时代，先是报纸、广播得以普及，对社会生活和公民个人的生活产生了巨大的影响；随后电视步入千家万户，各类影视和电子媒体也应运而生。这些媒体塑造和影响与人们的生活方式，高度依赖传播媒体已经成为社会运行的一种态势。一般来说，人们将传统媒体划分为印刷媒体、广播媒体、影视媒体和电子媒体等基本类型，不同的传播媒体具有各自不同的传播优势。

印刷媒体包括书籍、报纸、杂志等。从思想政治教育的实践来看，印刷媒体是一种普遍的、传统的价值传播方式。以报纸为例，马克思、恩格斯对其使命的经典表述是,"向公众介绍当前形势,研究变革的条件,讨论改良的方法,形成舆论,给共同的意志指出一个正确的方向。"① 我们党早在建党初期就积极创立《新青年》作为大力宣传马克思主义和中国共产党主张的宣传阵地,并借此将共产主义的理想信念在群众中传播开来。毛泽东同志也曾明确指出,"报纸的作用和力量,就在它能使党的纲领路线,方针政策,工作任务和工作方法,最迅速最广泛地同群众见面。……办好报纸,把报纸办得引人入胜,在报纸上正确地宣传党的方针政策,通过报纸加强党和群众的联系,这是党的工作中一项不可小看的、有重大原则意义的问题。"② 改革开放初期,邓小平再次强调,"报刊、广播、电视都要把促进安定团结……作为自己的一项经常性的、基本的任务。"③ 时至今日,报纸尤其是党报仍然承担着引导大众形成正确的价值观念、政治态度和道德情操的功能。比如《人民日报》《光明日报》等作为国家的"喉舌",已经成为党和人民群众沟通的桥梁,政治进步的助推器,社会舆论的晴雨表,先进文化的传播地,已经成为影响社会公众价值观的重要精神文化力量。

除了报纸,广播、电视、电影等电子类媒介也承担着重要的价值传播功能。广播主要以声音感染人,具有传播速度快、不受时空限制、对受众文化水平要求较少等特点,因而几乎可以面向所有人群;电视综合运用图像、声音和文字,是一种视听复合型媒介,因此蕴含着传承和传播价值观的巨大能量,施拉姆曾直言不讳地说,

---

① 马克思恩格斯全集.第29卷.北京:人民出版社,1974,P98.
② 毛泽东选集.第4卷,北京:人民出版社,1991,P1318.
③ 邓小平文选.第2卷,北京:人民出版社,1994,P255.

第八章 科学实践观视域中思想政治教育价值实现的路径

"所有的电视都是教育的电视,唯一的差别在于它在教什么。"① 与之类似,电影往往聚焦于某一特定主题,借助于多种艺术手法和流行元素进行表达,因而可以更为潜隐地传递社会价值观念,帮助观众形成文化价值认同。当下较受民众欢迎的"红色影视"就是典型例子。"红色影视",是指以革命活动为主题,以革命语言为主要形式创作而成的电视剧和电影作品,如《建国大业》《建党伟业》《地道战》《大决战》《亮剑》《长征》《紫日》《平原游击队》《任长霞》等。这些影视剧内容翔实丰富、直观生动、感染力强,尤其以细腻生动的叙事方式,展示了中华民族争取主权独立的坚强意志、实现民族复兴的不懈努力、中华儿女爱国敬业的感人情怀等不同主题,融教育性与娱乐性、思想性与艺术性于一体,以潜移默化的方式影响和激励着观众,鼓舞人们不断追求更好的人生境界,不断自我完善。可以说,红色影视资源是一种独特的教育资源,不仅是对历史画面的再现,更通过艺术加工手法将影视作品中蕴含爱国奉献、大公无私、坚忍不拔、廉洁奉公、艰苦奋斗、舍己为人等传统美德进行生动的阐释,为人们的行为提供参照和指引。以《建党伟业》为例,影片以1945年抗战胜利国共两党重庆谈判直至新中国成立前夕这一波澜壮阔的时代为背景,围绕风云变幻的历史事实,为观众展现了一幅波澜壮阔、气势磅礴的历史画卷,反映了中国共产党和各民主党派在反对国民党独裁统治的斗争中,和衷共济,团结奋斗,为建立多党合作和政治协商制度所经历的曲折艰辛。这些影视作品往往立足于历史事实,融真实性与审美性于一体,通过演员炉火纯青的表演,以独有的艺术形式展示了中国共产党的政治理

---

① [美]威尔伯·施拉姆. 大众传播学. 1949, P39.

想、价值观念和民族情怀，能够帮助观众树立正确的价值观念和社会理想，增强对中华民族的文化自觉和文化自信。再如，中国中央电视台自2002年始开办的《感动中国》节目为例，每年从各行各业评选出的十位年度人物都聚集在同一个宏大的社会议题——弘扬并践行善良美德之下。节目是基于人们对美好人性的向往，也回应了当下人们对社会主义核心价值观建构的内心需求，真如《感动中国》创始人、制片人朱波所言，"感动中国"年度人物是"整个中国用一年的时间书写的"，节目以"感动"为标准建构起的一个个媒介形象，实质上蕴含着一系列价值观念，而民众对年度人物媒介形象的接受根本上在于对其行为和价值取向的主动的认同。从这个意义上说，《感动中国》就是价值观传递的载体，是思想政治教育的价值传播方式。

当然，伴随着信息技术的发展，传统媒体的劣势也日益突出，如信息传播速度受限、内容容量有限、传播方式单一、传播地点相对固定等，这些都使得传统媒体的部分功能逐渐让位于新媒体，然而其在舆论的形成与引领、价值观的形成与塑造、主流文化的倡导与传播等方面的价值仍不可低估。

三、新媒体传播路径

（一）新媒体的界定

新媒体也称为现代媒体，最早是由美国哥伦比亚广播电视网（CBS）技术研究所所长戈尔德马克于1967年率先提出的。新媒体是继报刊、广播、电视等传统媒体之后发展起来的新的媒体型态，是综合应用数字技术、网络技术和移动技术，借助于互联网、卫星、无线通信网及电脑、手机和数字电视等终端,向用户提供信息的媒体形态。关于"新媒体"的界定,学界并未统一,目前常见的几种阐释分别是:

联合国教科文组织认为:新媒体即网络媒体,是以网络为载体,以数字技术为基础的传播媒介。[①]

清华大学熊澄宇教授认为,新媒体是建立于计算机信息处理技术和互联网的基础之上,能够发挥传播功能的各种媒介之和。[②]

上海交通大学蒋宏教授认为,新媒体在内涵与外延方面都区别于传统媒体。就内涵而言,新媒体是在20世纪后期伴随着科学技术发展能使信息传播极大扩展、传播速度极大加快、传播方式极大丰富的、与传统媒体迥异的新型媒体。就外延而言,新媒体包括图文电视、互联网、光纤电缆通信网、电子计算机通信网、大型电脑数据通信系统、都市型双向传播有限电视网、通信卫星与卫星直播电视系统、手机短信、多媒体信息的互动平台、多媒体技术及利用数字技术播放的广播网等等。[③]

中国人民大学匡文波教授认为,新媒体是利用数字技术,通过卫星、无线通信网和计算机网络等渠道,借助于电脑、手机和数字电视机等终端设备,向用户提供信息和服务的传播媒介。[④]

尽管对"新媒体"的界定众说纷纭,但无论怎样界定,总是在

---

① 季海菊.新媒体时代高校思想政治教育研究.南京师范大学博士学位论文,2013,P26.
② 熊澄宇,廖毅文.新媒体——伊拉克战争中的达摩克利斯之剑.载中国记者.2003(5).
③ 蒋宏,徐剑等.新媒体导论.上海:上海交通大学出版社,2006,P16.
④ 匡文波."新媒体"概念辨析.载国际新闻界.2008(6).

与"旧""传统"等概念进行比对的基础上进行。笼统地说,报刊、广播、电视是传统媒体的主体,互联网和移动网络(如手机)则被归入新媒体。新媒体不仅为思想政治教育提供了新的渠道和载体,使思想政治教育在时空范围、手段方式、互动性等方面都有了新的变化,但也为思想政治教育工作提出了新的考验,成为思想政治教育工作的"双刃剑"。

(二)新媒体的特征与形态

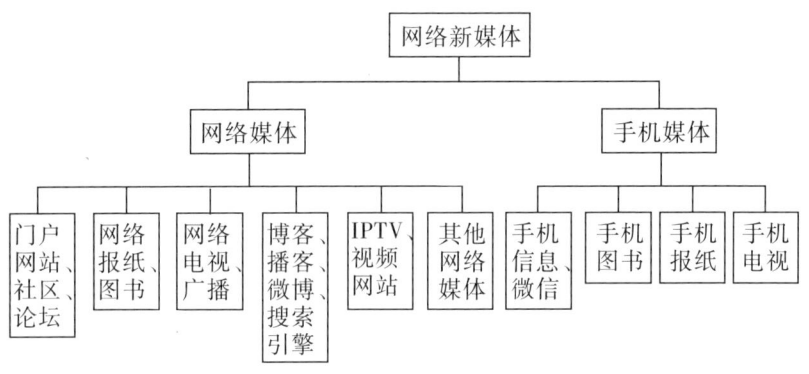

图1 网络新媒体主要形态

如图1所示,近年来,随着互联网传播业务的不断升级,新媒体尤其是网络媒体和手机媒体成为人们进行信息传播的重要渠道。而新媒体之所以被冠以"新",是因其具有明显区别于传统媒体的特征:

其一,数字化。新媒体是以数字信息技术、移动通信技术和互联网络技术为支撑。新媒体技术的数字化特征表现在生产、发送、显示及存储等各个环节,还使得媒体传播的速度更快、成本更低以及灵活交互的功能更强。正由于其数字化特征,新媒体所包含的信息内容具有海涵性,且易于保存。互联网不受版面、时段的限制,

第八章 科学实践观视域中思想政治教育价值实现的路径

可以涵盖全球所有用户,内容涉及人类所有的认知领域,在信息的深度和广度方面远远超越传统媒体。因此,数字化是新媒体与传统媒体的根本区别,这是传统媒体所无法企及的。

其二,交互性。传统媒体信息传播过程中,传播者和接受者定位清晰,传播者是信息的发布者,接收者则处于被动地位,这是一种单向的信息传播模式。然而,新媒体的互动性和多样性特征使得信息传播者与接受者之间的边界模糊,接收者在接受信息的同时还可以与传播者进行即时的互动,甚至转而成为传播者。因此可以说新媒体是"所有人对所有人的传播",任何人都具有传播信息的主控权,可以决定接受信息的时间、内容、主题,还可以决定并随时反馈自己的观点、态度,实现了信息传播的交互性特征。

其三,个性化。报纸、电视、书籍等传统媒体面向大众传播的是同样的信息,不可能为个体单独制作、出版或播放,不能满足个性化的需求。而新媒体则可以根据接受者多样化的需求进行细分,并提供专业化、个性化的服务,使得信息接受者可以根据自己的喜好、需求选择和定制信息。

其四,多样化。新媒体形态多样、更新速度快,能够迅即影响人们的生活方式和交流方式。例如qq、msn、飞信等即时通讯工具已经成为青年人进行信息沟通的主要渠道;以个人微博、个人日志、个人主页、人人网、微信等为代表的自媒体,为个体提供了信息生产、积累、共享及传播内容私密性或公开性内容的机会;网络流媒体(视频直播、网络电视等)实现了音视频文件的便捷下载;电子杂志作为网上出版物的形态,运用了多媒体的表现方式而深受网民喜爱;网摘、社会化书签等内容聚合方式不断兴起,不但影响和改变了网民的阅读习惯,也颠覆了传统的信息传播方式。

(三) 新媒体对思想政治教育价值传播的影响

正如美国《连线》杂志给新媒体下的定义,"由所有人面向所有人进行传播"。与传统媒体相较而言,新媒体实现了互动传播,即每个个体都可以做信息传播者。随着微博、微信、博客等的广泛普及和大量应用,互联网正成为公众交流信息、表达意见的场域,成为无所不在、无所不含的"民意广场"。作为一种新的媒介载体,新媒体对思想政治教育价值传播产生了深刻的影响:

一是教育者权威性消解,主导地位受到挑战。新媒体创建了一种全新的传播环境,即"泛化"传播。传统媒体明确、清晰地将价值传播划分为发出端和接受终端,这种两分法使得教育者毫无争议地处于发出端的位置,具有较强的权威性,较少受到质疑。然而,新媒体从一开始就根植于多元文化的土壤,呈现一种多对多的传播模式,传播通道不再是线性的,而是非线性的;传播层级不在是有量化定义的,而成为泛化和未定义的。因而,教育者的声音被消解在无限的网络世界中,教育者不再是主导传播过程的主要的或唯一的传播主体,其他组织、群体或个人也可以成为传播主体,因而思想政治教育价值传播的主体由一元走向多元,教育者对受教育者的影响力势必消减。

二是传播过程不受时空局限,环境的影响力日渐强化。思想政治教育价值传播,是教育者有目的、有意识的活动。除教育者之外而施加于受教育者之上的影响都可归入环境之列。在传统媒体环境中,思想政治教育的价值传播往往受制于一定的地域和时间,教育者和受教育者之间也往往基于业缘、地缘、亲缘等各种现实的社会关系。然而在新媒体时代,网络社会具有的高度开放性、自由性、互动性和双向性带来了人际关系的多元性和复杂性及人际互动的广泛性,打破了社会的、文化的、传统的、心理的那些有形或无形的障碍,即时通讯更使得人们实现了自由的、无时空限制的交流。人们多样化的需求在新媒体传播状态下得到激活和满足,人与人之间的互动交流变得复杂而多元。从这个意义上说,对受教育者产生影响的因素逐渐增多,甚至互相矛盾的思想、观点、行为相互冲击,令受教育者无所适从。

三是受教育者的选择性增强,价值判断和选择的能力日渐重要。思想政治教育价值传播的影响力而言,传统媒体环境下依赖于一种媒介"号令天下"的时代不复存在。一方面,新媒体如雨后春笋层出不穷,更新换代速度加快,不断挤占和压缩传统媒体的话语空间,教育者和受教育者都不再忠诚依赖某一种或几种媒体,因而传统的、权威的、主导的价值传播途径的话语权威和传播效能在逐渐下降;另一方面,新兴媒体如微信、微博等的勃兴,构造了海量信息堆积、传播路径激增、不同价值叠加共生的场景,因而受教育者价值选择的空间增加,对其价值甄别、选择和判断能力的要求日渐提高。新媒体语境下的道德选择"不是徒然的心血来潮和一时的情感冲动,也不是迫于外界压力做出违心的选择,是'我'发自内心的选择——自由选择。正是在这一意义上,自由选择人体现了人的价值所在。"[①] 换句话说,道德选择应是受教育者自觉自愿的选择,绝不是只有被动适应和接纳,而同时也在判断着、选择着和创造着。用一种固定的道德教条进行价值传播,替代受教育者做出道

---

① 戚万学.道德教育新视野.济南:山东教育出版社,2004,P45.

德判断和道德选择,在很大程度上窒息了受教育者的自主性和创造性,会阻碍受教育者主体性的发展,成为一个呆板的机械服从者。

因而,可以说新媒体价值传播的"去中心化"特质造就了复杂多元的文化生态和舆论环境。每个个体都不再是被动的接受者,而是自由地参与无中心状态的交流之中,甚至利用个人发布平台,转而成为话语主体,"对于何时、为何、与何人交换何种信息,用户们都进行非中心化的、分散的、直接的控制。"① 这既是思想政治教育价值传播的机遇,同时也是极大的挑战。

四、其他传播路径

一般来说,价值传播可以分为人际传播、组织传播和大众传播。传统媒体和新媒体属于大众传播的范畴,"大众传播载体作为思想政治教育的有效载体,是指大众传媒向广大受众传播思想政治教育内容,使其在接受广泛信息的同时,收到思想政治教育。"② 大众传媒何以成为思想政治教育价值传播的载体?其根本在于大众传媒是文化传递的工具,而文化的核心是价值观,"通过大众传播把文化传递给下一代,并不断教育离开了学校的成年人、社会成员共享统一的价值观、社会规范和社会文化遗产。"③ 大众传媒在价值传播中的重要功能在于灌输社会的意识形态,进行美丑、善恶、是非的价值引导,规范和约束社会成员的行为。无论是报纸、书籍还是

---

① 张志君,张婧莹.多重视域多种力量多维创新——转型期本土新媒体资源配置的几个问题.东南传播,2008(2).
② 张耀灿,郑永廷.现代思想政治教育学.北京:人民出版社,2006,P404~405.
③ 沙莲香.传播学——以人为主体的图像世界之谜.北京:中国人民大学出版社,1990,P168.

网络,都可以通过评论、报道等形式反复公众传播并强化代表统治阶级利益的意识形态,促使公众形成与社会主导价值观相吻合的个人价值体系。

然而,除了大众传媒之外,人际传播和组织传播也是思想政治教育价值传播的重要方式。狭义的人际传播专指发生在两个人之间的传播行为,即面对面的传播、人对人的传播;广义的人际传播则包含两种形式:一是无须借助传播媒介的直接传播,如演讲、谈话、上课等;二是依赖于传播媒介的间接传播,如人们通过电话、电报、信件等进行交流。在思想政治教育价值传播过程中,教育者和受教育者之间必须进行信息传递和价值交流。换言之,只要开展思想政治教育,就离不开人际传播。人际传播是思想政治教育价值传播中最典型、最基础的传播方式。因人际传播使得教育者和受教育者能够调动身体感官参与传播,创设轻松随和的氛围,还可以灵活应变,及时对传播内容和传播过程进行补充、修正、解释和完善,因而人际传播在思想政治教育中具有无可替代的功能。尽管如此,人际传播仍有其不足之处,如受众数量有限、传播规模较小、覆盖面窄、难以引起强烈的社会反响等,同时传播过程还易受到情感因素、时空因素、个人因素和社会因素等的制约,因而必须与其他多种传播方式有机结合,才能产生良好的教育效果。

思想政治教育组织传播,是指思想政治教育系统内部按一定程序和网络进行的信息传播。[①] 就我国而言,思想政治教育组织传播主要是指利用党、政、工、团等正式组织进行思想政治教育,这是开展思想政治教育的一贯做法和优良传统。经马克思、恩格斯首

---

① 欧阳林.思想政治教育传播学.北京:北京交通大学出版社,2005,P47.

倡，由列宁创造性地运用和发展的"灌输"理论实质就是提倡通过组织传播的方式向无产阶级政党和工人运动宣传、灌注社会主义思想。1903年，列宁在简历布尔什维克党时，在全党范围内进行了自上而下的思想政治教育；1919年十月革命后，为加强党的思想政治教育，在军队成立了工农红军总政治部，作为开展日常思想政治教育工作的机构；并在政府系统设立了"政治教育总委员会"，全俄的各省、县成立了相应的组织机构，列宁亲自领导政治教育委员会的工作。中国共产党成立后，继承和坚持了这一优良传统。中共一大时就提出党的宣传工作的重要性，通过制订宣传工作计划、大力开展工会组织等方面进行组织传播，以扩大中国共产党的政治影响。北伐战争时期，我们党又开创了军队思想政治教育工作的新模式，周恩来、恽代英、聂荣臻等在黄埔军校成立了秘密支部，选派优秀党员加强革命军队的政治教育。土地革命时期，毛泽东还领导工农革命军进行了三湾改编，提出了"支部建在连上"的主张。可以说，作为代表和领导一定阶级进行斗争的政治组织，政党会凭借自身的政治纲领和组织纪律构建自上而下的完整系统，以号召和动员本阶级进行有效的斗争。中国共产党政治从无产阶级的根本利益出发，通过各级党、政、工、团等机构宣传马克思主义和党的纲领、路线、方针、政策，才实现了革命和建设的伟大胜利。

第八章 科学实践观视域中思想政治教育价值实现的路径

第二节 科学实践观视域中思想政治教育价值实现的教育引导路径

一、教育引导路径的内涵

任何事物都具有本质属性,这是一事物区别于其他事物的显著标志,是引起事物内在矛盾运动的规定性。思想政治教育是以人为对象的实践活动,是以解决人的思想观念、政治观点、道德准则等问题为核心的一种具有目的性和超越性的社会实践活动。而教育引导是思想政治教育的重要途径,包含两层含义:一是正面教育为主,即在思想政治教育过程中,利用积极的、正面的事实和道理、良好榜样来教育受教育者,调动受教育者内在的主动性,使其明辨是非、自觉践行。二是注重心理疏导,在民主、平等的氛围中,发扬民主、广开言路、集思广益,利用各种言论渠道,让受教育者畅所欲言,把不同的观点、要求、意见进行充分表达,教育者根据受教育者的个体特点引导其从全面、科学的角度认识和分析问题,从而提高思想觉悟、转变错误认识,从而促使思想和行为朝着正确方向转化。思想政治教育价值传播过程中必须善用教育引导路径,原因在于:

一方面,思想政治教育建立在人的主体性基础上,必须以人为出发点和落脚点。思想政治教育的对象是人,它以促进人的自由而全面的发展为根本目的。人是独立存在的个体,人的思想是自由的,每个个体都会从自己的观念和需要出发认识社会现实,从而得出不同的结论,并以不同的行为方式表达自己的内在的思想观念、政治观点和道德准则。因而"堵"和"压"的方式不仅不能实现教育目的,反而会造成逆反心理,"企图用行政命令的方法,用强制的方法解决思想问题,是非问题,不但没有效力,而且是有害的。"① 那么,怎样在尊重人的主体性的基础上开展思想政治教育呢?这就需要依赖教育引导,"凡属思想性质的问题,凡属于人民内部矛盾的争论问题,只能用民主的方法去解决,只能用讨论的方法去解决。"② 教育引导是符合人的认识发展规律和思想政治教育活动规律、经实践证明有效的价值传播途径,体现了思想政治教育的特殊性。

另一方面,思想政治教育开展的前提是个人的思想观念、政治观点、道德准则与社会的要求尚存在一定距离,必须通过有效的教育引导才能实现受教育者对自我的超越。思想政治教育既有满足社会需要的部分,也有满足个人需要的部分。思想政治教育的过程就是教育者的开展教育和受教育者接受教育的双向能动活动矛盾统一的过程。教育者的教育引导是受教育者思想观念、政治观点、道德品质形成的外因,它不能替代受教育者开展思想斗争,因而教育者只能通过摆事实、讲道理,通过正面教育和疏通引导的方式激励受教育者自己去体验去感受并进行思想上的矛盾斗争,唯有教育者的教育引导转化为受教育者的自我教育,社会的外在要求转化为受教育者的内在需求,才能确保思想政治教育的效果。因此,我们要坚决杜绝将受教育者视为"思想容器"和"道德客体"的传统观念,

---

① 毛泽东选集.下册.北京:人民出版社,1986,P762.
② 毛泽东著作选读.下册.北京:人民出版社,1986,P762.

第八章 科学实践观视域中思想政治教育价值实现的路径

而应尊重和激发受教育者的主体性,创设情境进行有效教育和激励引导,促进受教育者主体性的生成和发挥,以促进受教育者主体性人格的完善,最终为受教育者全面而自由的发展服务。

总之,思想政治教育价值传播中应遵循教育引导路径,这是思想政治教育性质及教育过程中教育者和受教育者的矛盾运动规律所决定的,是坚持和发挥受教育者主体性的必然要求。

二、课堂教育路径

思想政治教育价值传播的路径,是为了完成教育任务、实现教育目标而采取的方式方法,是有效开展思想政治教育的重要保证。毛泽东曾指出,"我们不但要提出任务,而且要解决完成任务的方法问题。人们的任务是过河,但是没有桥或船就不能过,不解决桥和船的问题,过河就是一句空话,不解决方法问题,任务也只是瞎说一顿。"① 思想政治教育价值传播中的驾驭引导路径形式多样,但基本有三种,即集中性的课堂教育、活泼性的课外教育和经常性的日常教育。

集中性的课堂教育是指以课堂教学为基本组织形式的普遍性教育,是用马克思列宁主义、毛泽东思想、邓小平理论和党的基本路线方针政策武装受教育者的主要途径,是实施思想政治教育的基本形式。只有集中性的课堂教育搞好了,才能有效地提升受教育者的思想认识水平;也只有在这个基础上,课外教育和日常教育等教育形式才能发挥应有的效力。

集中性的课堂教育与其他教育途径相比,具有自身的显著特点

---

① 毛泽东选集.第1卷.北京:人民出版社,1986,P125.

和优势：①偏向于基础性、方向性的教育内容。课堂教育主要是对受教育者进行系统的、全面的马克思主义基本理论、中国特色社会主义理论和党的路线方针政策等基础理论和基本知识的灌输，重点解决带有根本性、方向性、原则性和普遍性的思想认识问题，为受教育者提供认识世界和分析判断问题的基本思路，进而促使受教育者具备社会要求的基本的价值观念、政治观点和道德素质，树立正确的世界观、人生观和价值观。②侧重理论性教育。集中性的课堂教育一般周期较长，具有明确的教学计划和教学进度，课堂讲授的内容多由一系列相互联系的基本概念、范畴组成，重点阐释带有原则性、规律性的内容，因而理论性较强，讲授方式多诉诸于理性。教育者要向受教育者讲清楚基本理论和基本逻辑，进而帮助受教育者成长为具备马克思主义者基本素养的社会主义事业的建设者和接班人。一般而言。理论性教育重点在于"通"，即受教育接受、认同课堂讲授的基本内容。在此前提下，理论性教育的作用具有内隐性、长期性和持久性，助于形成固化的态度、情感和价值观，这是课堂讲授的明显优势。③教育组织往往具有严密性。一般而言，集中性的课堂教学往往被列入教育教学计划，有严格的时间保证、规范的教学内容和明确的制度规划，以全力保障课堂教学效果。④教学效果具有滞后性。由于集中性的课堂教学主要指向深层的理论认知问题，需要一定的实践进行消化、吸收，才能呈现效果，因而很少能收到"立竿见影"的效果；况且教学容量较大，教学面向的个体具有差异性，因而课堂教学不能以一时一地的成效作为最终的教学效果。

三、日常教育路径

日常教育是指在平日经常性开展的、渗透在日常学习、工作和生活之中，对受教育者全面而自由的发展起到潜移默化作用的思想政治教育活动，因此也称为日常思想政治教育。

首先，坚持教育与管理相结合。日常教育与日常管理是思想政治教育密不可分的两个方面，二者之间存在密切的关系。思想政治教育是根据党和国家对人才培养规格的要求及社会发展的要求，通过多种载体和活动形式对大学生施加影响，以促使其价值观念、政治观点和道德品质得以提升的过程。而日常管理是教育的一种特殊形式，是通过制定并推行科学合理的、具体可行的规章制度，促使其产生心理定式，并由不自觉到自觉、由不习惯到习惯，渐渐地使个体的行为取向与管理目标相一致。日常教育与日常管理在方式方法上不同，前者重说服和引导，后者重强制和约束。然而，日常教育与日常管理互为支撑，互相补充，须臾不可分。

其次，网上教育与网下教育要协调。与传统的思想政治教育相比，网络时代的日常教育在理念、方式方法、载体等方面都存在较大差异。这就要求教育者要适应网络时代的要求，善用网络资源，掌握网络语言和网络工具，具备良好的信息搜集、分析判断、协调处理及应对突发状况的能力。尤其是思想政治教育工作者，应确保在网上畅通地与教育对象进行思想沟通和信息交流，及时发布信息并接受教育对象的反馈，及时掌握教育对象的思想动态，有效地开展网络思想政治教育。

再次，统一教育与发展个性相融合。现代思想政治教育坚持尊重和发挥教育对象的主体性，尊重教育对象的主体意识。然而，在日常教育统一性、规范性要求的前提下如何鼓励教育对象发展个性？日常教育既要坚持共性又要彰显个性。共性即日常教育中根本性的、方向性的、始终要坚守的、刚性的和确定的培养目标，主要是"培养什么人"的问题，这是统一的、面向全体教育对象的要求；个性是日常教育中尊重个体差异的体现，彰显个性主要围绕"怎样培养人"来展开。换言之，日常教育中要贯彻党和国家对人才培养规格的期待和要求不动摇，但同时应积极发挥不同个体在能力、动机、兴趣、意志、气质等个性心理方面的差异，最大限度地发挥教育对象的特长和优势，激发每个个体内在的成长动力。同时，教育者也可以因地因人制宜，采取不同的教育方法和教育策略，综合运用榜样教育、说理教育等多种教育方法。

第三节　科学实践观视域中思想政治教育价值实现的实践养成路径

思想政治教育，具有鲜明的实践性特征。一个人的良好品性与道德修养，实际上是一种合乎社会规范和要求的良好习惯。任何一个个体的成长，都具有鲜明的养成性特征，即一个人良好习惯的形成，绝非一朝一夕的形成，而是在长期的生活中受到特定的生活环境和教育模式的综合影响而成。因此，个体良好品性的养成是一个长期、渐进的过程，可谓是"冰冻三尺，非一日之寒"。任何一个人，所经历的各种环境，如家庭、学校、单位和社会各方面，所交遇的各种人物，如父母、老师、同学、同事等，都是个体思想政治

第八章　科学实践观视域中思想政治教育价值实现的路径

道德素质养成的环境因素。这正是我们提倡和注重实践养成的主要原因。

一、实践养成路径的内涵

实践养成，是指在思想政治教育过程中，在日常的生活、学习和工作中，通过严格管理和行为训练等多种手段，对受教育者进行知、情、意、信、行的影响和熏陶，最终养成良好的道德素质和行为习惯的一种教育路径。实践养成注重的是做人的基本素质，是一种基础性教育，以社会公德、基本道德、接人待物、言行举止和品行能力为主要内容。实践养成是一种点滴入微、润物无声的教育强调在长期的潜移默化中促使受教育者养成良好的思想意识和行为方式。

中国传统文化中已经蕴含了道德养成的思想。根据《吕氏春秋·本生》，"始生之者天也，养成之者人也。"换言之，人出生时的本性是与生俱来的，是注定的；但是人的行为习惯则是后天教育和培养的结果。《易·蒙》中有言，"蒙以养正，圣功也。"强调蒙童时代就应培养纯正无邪的品质，这才造就圣人的成功之路。《孟子·尽心上》说："存其心，养其性，所以事天也。夭寿不贰，修身以俟之，所以立命也。"《孟子·告子上》则云："苟得其养，无物不长；苟失其养，无物不消。"强调教育应顺其自然，让人的本性得以发展，通过润物无声的养成方式实现教育目标。唐代柳宗元发扬了这一思想，称"能顺木之天以致其性焉尔。凡植木之性，其本欲舒，其培欲平，其土欲故，其筑欲密。……故吾不害其长而已，非有能硕茂之也；不抑耗其实而已，非有能早而蕃之也。"换言之，要"养树"就必须顺应自然，充分认识和尊重树的天性，把树本身作为一种鲜活的、富有个性、具有自身成长规律的生命予以尊重。这里以"养树"喻教育，强调要尊重受教育者个体自我的内在规律，以顺应天性、循序渐进之法开展教育。这些是我国思想史中的精髓，对今日开展实践养成教育仍有重要的借鉴意义。作为一种现代教育路径，实践养成既吸收和借鉴了中国传统文化的精髓，也结合现代教育理念形成了新的特色。当今的实践养成教育具有鲜明的时代特征：

首先，实践性。何谓"养成"？关于"养成"，辞海中有两个解释，一即"培养而使之形成或成长"；二即"教育"。商务印书馆出版的《现代汉语词典》则将"养成"解释为"修养使形成，培育使长成"。可见，"养成"包含了成长的意蕴，即"养成"是一种过程，通过潜移默化的影响使受教育者成长，这里强调手段的柔性和潜隐性，而非强制性。通过"养成"可以使受教育者自然而然形成一种习惯，将社会的要求、准则、规范内化为个体的行为习惯，并自觉按照这种行为习惯去实施。正如我国著名教育家叶圣陶先生所言，"什么是教育？简单一句话，就是养成习惯。"因而，养成教育就是以实践为基础形式，通过陶冶受教育者的情操、磨炼受教育者的意志、塑造受教育者的良好行为习惯，从而促使受教育者形成表里如一、言行一致的思想作风和行为习惯。当然，实践的表现形式有很多，包括学习实践、工作实践和生活实践等。

长期性。一方面，个人良好道德品质和政治素质的形成绝非一时一地之功，而是需要经过较长周期的行为积累，甚至贯穿于个体生命的全过程。另一方面，个体良好思想品德的养成教育并非直线前行、一帆风顺的,而是螺旋式上升的过程,因此中间会出现多次反复。从受教育者个体思想品德形成的心理机制来看,知、情、意、信、行各要素的发展也往往是不平衡甚至是脱节的,因此只有通过对受教育者持续不断的教育和训练,通过受教育者主体不懈的锻炼和修养,才能实现受教育者思想政治道德素质的提升。

主体性。作为一种教育路径,实践养成的主体是什么?这一主体如何发挥自身的能动性,以实现教育目标?实践养成,强调的是人的思想政治道德素质、社会认知和判断能力等多方面素质的综合形成,而其中最核心的内容是个体的行为习惯。与其他教育路径不同,实践养成强调受教育者在环境熏陶和长期践行中,在不断体验和实践的基础上,自主形成良好品质和素养的过程。换言之,实践养成突出受教育者个体的自主性和能动性,强调外在的道德要求内化为受教育者行为习惯的自然过程。行为习惯的"养成"过程与生活、实践、文化、环境和个体的体验密不可分;"养成"结果即个体形成内在的、持久的、稳固的思想政治道德素质,从而外化为行为。

过程性。一个完整的思想政治教育过程,离不开知、情、意、信、行的统一,离开任何一个要素都难以形成良好的思想品德。实践养成的过程也是如此。可以说,实践养成的过程就是人们的知、情、意、信、行诸要素由不平衡到平衡,再到新的不平衡的循环往复的过程,知、情、意、信、行五个要素的矛盾运动正是实践养成的核心。其中,"知"即认知,是人们对于是非、善恶、美丑、对错、荣辱等基本的认识和判断,这是实践养成的起点;"情"即情感,是人们对周围的人或事物产生的好恶的态度或喜怒哀乐的心理情绪等;"意"往往与克服困难相关,是人们在追求某种理想或践行某项任务时克服障碍以求得成功的毅力;"信"是人们对某种需要或愿望表现出的强烈的、坚定不移的思想情感意识;"行"是人们对特定目标所具有的坚定的评价和行为倾向。实践养成涉及如上的全部或部分要素,是知、情、意、信、行各要素之间矛盾运动的过程。

二、生活实践养成路径

个体的思想政治道德素质,源于生活,存在于生活,服务于生活。这里的"生活",是指社会生活。从某种意义上说,思想政治教育与社会生活原本是一体的,过什么样的生活,其实就是受什么样的教育。只有植根于生活实践,思想政治教育才具有深厚的基础和强大的生命力;而离开了生活,思想政治教育就成了空洞的说教和僵死的原则。

思想政治教育源于生活实践,其教育要求渗透于生活的每个环节、每个方面。思想政治教育绝不是从生活中分离出来、同生活割裂开来的纯粹的教育活动,而必须以生活为中心,围绕生活实践展开。思想政治教育并非处在真空之中,而是与每个"平凡"个体正在经历、正在体验的"平凡"生活密切相关。"生活中大量存在的缄默的、不可言说的道德,他们在生活中直观地呈现出来,为我们所体悟和认同"。一个人认真履行自身的角色责任,做好分内的事情,如作为子女,尊重和孝敬父母长辈;作为父母,尽心抚养子女;作为员工,负责地完成工作任务等,这些看似习以为常、稀松简单的日常琐事,却使每个个体时时刻刻处于具体的教育情境中。

第八章 科学实践观视域中思想政治教育价值实现的路径

而恰恰就是这些每日因循的、不同重复的情境,构成人们思想政治教育最基础、最长久的教育资源。相反,如果将思想政治教育从人们的日常生活实践中抽离出来、剥裂开来,使之成为独立化的、纯粹的教育,这既不现实又不利于教育的开展,最终这些"崇高"的信条只会变成抽象的、艰涩难懂的道德知识,受教育者仍然无法面对复杂而具体的现实生活,无法产生正确的道德行为,更谈不上个体价值的实现。因此,"教育要通过生活才能发出力量而成为真正的教育",[①] 同样,思想政治教育只有立足于生活实践,存在于生活中,才是真实的、鲜活的、有生命力的。

思想政治教育为了生活实践服务,以人的自由而全面的发展为归宿。思想政治教育的目的和意义是什么?这是关涉思想政治教育根本意义的话题,也是备受争议的话题。无论是关注"社会本位论"还是坚持"个人本位论",人们都承认有效的、良好的思想政治教育指向更好的个体生活和社会生活,换言之,思想政治教育是为了生活实践服务的。从根本上讲,社会是由处于现实中的、在一定条件下生活的诸多个体组成的,而思想政治教育的价值就在于个体价值的发现和实现,每个个体自由而全面的发展就是思想政治教育的归宿。

思想政治教育必须在生活实践中进行,因此要积极探寻思想政治教育生活化的路径。思想政治教育是人的一种特殊的生活方式,思想政治教育隐含于生活的过程之中,生活构成了思想政治教育起点、时空和终点,因此思想政治教育只能在具体的生活实践中完成。现代心理学表明,人的思想政治道德素质的形成并非源自天生

---

① 陶行知.陶行知教育文选.北京:教育科学出版社,1981,P267.

本能，而是个体在与他人的交往实践中主动建构起来的。因此，离开了真实的、具体的生活实践，离开了生活体验，离开了与人的交往，就不可能开展思想政治教育，也不可能形成个人的思想政治道德素质。

具体而言，通过生活实践养成思想政治教育的方式方法很多，如社会管理、文化建设、大众传媒等都可以传递思想政治教育的信息；各类图书馆、文化馆、纪念馆、爱国主义教育基地等，以及蕴含一定教育意义的纪念、庆祝、参观、志愿服务、文体竞技类活动等，都可以是生活实践养成的重要载体。总而言之，生活实践养成，即通过具有真实性和引导性的现实生活场景，使思想政治教育"无时不在、无处不在、无孔不入"，以发挥潜移默化的教育功效，实现每个个体思想政治道德素质的全面提升。

当然，我们尤其应当关注每个个体所处的"第一环境"——家庭。在家庭中，家长是孩子的第一任德育老师，其价值观念和家风家教对确立孩子一生的人生观、价值观有潜移默化、春风化雨的作用。青少年在耳濡目染中习得一定的道德准则和行为规约，这对青少年的健康成长起着至关重要的作用。我国传统社会重视家训、家规、家风，从孟母三迁到岳母刺字无不浸透着对个体道德成长的期盼和约束。今日中国社会提出"三个倡导"，即"倡导富强、民主、文明、和谐，倡导自由、平等、公正、法治，倡导爱国、敬业、诚信、友善"的社会主义核心价值观，并鼓励从家风入手，把社会主义核心价值观同日常生活实践联系起来。事实上，正如习近平总书记所言，"一种价值观要真正发挥作用，必须融入社会生活，让人们在实践中感知它、领悟它。要注意把我们所提倡的与人们日常生活紧密联系起来,在落细、落小、落实上下功夫。"毫无疑问,优良家风家教所隐含的热爱祖国、尊老爱幼、诚实守信、勤奋工作等传统道德品质与社会主义核心价值观在个人层面倡导的"爱国、敬业、诚信、友善"是一致的,因此我们要坚持"大事着眼,小事着手"的原则,从一些家庭生活中细微的、司空见惯的小手入手,一点一滴地开展家风建设,譬如家庭成员应遵循什么样的行为准则,家庭里倡导什么、反对什么、杜绝什么,如何处理长幼关系、夫妻关系、邻里关系等等,只有将"大小兼容,远近兼顾"的家庭家风培育好,培养青少年孝敬父母、热爱劳动、邻里互助、诚实善良、爱学乐学等优良品质,才能将抽象的、高度概括的社会主义核心价值观转化为无形的约束力和习惯化了的行为方式,达到入耳、入脑、入心的教育效果,真正实现社会主义核心价值观"接地气"。

三、工作实践养成路径

除了生活实践路径外,还有多种实践养成路径,如工作实践、社会实践等,其中工作实践对养成良好的职业道德具有重要的价值。

工作实践养成是指结合行业特点和工作内容,把一般的道德原则渗透入生产、工作和业务中,建立起与职业相关联的道德准则,并养成人们良好的职业道德和职业行为。职业道德一般与社会分工相关,既是一般社会道德在特定职业或行业活动中的体现,又是本行业人员必须履行的社会义务和道德责任。因此,职业道德呈现行业间的差异。如医生就必须具备救死扶伤、献身医学的职业道德;教师必须履行教书育人、诲人不倦的师德风范;公务员就要遵从办事公道、服务群众的职业伦理,等等。不过,尽管各行各业的具体职业规范有所不同，但所有行业又都具有共同的职业规范，即爱岗敬业、忠于职守、诚实守信。总体而言，在职业实践中养成良好的职业道德，应从如下方面入手：

首先，要注重养成工作实践养成途径的多样性。如上所述，社会对不同行业和岗位的要求不同，因而每个行业或岗位承担的责任和义务也不同。这是由社会分工造成的，社会分工越细，职业道德表现形式就越具有多样性。然而，除了表现形式上的多样性之外，职业道德实践养成的途径也具有多样性。有的是公约和誓词，有的是规章和守则，有的是传统习惯。如医生的职业道德就有约定俗成的、明文规定的誓词。我国国家教委高等教育司于1991年颁布的《医学生誓词》就明确约定"健康所系、性命相托！当我步入神圣医学学府的时刻，谨庄严宣誓：我志愿献身医学，热爱祖国，忠于人民，恪守医德，尊师守纪，刻苦钻研，孜孜不倦，精益求精，全面发展。我决心竭尽全力除人类之病痛，助健康之完美，维护医术的圣洁和荣誉。救死扶伤，不辞艰辛，执着追求，为祖国医药卫生事业的发展和人类身心健康奋斗终生！"这是以誓词的形式将医生的道德原则具体化，以正式性、规范性、严肃性的宣誓仪式实现职业道德规训的内化，并以此指导从医者的言行，协调医学领域的各种人际关系。再比如在中国的文化中，人们惯于把教师喻为"园丁""红烛""春蚕"，认为教师是"太阳底下最光辉的职业"，不可否认，"春蚕""蜡烛"和"园丁"等都具有纯粹奉献式的道德意蕴，强调了教师职业的高尚性、奉献性和服务性。这是传统习惯所赋予的教师的职业道德，并经过千百年来的固化而约束和指导着教师的行为。

其次,在专业学习中训练职业道德行为。职业道德的形成并非仅在职业活动中完成,专业理论知识和专业技能的学习是形成职业道德和职业信念的前提。因此,在学校教育中应有意识地进行职业生涯发展规划和职业道德训练。在对学生开展的职业道德训练中,应坚持从小事做起,严格遵守日常规范,尤其是将其与学校的各类规章制度和管理约束相结合,与大学生社会实践相结合,与大学生专业技能训练相结合,促使大学生养成良好的行为习惯,并以此指导自己的实践,实现学校教育与职业教育的贯通。比如,诚信的品质,贯穿于个体生活的全过程,学校教育的表现形式为考试诚信、与人相处以诚为本等,这些都为职业道德的形成奠定良好的基础。

再次,职业道德需在职业活动中强化。职业活动,是检验一个人职业道德的"试金石"。在职业活动中,应以职业道德内化和外化为重点。一方面,要通过形式多样的活动实现职业道德内化为个人信念和价值观。换言之,内化的过程即将学到的职业道德知识、规范变成个人内在的、坚定的职业道德信念,把职业道德准则转化为个人的真诚信奉,由此职业道德才能成为指导人们行为实践的强大动力。另一方面,要促使人们将职业道德信念外化为行为。外化的过程即将人们的职业认知、职业情感、意志和信念变成个人的自觉遵循,落实在具体实践和日常行为中的过程。除了进行职业道德宣传和灌输外,典范人物的精神引领是进行职业道德内化和外化的有效载体,如广受人们景仰和爱戴的"最美司机""最美警察""最美教师"就为人们树立了道德的标杆和行为的楷模。

总体而言,生活实践养成、工作实践养成、学习实践养成是进行思想政治教育价值传播的重要途径。这些都需要人们在日常的学习、工作和生活实践中从一点一滴做起，逐渐积累，以形成良好的个体道德价值观。

第四节 科学实践观视域中思想政治教育价值实现的数据分析路径

思想政治教育价值实现必须联系实际，有前瞻性，因此必须依托于一定的数据分析。数据分析既是思想政治教育价值实现的重要路径，也是进行思想政治教育定量研究的重要工具。

一、数据分析路径的内涵

数据分析是社会科学研究的重要手段和方法，是开展定量研究的重要途径。数据分析是指通过科学化的、合理的统计方法对收集来的第一手资料和第二手资料进行整理分析、详细研究及概括总结，以提取有用的信息并形成结论的过程。这一方法也被思想政治教育所借鉴，成为进行舆情监测、揭示人们的思想变化规律、实现思想政治教育价值的重要载体。一般而言，传统思想政治教育常采用的数据分析方法包括：

调查研究法。调查研究法是为了增强理论的说服力而进行数据采集和分析的方法，在描述性、解释性和探索性的探究中都可以运用调查研究法。作为实证研究的基本方法，它一般通过抽样的基本步骤，多以个体为分析单位，通过问卷、访谈、个案研究等途径了解调查对象的有关信息，并进行数据分析和研究，以形成研究结论。思想政治教育中采用调查研究法通常是在掌握关于思想政治教育实践活动的相关数据基础上,用于判断思想政治教育的基本状况和基本规律。调查研究法不受时间、空间的限制,并且在短期内能够获得大量的资料,因而在思想政治教育研究中应用较多,主要用于对策研究、比较研究等。然而,调查结果的信度和效度是这一方法受到质疑的重要因素。

数量分析法。对信息进行量化处理,以助于认识和揭示事物间的相互关系、变化规律和发展趋势,借以达到对事物的正确解释而采用的方法。数量分析法一般遵循的程序是:确定问题→建立模型→输入数据→模型运算→检验模型→分析结果→实施结果。具体的流程为:①确定问题。这是第一步也是最重要的一步,需要经过缜密思考对要解决的问题有清晰而明确的认识。②建立模型。一般采用较多的是数学模型,即把实际问题中关涉的各种变量用数学符号表述出来,根据其内在关系,形成数学关系式,以揭示事物之间的定量关系。③输入数据。在确保数据真实性和准确性的前提下,将数据输入模型,并判断模型是否正确地反映了现实系统的真实情况。④模型运算。即对数学关系式的计算,通常使用计算机程序完成。⑤检验模型。通过检验模型与实际情况的符号程度及模型所使用数据的精确性和完整性,以便对模型进行校验和修订。⑥分析结果。一般而言,模型是对现实情况的一种假设性描述,因此只能接近现实而不能与现实完全一致,因此要将定性研究和定量研究结合起来,以便寻求最佳方案。⑦实施结果。数据分析应用于实施中才能产生实效,因此在实施结果时要注意观察与实现预计不符的变化,并及时对模型和数据进行修正。数量分析法以其科学性、高效性和精确性在社会科学研究中占有重要地位,这一方法也应用于思想政治教育研究中,以预测研究对象的现状和变化发展的规律。当然,人的思想状况较为复杂,很难进行精确而直观的描述,因此还要借助于社会学、心理学等社会科学理论,以便形成正确的结论。

此外,实验研究法、个案研究法等也是思想政治教育常采用的研究方法。实验研究法是通过设计情境,对具体条件加以控制,以观察和分析活动进而掌握因果关系,探究事物本质和发展变化规律的研究方法。在研究中,为达到一定目的,必须周密安排可控的环境条件,并排除与实验无关因素的影响和干扰,严格按照计划开展实验。有时为了得到精确的实验结果,还需要反复实验、对比实验,并使用科学的统计方法和数据,以得出明确有效的结论。个案研究法是通过对具体案例进行深入、细致、全面而翔实的观察后,将有关资料进行详细备案,通过相关因素的分析从个性中总结抽象出共性的方法。具体实施中,个案研究法可以是对每个人或某一具体单位的研究,时常与调查法、实验法等配合使用。思想政治教育价值实现是一个动态过程,个案研究可以揭示价值实现过程的动态性特征。

当然,不同的研究方法各有优劣,因此在实际研究中应有所侧重,采用适当的方法开展研究。另外,随着网络思想政治教育的盛行,网络数据分析方法也逐渐成为思想政治教育数据分析的重要途径。

二、网络数据分析路径

随着社会的发展,互联网已经成为人们重要的生活方式,现时代成为名符其实的网络时代。近年来,在移动通讯、社交网络和电

第八章 科学实践观视域中思想政治教育价值实现的路径

子商务的广泛应用的背景下,人类社会面临数据信息呈爆炸式增长的新态势,大数据时代应运而生。思想政治教育价值实现的网络数据传播和分析成为思想政治教育的重要话题。

一般而言,以网络平台为依托开展的思想政治教育成为常态。譬如,上海地区由高校自发兴起的教育教学、生活服务、文化娱乐的综合性互动社区"易班"(E-class)成为大学生网络互动的重要平台,是融官方权威的信息发布平台和大学生主要教学、生活服务、文化娱乐为一体的网络社区,也成为高校思想政治教育价值实现的重要载体。互联网信息技术的迅猛发展,使得大数据浪潮汹涌而来。大数据引领了信息领域的革命,也为思想政治教育拓展了新的领地。正如舍恩伯格教授所言,"大数据时代已经撼动了世界的方方面面,从商业科技到医疗、政府、教育、经济、人文以及社会的其他各个领域。"[1] 大数据成为思想政治教育不可回避的新环境,又成为思想政治教育价值实现的重要分析路径。除了具有大容量、高速度、多样化等显著特征外,预测成为大数据的核心价值所在。大数据将数学算法应用于海量数据上,从而对事物的可能性进行预测,并为人们提供具有前瞻性和预见性的信息和知识。在大数据时代,人们的行为、社会关系甚至决定都能够被记录,每个行为之间不再被视为相互独立、随意偶然的事件,而具有相互依存、相互关联的特征。试想,知名网站亚马逊通过搜集用户的浏览、搜索、购买、打分、点评的记录等数据痕迹,就可以呈现用户的基本特征和需求,进而捕获用户的最佳购买冲动,并进行商品推介,以此提高

---

[1] [英]维克托·迈尔·舍恩伯格,肯尼思·库克耶. 大数据时代:生活、工作与思维的大变革. 杭州:浙江人民出版社,2013,P15.

客户的购买欲望，创造经济价值。那么在思想政治教育中，作为人的思想观念外在呈现的行为同样是可以记录的，人们的浏览记录、网络言论、网络互动行为等都可以被记录，从而为思想政治教育进行数据分析提供依据。微博、QQ、微信、人人网、搜索引擎等是人们表露情绪、寻求解决办法的途径，因此在合理采集和利用数据的前提下，我们可以预测哪些人的思想行为变动较大及在何种情况下变动较大，从而为思想政治教育价值实现提供依据。应该说，社交网络、微博、搜索引擎等使用频率较高的网络载体，都可以成为思想政治教育信息获取的重要来源，我们可以利用大数据及时进行数据挖掘、数据分析和算法计算。从而获知每个教育对象在特定时期的思想动态，从而有针对性地进行教育。当然，作为一种新生事物，大数据也是一把双刃剑，会对个人信息的安全造成威胁和挑战。在大数据时代，每个人的网络痕迹如个人资料、聊天记录、日志、图片、状态等几乎都可以搜索得到，人们也无法避免"人肉搜索"的威胁。因此哪些个人或组织可以搜集、挖掘和研究个人信息数据？个人信息数据应该在哪些方面、在多大程度上被应用？信息分析和处理的结果在多大范围内可以公布？如何在使用数据的前提下保障个人身心健康？这一系列问题需要得到合理而妥善的解决，数据挖掘、利用的权限和范围也必须明确，在不侵犯个人隐私、防止信息数据被滥用的前提下，大数据可以成为思想政治教育价值实现的重要途径。

因此，面对浩瀚的网络数据，需要我们具备良好的数据识别和取舍能力，能够从海量数据中鉴定并提取出有用的信息，具备良好的信息价值观，善用数据计量方法和数据应用程序软件等进行统计分析，在此基础上对数据分析的结果进行显示和预测，判断事物之间的关联性以及可能的发展走向和趋势，从而提升思想政治教育价值实现的效果。因此，在大数据时代，思想政治教育要善用海量数据，善于对数据进行挖掘、处理、分析和管理，只有我们不断提升对数据的敏感性和利用能力，才能将海量数据转化为思想政治教育价值实现的重要途径，确保思想政治教育取得预期效果。

三、日常数据分析路径

思想政治教育是做人的工作，面对的是人的思想和行为，变动性较大，影响因素众多，各种关系错综复杂，因此要掌握其中的规律，实现思想政治教育的价值，确实存在较大困难。这也是长期以来数据分析路径在思想政治教育中难以推广的重要原因。然而，马克思曾断言，一种科学只有成功地运用数学时，方可认为达到了真正完善的地步。换言之，只有对量的规定性进行深入研究，才能更准确地把握事物之间的数量关系，并揭示其本质及规律性。因此，思想政治教育也要将定性分析与定量分析相结合，对日常数据进行搜集、整理和分析，以利于思想政治教育价值的实现。

思想政治教育日常数据分析途径包括抽样调查法、数学统计法、比较分析法等。抽样调查法是依据数理方法和统计理论而建立起来的一种调查分析方法。一般而言，是按照随机性原则，从全体调查对象中按照一定方法抽取一部分代表（即样本）进行调查研究。在此基础上，根据样本所获得的数据，对全体调查对象的总体特征进行具有一定可靠性的估计。抽样调查因其节省人力、物力和时间而在思想政治教育中广泛应用，对把握思想政治教育对象的总体特征和规律具有较大价值。数学统计法是实现定性研究和定量研究相结合的重要方法，主要特征就是实现量化。譬如，思想政治教育考评等就是数学统计法的典型应用，这是揭示思想政治教育过程中各种因素之间的数量关系的有效途径。比较分析法常用于探究事物之间的共性和差异性特征。思想政治教育运用比较分析法往往用于揭示思想政治教育价值实现过程的本质属性，掌握其内在规律，有时也为了肯定成绩、寻找差距、总结经验，以改善思想政治教育过程的某些方面或环节，最终促进思想政治教育价值的实现。此外，试点实验法、系统考察法等也是思想政治教育日常数据分析的重要途径。

总之，在现代化工具和手段日益丰富和发展的形势下，思想政治教育无法实现数据化的观念已经落伍，这不仅是对思想政治教育的误解，而且会影响思想政治教育的价值实现。一般而言，客观存在的事物都具有可以观察的数量上的表现，如空间上的长度、体积等，时间上的长短，频度上的多少，强度上的强弱等，这些都是可以观察和测量的。只是思想政治教育现象具有多变性，影响因素较多，难以进行精确地测量。但从实际工作来看，思想政治教育价值实现过程必须依赖于一定的数据分析途径，才能准确获知基本的态势变化，掌握受教育者和教育过程各个因素的动态变化，从而为有效实现思想政治教育价值提供保障。当然，我们不能为了获取数据而应用数据分析方法，思想政治教育数据分析路径的应用应与思想政治教育的目的相一致。换言之，是否需要运用数据分析路径、如何使用数据分析方法及采用哪种数据分析方法必须与思想政治教育目的相一致，唯此才能实现思想政治教育的实效性。

第九章 科学实践观视域中思想政治教育价值实现的发展趋势

随着时代的发展和新技术的应用,科学实践观视域中思想政治教育价值实现途径的发展日趋多样化,但从整体上看,注重主体个性、注重新技术应用、注重实际效果成为新时期科学实践观视域中思想政治教育价值实现的发展趋势。

第一节 注重主导性

习近平指出,"宣传思想工作就是要巩固马克思主义在意识形态领域的指导地位,巩固全党全国人民团结奋斗的共同思想基础。党员、干部要坚定马克思主义、共产主义信仰,脚踏实地为实现党在现阶段的基本纲领而不懈努力,扎扎实实做好每一项工作,取得'接力赛'中我们这一棒的优异成绩。领导干部特别是高级干部要把系统掌握马克思主义基本理论作为看家本领,老老实实、原原本本学习马克思列宁主义、毛泽东思想特别是邓小平理论、"三个代表"重要思想、科学发展观。党校、干部学院、社会科学院、高校、理论学习中心组等都要把马克思主义作为必修课,成为马克思主义学习、研究、宣传的重要阵地。新干部、年轻干部尤其要抓好理论学习,通过坚持不懈学习,学会运用马克思主义立场、观点、方法观察和解决问题,坚定理想信念。"① 2014年中国成立国家安全委员会,习近平指出,"要构建集政治安全、国土安全、军事安全、经济安全、文化安全、社会安全、科技安全、信息安全、生态安全、资源安全、核安全等于一体的国家安全体系。"② 可见,科学实践观视域中思想政治教育价值的实现同样要重视主导性,"一个没有军事实力的国家,难免一打就败;而一个没有意识形态防线的国家则会不打自败。"③ 从总体上看,马克思主义在中国社会意识形态中的主导性比较稳定,但是随着国际政治经济的发展和新技术的应用,西方国家在冷战后持续的"民主输出"对我国政治思想构成严重威胁,西方国家借助各种载体形成的文化霸权对社会主义核心价值观形成强烈冲击;网络信息技术的发展也给马克思主义的主导地位带来严峻挑战。综合分析,目前对马克思主义的主导性造成威胁、形成挑战的因素主要包括:

其一,西方价值观的强化。进入21世纪以来,西方国家输出价值观的途径和方式更加多样,给我国意识形态安全带来严峻挑战。随着中国加入WTO,中国社会各个领域国际化程度不断加深,特别是近年来中国高等教育国际化的持续推进,一方面带来了西方先进的教育理念、教育方法;另一方面,高校教师的国际化教育背景在

---

① 习近平.胸怀大局把握大势着眼大事,努力把宣传思想工作做得更好.2013年8月21日.
② 习近平.坚持总体国家安全观,走中国特色国家安全道路.2014年4月15日.
③ 张国祚.关于巩固马克思主义在意识形态领域指导地位的几个问题.求是.2006(10).

第九章 科学实践观视域中思想政治教育价值实现的发展趋势

教育过程中,带有强烈的西方价值观倾向。比如,西方价值观强调以个人为主体和中心,具有突出的"利己"思想,这种思想以实现个人利益、维护个人尊严为出发点,支配个人的学习、生活、工作,并产生出相应的行为方式。这种思想在当前中国社会屡见不鲜,得到社会的认可和赞扬,认为这种思想能够体现个人价值。虽然这种思想在当代中国具有合理性,但过分强调个体主义肯定不利于中国社会的发展和民族的进步,思想政治教育活动也面临教育对象个人主义严重,不愿意接受集体主义的困境。在中国传统文化思想中,倡导"利他"精神,强调民族的内在统一性,在当代中国则体现为集体主义原则,强调集体和个人的协调发展。显然,在科学实践观视域中思想政治教育价值实现过程中,个体价值和社会价值是互动共生、共同实现的,过分强调个体价值反而不利于个人价值的实现。因此,西方价值观在中国社会的广泛传播并在某种程度上得到强化,大大削弱了马克思主义在中国社会的主导地位,理应引起高度重视。

其二,市场经济的物化。社会主义市场经济是我国最基本的经济制度,市场经济条件下,势必导致物化现象的出现,正如李嘉图所说,"人是微不足道的,而产品则是一切"。[①] 马克思也曾提出,在市场经济下,人的社会关系转化为物的社会关系,人的能力转化为物的能力。邦亚曼·贡斯当也论述到,"财富是一种在所有情况下都随处可见、更适用于所有利益,因而更真实、更被人服从的权

[①] 马克思恩格斯全集.第42卷.北京:人民出版社,1979,P72.

力"。① 在市场经济下，市场机制对中国社会的影响无处不在，国家经济发展的衡量指标是GDP；社会发展的衡量指标是社会经济发展程度或者是社会的财富多少；教育的衡量指标是教育对经济所做的贡献，比如高校学生的就业层次、发明专利等是衡量一个学校是否是高层次大学的重要指标。在唯经济利益的大环境下，科学实践观视域中思想政治教育价值评价也必然会被物化，而实际上，思想政治教育过程中的关于马克思主义理论教育、价值观教育、思想道德素质教育的价值是无形的，不能用经济指标去衡量和评价的。

要在未来思想政治教育价值实现中确保马克思主义的主导地位，可从几个领域进行深入研究。

其一，坚持中国共产党的领导。胡锦涛指出，"党管宣传、党管意识形态，是我们党在长期实践中形成的重要原则和制度，是坚持党的领导的一个重要方面，必须始终牢牢坚持，任何时候都不能动摇。"② 党的领导是中国共产党领导中国人民在长期革命、建设、改革开放实践中形成的重要原则。坚持党的领导主要包括：坚持党的领导机制的宏观建构；坚持各级党的领导机制的宏观建构等。坚持中国共产党的领导是确保马克思主义在中国社会思想中主导地位的前提和基础。

其二，坚持合力育人的理念。江泽民指出，"加强和改进教育工作，不只是学校和教育部门的事，家庭、社会各个方面都要一起来关心和支持。"③ 坚持合力育人理念，是确保科学实践观视域中思

---

① [法国]邦亚曼·贡斯当.古代人的自由与现代人的自由.阎克文等译,上海：上海人民出版社,2003,P64.
② 胡锦涛.坚持有"三个代表"重要思想统领宣传思想工作.2003年12月8日.
③ 江泽民文选.第2卷.北京：人民出版社,2006,P588.

想政治教育价值实现中意识形态安全的重要前提。坚持合力育人，要注意几个方面的问题：第一，主导地位的问题，合力育人不是没有主次之分的育人，合力育人是要发挥社会各个领域的育人功能，但要有主次之分，在不同领域、不同层次的教育对象之间，要有不同的主要教育主体。第二，衔接性问题。合力育人最重要的是各个育人主体要衔接好，才能发挥思想政治教育的育人功能，具体可体现在学校教育和家庭教育的衔接、学校教育和社会教育的衔接等。

其三，完善机制体制。习近平指出，"科学立法是处理改革和法治的重要环节。要实现立法和改革决策相衔接，做到重大改革有法可依、立法主动适应改革发展需要。"① 制度建设是科学实践观视域中思想政治教育价值实现中马克思主义主导性的制度保障，完善各项机制体制，才能确保马克思主义的主导地位。主要从几方面着手：第一，加强制度建设。在深化改革的新时期，形势不断变化，需要不断对现有制度进行调整，才能跟上中国特色社会主义事业发展的步伐。第二，强化制度的执行。制度建设是为了在实践中落实，只有落实了各项制度，才能有较好的效果。第三，加快法制化进程。通过立法工作强化对马克思主义主导地位的保障。

第二节 注重养成性

教育家叶圣陶说，"教育就是培养习惯"。科学实践观视域中思想政治教育价值的实现，就是要培养教育对象养成良好的习惯，包括语言习惯、思维习惯、行为习惯等。在当前，就是要培育和践行

---

① 习近平.运用法治思维和法治方式推进改革.2014年10月28日.

社会主义核心价值观,通过各种养成教育,使社会主义核心价值观入脑入心。习近平指出,"树立和培育社会主义核心价值观,要勤学、修德、明辨、笃实"。① 他还指出,社会主义核心价值观教育要"记住要求、心有榜样、从小做起、接受帮助"。② 习近平讲话的主要指向对象是学生,但对思想政治教育工作者来说,具有重要的指导意义,也就要求思想政治教育工作者要积极创造各种条件,使教育对象通过积极培育和践行社会主义核心价值观,养成良好的内在道德修养和外在行为规范,要注重科学实践观视域中思想政治教育价值实现的养成性。有关养成性的研究,国内研究主要集中在中小学生的习惯养成上,笔者认为,养成教育作为一种重要的教育方式,在我国具有深厚的传统文化背景和现实意义,应该在社会各个领域推广应用。孔子曾言道:"知之者不如好之者,好之者不如乐之者"。③ 意指在道德修养这件事上,懂得它的人不如喜爱它的人,喜欢它的人不如以追求它为乐的人。可见,道德修养的提高是要养成良好的兴趣习惯,没有浓厚的兴趣习惯,人们很难真正提高自身的道德修养,这就强调了养成教育的重要性,人们只有养成了良好兴趣习惯,才能内化社会道德规范,外化为自身的行为习惯,也即,通过养成教育,能使人们真正内化社会主义核心价值观,把社会主义核心价值观的各项道德规范内化为内心的道德准则,并在这些道德准则的规范下参与各类社会实践活动。苏格拉底也曾提出,"教育不是灌输,而是点燃火焰!"思想政治教育更是如此,作为一

---

① 习近平.青年要自觉践行社会主义核心价值观.2014年5月4日.
② 习近平.从小积极培育和践行社会主义核心价值观.2014年5月30日.
③ 论语(雍也第六).张燕婴译注,上海:中华书局出版社,2006,P79.

第九章 科学实践观视域中思想政治教育价值实现的发展趋势

项实践性非常强的教育活动,在教育过程中,灌输长期被用作思想政治教育的主要方式,但实践证明,灌输的效果有限,且会产生很多不良后果,因此,思想政治教育活动不能依靠简单的灌输,而要通过"滴灌"方式,使受教育者逐步接受教育者的教育目标和教育内容,"滴灌"过程,实际上就是一个教育养成的过程,"滴灌"本来作为一个农业名词,被用在农业生产过程中,但引申到思想政治教育领域,"'滴灌'强调的是点对点、面对面的教育引导和沟通协调,注重的是思想政治教育工作触角的延伸和切入。'滴灌'教育方法能够针对大学生的思想困惑和心理危机,对症下药,施以耐心、持续和恰当的思想工作,达到潜移默化、润物无声的教育效果,有利于提高思想政治教育的针对性和实效性。'滴灌'的优势在于贴近根系、点滴渗透,在追踪反馈的基础上,将营养和水分及时送达、高效利用。"[①] 把"滴灌"的教育理念、原则和方法运用到社会主义核心价值观教育中,有利于增强受教育者对社会主义核心价值观的认同和内化。有关养成教育的研究,目前集中体现在:

其一,学习养成。在中小学教育过程中,重视教育对象学习习惯的养成,通过对教育对象学习方法、思想行为、积极性等多方面的督促,使其养成良好的学习习惯;重视教育对象课外行为习惯的养成,通过各种课外活动,让教育对象在活动中养成良好的行为习惯。

其二,实践养成。通过社会实践、挂职锻炼等方式,让受教育者在实际工作中,体会工作学习的要领和方法、体会处理人际关系

[①] 李维意,杜萍.论高校社会主义核心价值体系"滴灌"教育模式.载理论导刊.2014,1:82.

的技巧、体会个人修养的重要性等等。实践养成是养成教育的重要渠道。

科学实践观视域中思想政治教育价值的实现，需要思想政治教育工作者在实际工作中，根据实际情况，采用不同的养成方法对教育对象实施养成教育。就当前思想政治教育发展的现状看，越来越多的新技术、新载体、新思想融入思想政治教育活动中，思想政治教育工作者要善于把握机遇，在科学实践观的指导下，吸纳新思想、新观点、新技术，运用到思想政治教育养成实践中，通过养成教育，让教育对象对社会主义核心价值观有更深层面的体会，使教育对象在学习、工作、生活、娱乐等活动中，熏陶社会主义核心价值观的道德观念，通过点点滴滴的小事，逐渐把社会主义核心价值观作为自己的内在道德准则，并在日常生活中通过行为表现出来。

第三节 注重情感性

思想政治教育是做人的工作，思想政治教育价值也要依靠人才能实现，人又是有感情的，因此，在思想政治教育活动中，注重教育主客体的情感性是实现思想政治教育价值的重要途径。现代心理学理论认为，"任何道德品质都包含认识和情感两种因素。"[1] 中国古代非常重视教育的情感性，孔子就认为礼的本质是仁德，是真实的情感，而不是礼仪乐律、铺张奢侈的形式，他说："人而不仁，如礼何？人而不仁，如乐何？"及"礼，与其奢也，宁俭；丧，与

---

[1] 高觉敏.中国心理学史.北京：人民出版社，1985，P3.

第九章 科学实践观视域中思想政治教育价值实现的发展趋势

其易也,宁戚。"① 西方国家非常重视教育的情感性,1995年哈佛大学心理学教授丹尼尔·戈尔曼出版《情绪智力》,对情感能力理论进行了通俗化的诠释,大大推动了情感教育思潮在西方当代教育领域的发展。英国的情感教育PSHE模式,即人、社会和健康教育模式也非常著名,该模式主要内容包括:"动机:给学生提供担任新角色的机会,以新的方式承担责任,解决实际问题以及学校以外的人们在成人的气氛中工作;自尊:尊重学生,把学生当作个体的人看待,以某种方式促进他们取得好成绩,鼓励他们反思自己的感受和体验;责任:强调反思并提供系统的机会使学生从经验中学习,鼓励学生对自己的学习更加负责;关键技巧:培养学生形成有效交往、决策、对付各种变化的局势以及与他人一起工作;气氛:形成一种学习的支持性气氛。"② 朱小蔓教授的《情感教育论纲》开启了中国情感教育的先河。随后,情感教育被引入思想政治教育领域,思想政治教育理论界对情感教育在思想政治教育中的功能作用进行了广泛探讨,形成了一些成果,比如,王丽英认为,情感教育嵌入思想政治教育是"实现思想政治教育目的的需要,是中国传统文化衍生的结果,是思想政治教育创新的客观要求。"③ 徐志远、龙宇从思想政治教育中情感教育的机制和规律的角度出发,认为现代思想政治教育中,情感教育的机制和规律分别是:"体验机制、生活机制、情景机制、情感认同机制"以及"情感互动规律、情理交融规

---

① 论语(八佾第三).张燕婴译注,上海:中华书局出版社,2006,P26.
② 杨韶刚.英国的PSHE情感教育模式评析.载教育科学.2002,1:57~58.
③ 王丽英.情感教育嵌入思想政治教育的理论分析.载理论月刊.2011,6:183.

律"。① 仇静莉从教师和情感因素在思想政治教育中的应用途径的角度出发,认为,"要以多种方式建立'三贴近'情感沟通平台;以各种活动打造完美健康人格;营造良好的育德环境。"② 显然,人们已经意识到注重情感性对思想政治教育价值实现的促进作用,但从目前有关思想政治教育情感性研究现状看,相关研究还比较单薄,没有形成系统。而随着中国特色社会主义事业的推进和社会主义市场经济的发展,"以人为本"的观念已经深入人心,在思想政治教育活动中,要想使教育对象认可、接受思想政治教育活动,必须把握好教育对象的情感变化,在思想政治教育中更加重视情感性,才能更好地实现思想政治教育的价值。因此,在未来思想政治教育中,要注重情感性,应在以下几个层面上下功夫:

其一,情感教育理论探索。从当前思想政治情感教育的理论研究看,缺少高质量的思想政治教育情感性理论性研究成果。因此,在未来思想政治教育中,要重视情感教育的理论研究,以科学的理论指导思想政治教育实践活动,更好地实现思想政治教育价值。

其二,关照具体情感类型。人们的情感是丰富而细腻的,教育在人的成长和情感发展中发挥着重要作用,思想政治教育应该关照到教育对象丰富的情感需要,根据教育对象的情感需要,开展相关的思想政治教育活动,这样思想政治教育才能深入人心,为人们所信服。

其三,关照特殊群体。在已有情感教育研究中,关注留守儿

---

① 徐志远,龙宇.现代思想政治教育中情感教育的机制和规律.载思想教育研究.2011,4:12.
② 仇静莉.论高校思想政治教育中的情感教育.载思想教育研究.2010,7:67.

第九章　科学实践观视域中思想政治教育价值实现的发展趋势

童、问题学生、困难学生、困难家庭、残疾人士等研究较多,这实际上存在误区,这些被关注的特殊群体固然有情感需要,而富二代、官二代、学生干部、党政干部等社会"优势群体"也需要情感关注。因此,在思想政治教育情感教育中,要关照到社会所有特殊群体,使他们能够感受到思想政治教育的影响和支持。

其四,研究方法创新。思想政治教育、情感教育应该引入心理学、教育学、哲学、管理学等相关学科的研究方法,用科学严谨的研究方法创新思想政治教育情感研究的方法,从而产生出对思想政治情感教育实践有效的理论和指导思想。

第四节　注重话语性

话语权,简言之,就是说话的权力。话语权掌握在谁的手里,决定了社会舆论的走向,葛兰西的"领导权"、福柯的"权力话语"、哈贝马斯的"合法化"、罗兰·巴特的"泛符号化"、保德里亚的"仿像"都在思想上极大丰富了话语理论。思想政治教育话语理论研究在改革开放后一直非常活跃,一般意义上讲,思想政治教育话语是指"在特定社会环境中,思想政治教育主客体之间运用具有思想政治教育目的的语言进行沟通的具体语言行为,是应用话语达到灌输和说服目的的社会实践活动。"[1] 话语作为语言的一种表达方式,哲学家们认为语言表达在人类历史中具有重要的作用,"现

---

[1] 宗海勇,潘晴雯.交往实践——思想政治教育话语体系的哲学基础探析.载湖北社会科学.2011,11:179.

代西方哲学之所以高度重视从哲学上研究语言……'语言'与'观念'相比，具有更为广阔和深切的哲学反思价值。……在现代哲学'语言转向'中，人类存在的矛盾性以'语言'为载体而获得深刻的揭示。"[1] 马克思也认为语言对人们的交往实践具有重要的意义，认为语言是因人类交往需要而产生的，他指出，"语言和意识具有同样长久的历史。语言是一种实践的、既为别人存在因而也为我自身而存在的、现实的意识。语言也和意识一样，只是由于需要，由于和他人交往的迫切需要才产生的。"[2] 话语在思想政治教育实践活动中的重要性以及思想政治教育话语发展的需要，促使学界对思想政治教育话语进行了深入的研究和探讨。集中起来，主要体现在几个方面：

其一，思想政治教育话语哲学基础研究。一般认为，思想政治教育话语应该遵循四项原则：第一，主体性原则。我国思想政治教育以马克思主义为主导，重视党情国情教育，重视典型示范教育、重视道德灌输和说理教育，忽视了个体的发展特点，在主体发展的教育方法和体系上没有展开深入、具体的理论研究和实践研究。主体性原则要求思想政治教育话语要以平等、民主的方式和教育对象进行交流，要深入教育对象所生活的现实世界。第二，多样性原则。思想政治教育的根本功能是社会思想的引领和导向，我国思想政治教育以马克思主义理论和中国特色社会主义理论为指导思想，体现出思想政治教育工作的基本价值观。思想政治教育对话方式的

---

[1] 孙正聿.简明哲学通论.北京:高等教育出版社,2005,P214.
[2] 马克思恩格斯全集.第1卷.北京:人民出版社,1995,P88.

第九章 科学实践观视域中思想政治教育价值实现的发展趋势

转变,并不意味着社会主义核心价值观、社会基本道德规范体系主导作用的弱化,而是在平等对话的基础上,倾听、沟通、思考、理解,进而引导教育对象的自我反思、自我解读、自我觉悟,以一种轻松愉快的心情接受社会主流价值观。第三,生活化原则。思想政治教育实践性的本质要求它必须回归生活世界,任何脱离实际生活的空洞说教都是没有说服力和作用的。要以人民群众喜闻乐见、日常使用的话语进行思想政治教育工作,这样的交流才是没有距离的,才是有效的。第四,层次性原则。根据人类认知的一般规律,认知是一个循序渐进、逐步深入的过程。在思想政治教育实践中,要根据人们的认知规律,有层次、有次序地推进思想政治教育实践活动,由易而难,首先满足教育对象的自然需求,再逐步满足他们的自我价值实现需求。

其二,思想政治教育话语特征研究。思想政治教育话语具有和其他话语不一样的表现形式,这些表现形式是由思想政治教育的本质和话语的内涵所决定的,一般来讲,思想政治教育话语的特征表现在几个方面:第一,一元性与多样性。思想政治教育话语是由思想政治教育的本质所决定的,思想政治教育是一项具有很强意识形态意义的教育实践活动,思想政治教育具有很强的阶级性,因此,思想政治话语具有意识形态一元性的特征。但与此同时,话语本身是一个具有丰富内涵的社会形态,话语的内容、形式丰富多样,从这个意义上看,思想政治教育话语具有多样性的特征。第二,实践性与理论性。思想政治教育话语必须与教育对象的生活世界密切联系,是教育对象身边的"话",与教育对象的语言表达需求相一致,能让教育对象听懂和理解思想政治教育的"话"。与此同时,思想政治教育话语属于上层建筑的范畴,具有一定的理论性。

其三,思想政治教育话语的优化途径。优化思想政治教育话语,是为了提高思想政治教育的实效性,实现其价值。思想政治教育话语优化有几种途径:第一,思想政治教育话语结构重构。要充分认识到教育对象的差异性,充分尊重教育对象的话语意义和价值。因为,"对于一个不确定的、复杂的世界,应该允许有多种不同解释的同时存在,这一点是非常重要的,只有通过多元化的普遍意义,才有可能把握我们现在和过去一直生活于期间的丰富的社会现实。"① 第二,拓展思想政治教育的话语维度。长期以来,思想政治教育扮演者官方意志的传递者和说教者,思想政治教育的政治维度得到重视和放大,与之相对应,思想政治教育的生活维度长期被忽视。要提高思想政治教育的有效性,实现思想政治教育的价值,思想政治教育的生活维度必须得到重视,一般来讲,思想政治教育生活维度应关注教育对象的生活世界,关心教育对象的尊严、自由、平等需求,尊重日常生活的丰富性,尊重教育对象的个性化体验,承认人性的复杂和多元。第三,倡导平等交流的话语方式。在改变原来思想政治教育实践活动中,教育者占据政治、道德制高点的状况,以一种对话、启发式的话语方式和教育对象对话,教育者在思想政治教育实践中应扮演对话者的角色,话语的内容应该是贴近社会、贴近生活、贴近个体生命体验。

思想政治教育话语研究对实现思想政治教育价值具有重要的促进意义。在全球化迅速发展的今天,世界各国的文化交融发展,特

---

① [美国]华勒斯坦. 开放社会科学. 刘锋译,上海:三联书店出版社,1997,P64.

第九章 科学实践观视域中思想政治教育价值实现的发展趋势

别是在西方文化和价值观在全球占主流的情况下,加强和改进思想政治教育话语研究,对于增强思想政治教育的实效性,更好地实现思想政治教育价值具有重要的意义。此外,网络技术的发展、中国社会处于转型期等诸多因素,都促使必须在思想政治教育实践中加强话语研究和应用。

第五节 注重融入性

思想政治教育融入性是实现思想政治教育价值的重要指标。思想政治教育融入性主要使用渗透的方法,也就是将思想政治教育的内容渗透到教育对象可能触及的一切事物和活动中,潜移默化地对教育对象产生影响,或者是将其他内容渗透到思想政治教育活动中,通过思想政治教育活动,对教育对象产生影响。一般来看,思想政治教育的融入性体现在两个相互衔接的过程,也即将思想政治教育融入其他活动或在思想政治教育中融入其他内容。

其一,将思想政治教育融入其他活动。也就是以其他活动为载体,实施思想政治教育活动。比较有代表性的有几种情况:第一,将思想政治教育融入校园文化建设,以校园文化建设为载体,提高思想政治教育的质量,实现其价值。具体做法包括:用大学精神塑造大学生健康成长的意志品质;用学术科技活动培养大学生追求科学真理的精神;用丰富多彩的校园文化生活提升大学生的人文素养;用极富个性化的社团活动促进大学生个性成长;用社会实践、志愿服务活动增强大学生的社会责任感和使命感。第二,将思想政治教育融入大学生创业教育实践中,主要做法包括:加强大学生创业意识的培养；改革创业课程体系适应大学生创业发展的需要；借助创业榜样的力量进行精神激励；开展社会实践活动，提高大学生的社会活动能力；搭建创业平台，开展丰富多彩的创业实践活动。第三，将思想政治教育融入素质教育中，以素质教育为抓手，提高教育对象的思想道德素质。主要做法包括：理论联系实际，促使学生形成正确的政治立场和观点；明确学生学习目的，端正学生态度，使其树立科学的世界观、人生观和价值观；提高学生的思辨能力和创新能力；开发学生潜能，塑造良好的心理品质；引导学生参加社会实践活动，使其德智体全面发展；培育学生的理解鉴赏和想象力，陶冶其情操。第四，将思想政治教育融入资助工作。主要做法包括：发挥党团组织思想工作的作用；发挥榜样激励作用；发挥媒体引导作用；发挥资助岗位的能力培养作用等。第五，将思想政治教育融入高校学风建设中。主要做法包括：用大学精神促进优良学风建设；用道德教育引导优良学风养成；用大学制度规范优良学风建设；用科学方法引领优良学风创建；用校园文化陶冶学风。通过整理已有研究成果我们可以发现，在思想政治教育融入其他活动过程中，高校的研究和实践相对比较多，企事业单位或其他组织思想政治教育融入其他活动的研究和实践少之又少。

其二，在思想政治教育中融入其他内容，也就是借助思想政治教育的功能，发挥思想政治教育在社会发展中的经济价值、生态价值、政治价值、文化价值等作用，促进社会进步。具体来讲，有几种做法：第一，将生态文明建设融入思想政治教育中，通过思想政治教育活动，促进国家生态文明建设。即通过思想政治教育生态的构建，让人们对个体的生命历程和国家民族的生命历程进行再反思,从而使人们从纷繁复杂的社会生活中回归本真生存。第二,将社会主义荣辱观教育融入思想政治教育,针对现代大学生思想政治教育中内容、形式时代性不强的状况,通过将社会主义荣辱观融入思想政治教育,可以提高思想政治教育的针对性,实现思想政治教育的价值,主要做法有:运用"两课"的主渠道、主阵地优势进行社会主义荣辱观教育;结合社会约束与自身约束,提高大学生的素质;提高教师素质,创新教育方式方法。第三,将社会主义法制建设融入思想政治教育。通过在思想政治教育中开展法制教育,推动国家法制化建设的进程。主要做法有:运用思想政治教育进行社会主义法制教育;加强公民的世界观、人生观、政治观、道德观教育;完善国家的立法、司法和执法,增强思想政治教育的效果。第四,将人文精神融入思想政治教育。主要做法有:发挥人的主体作用;尊重人的个性差异;注重人的心理疏导等。

思想政治教育融入性研究已经取得初步成果,但从目前的研究现状看,还存在一些问题,诸如:大学生思想政治教育融入性研究较深,而其他领域思想政治教育融入性研究较少或没有,这显然不利于思想政治教育功能的发挥。思想政治教育融入性的过程研究不够,没有把思想政治教育融入性作为一个系统过程进行研究,思想政治教育融入性过程中各要素如何发挥作用、各要素担任的角色是什么等问题均没有涉及。思想政治教育融入性的规律研究不够,没有深入探讨思想政治教育融入性的规律等等。总之,在普遍尊重个性、张扬个性、发展个性的现代社会发展进程中,随着人的进一步解放和科技的发展,必然要求思想政治教育更注重个体的感受和需求,思想政治教育的融入性对于在个性化时代开展思想政治教育工作具有重要的方法论意义和实际效果,要在未来思想政治教育中更好地实现其价值,必须加强思想政治教育融入性研究,探讨在新时代如何有效地开展思想政治教育工作。

结束语

  党的十八届四中全会上,党中央提出依法治国的理念,为中国特色社会主义法治事业的发展提供了新的思路,也为实现中华民族伟大的"中国梦"提供了法制保障。对科学实践观视域中思想政治教育价值研究来说,依法治国理念的提出,给思想政治教育价值研究指明了方向,为未来思想政治教育价值研究开拓了思路。自2010年项久雨教授出版《思想政治教育价值论》以来,思想政治教育价值研究方兴未艾,在价值定义、价值形态、价值同构等很多领域硕果累累。伟大的科学家牛顿曾言道:"如果说我比别人看得更远些,那是因为我站在巨人的肩上。"本课题研究正是在以往研究基础上的继承和发展,如果说有创新的话,那也是在以往研究已有积累基础上的总结和提炼。正如本书中所谈到,思想政治教育价值具有历史性的特征,在中国革命和建设年代,思想政治教育强调的是政治价值;在改革开放年代,思想政治教育强调的是经济价值;在中国特色社会主义事业发展的新时期,思想政治教育强调的是文化价值。也正如中西方文化所具有的内在差异所规定的,中国文化强调"利他",思想政治教育必然把社会价值放在第一位;西方文化强调"利己",思想政治教育必然把个体价值放在第一位。科学实践观视域中思想政治教育价值研究就是在中国社会重视文化价值、中西方文化冲突最激烈的大背景下展开的，笔者的基本观点是希望思想政治教育社会价值和个体价值能够实现同构，那是因为，在社会主义市场经济条件下，个体意识的觉醒和个体价值的追求是市场经济的题中之义，在全面深化改革和实现中华民族伟大复兴的"中国梦"的推动下，中国共产党领导中国人民追求国家富强、民族振兴、人民幸福，把国家利益、民族利益、个人利益紧密地联系在一起。思想政治教育作为提升人们思想道德素质、推动社会发展的一项重要的教育实践活动，应该在价值实现中体现国家、民族、个人的理想追求，为国家、民族、个人的理想实现提供强有力的思想保障和智力支持。鉴于时间和能力有限，在思想政治教育价值研究的很多领域，本书还没有涉及或研究不够深入，比如，有关思想政治教育价值评价的研究，本书就没有涉及；有关思想政治教育价值同构的研究还不够深入等。相信，在未来的思想政治教育价值研究中，会有更多、更全面、更翔实的研究成果涌现出来。

参考文献

1. 马克思恩格斯选集.第1-4卷.北京:人民出版社,1995.
2. 马克思恩格斯全集.第1-50卷.北京:人民出版社.
3. 列宁选集.第1-4卷.北京:人民出版社,1995.
4. 列宁全集.第2、35、39、55卷.北京:人民出版社.
5. 毛泽东选集.第1-4卷.北京:人民出版社,1991.
6. 邓小平文选.第1-3卷.北京:人民出版社,1995.
7. 江泽民文选.第1-3卷.北京:人民出版社,2006.
8. 邱伟光,张耀灿主编.思想政治教育学原理.北京:高等教育出版社,1999.
9. 张耀灿等.思想政治教育学前沿.北京:人民出版社,2006.
10. 沈壮海.思想政治教育有效性研究.武汉:武汉大学出版社,2002.
11. 苏振芳主编.思想政治教育学.北京:社会科学文献出版社,2006.
12. 张耀灿,郑永廷,吴潜涛,骆郁廷等.现代思想政治教育学.北京:人民出版社,2006.
13. 郑永廷.思想政治教育方法论.北京:高等教育出版社,1999.

14. 陈万柏. 思想政治教育载体论. 武汉：湖北人民出版社，2003.

15. 刘新庚. 现代思想政治教育方法论. 北京：人民出版社，2006.

16. 侯外庐，赵纪彬，杜国庠. 中国思想通史. 第1、4、5卷. 北京：人民出版社，1957.

17. 邱伟光. 明德. 邱伟光德育文集. 上海：上海中医药大学出版社，2006.

18. 冯友兰. 中国哲学史. 上下册. 重庆：重庆出版社，2009.

19. 胡适. 中国哲学史大纲. 北京：商务印书馆，2011.

20. [英国]罗素. 西方哲学史. 上下册. 北京：商务印书馆，1976.

21. 论语. 张燕婴译注，上海：中华书局出版社，2006.

22. 钱穆. 国史新论. 北京：九州出版社，2012.

23. 梁漱溟. 东西文化及其哲学. 北京：商务印书馆，2012.

24. 吕思勉. 中国文化史. 北京：北京大学出版社，2010.

25. 张楚廷. 教育哲学. 北京：教育科学出版社，2006.

26. 庄子. 清·王先谦集解，方勇导读. 整理，上海：上海古籍出版社，2009.

27. 道德经. 乙力注译，西安：三秦出版社，2008.

28. 陈万柏，万美容，李东升主编. 思想政治教育学原理新编. 武汉：华中师范大学出版社，2000.

29. 张耀灿，徐志远. 现代思想政治教育学科论. 武汉：湖北人民出版社，2003.

30. 王瑞荪主编. 比较思想政治教育学. 北京：高等教育出版社，2001.

31. 国家教委思想政治工作司组编. 思想政治教育方法论. 北京：

高等教育出版社,1992.

32. 王玉樑. 当代中国价值哲学. 北京:人民出版社,2004.

33. 袁贵仁. 价值学引论. 北京:北京师范大学出版社,1991.

34. 李连科. 哲学价值论. 北京:北京师范大学出版社,1991.

35. 叶澜. 教育研究方法论初探. 上海:上海教育出版社,1999.

36. 石云霞主编. 当代中国价值观论纲. 武汉:武汉大学出版社,1996.

37. 袁贵仁. 价值观的理论与实践. 北京:北京师范大学出版社,2013.

38. 俞步松. 核心价值观与精神家园——当代中国马克思主义的中华文化寻根. 杭州:浙江大学出版社,2013.

39. [德国]哈贝马斯. 现代性的哲学话语. 曹卫东译,南京:译林出版社,2011.

40. [德国]哈贝马斯. 重建历史唯物主义. 郭官义译,北京:社会科学文献出版社,2013.

41. 俞金吾. 重新理解马克思——对马克思哲学的基础理论和当代意义的反思. 北京:北京师范大学出版社,2013.

42. 欧阳康,张明仓. 在观念激荡与现实变革之间. 马克思实践观的当代阐释. 北京:北京师范大学出版社,2008.

43. 胡国义. 思想政治教育价值论. 杭州:浙江教育出版社,2009.

44. 项久雨. 思想政治教育价值论. 北京:中国社会科学出版社,2003.

45. 郭大俊. 科学实践观与科学社会主义. 北京:学习出版社,2014.

46. 任平.走向交往实践的唯物主义.北京:人民出版社,2003.

47. 杨芷英.思想政治教育心理学.北京:北京师范大学出版社,2014.

48. 张再兴等著.网络思想政治教育研究.北京:经济科学出版社,2009.

49. 赵志军,于广河,李晓元.思想政治教育管理学.北京:中国社会科学出版社,2009.

50. 王兴祥,武步成.人生哲理.太原:山西人民出版社,1991.

51. 武警北京指挥学院编.中国式马克思主义概论.北京:军事科学出版社,2003.

52. 邓光荣.邓小平哲学思想——马克思主义哲学在中国发展的新阶段.香港:中国文献出版社,2004.

53. [德国]黑格尔.小逻辑.北京:商务印书馆,1994.

54. [德国]李凯尔特.文化科学和自然科学.涂纪亮译,北京:商务印书馆,1996.

55. [日本]牧口常三郎.价值哲学.马俊锋,江畅译,北京:北京师范大学出版社,1989.

56. 韩庆祥.马克思人学思想研究.郑州:河南人民出版社,1996.

57. 李秀林,王于.辩证唯物主义与历史唯物主义原理.北京:北京师范大学出版社,1982.

58. 赵家祥,李清昆.历史唯物主义原理.北京:北京大学出版社,1992.

59. 赵太长.马克思的需要理论及其当代意义.郑州:河南人民出版社,2008.

60. 舒志定.人的存在与教育——马克思教育思想的当代价值.上海:学林出版社,2004.

61. 邱伟光.明德–邱伟光德育文选.上海:上海中医药大学出版社,2006.

62.［苏联］库兹涅佐夫.认识的价值.北京:北京师范大学出版社,1987.

63.［美国］宾克莱.理想的冲突.马元德等译,北京:商务印书馆,1994.

64.［日本］松下幸之助.道路无限宽广.路秀明译,海口:南海出版社,2012.

65.［德国］康德.论教育学.赵鹏,何兆武译,上海:上海世纪出版集团,2005.

66.［英国］休谟.人性论.关文运译,北京:商务印书馆,1998.

67.［德国］黑格尔.法哲学原理.范扬,张启泰译,北京:商务印书馆,1996.

68.［美国］科尔伯格.道德发展心理学.郭本禹等译,上海:华东师范大学出版社,2004.

69. 杜作润.高等教育学.上海:复旦大学出版社,2003.

70.［德国］弗尔辛.爱因斯坦传.薛春志译,人民文学出版社,2011.

71.［匈牙利］卢卡奇.历史与阶级意识.杜章智译,北京:商务印书馆,1992.

72. 李德顺.价值论.北京:中国人民大学出版社,2007.

73.［德国］马克斯·舍勒.资本主义的未来.北京:三联书店出版

社,1997.

74.［美国］怀特.文化科学.杭州:浙江人民出版社,1988.

75.沙莲香.传播学——以人为主体的图像世界之谜.北京:中国人民大学出版社,1990.

76.欧阳林.思想政治教育传播学.北京:北京交通大学出版社,2005.

77.［新西兰］戈登·德莱顿,珍尼特·沃斯.学习的革命.上海:上海三联书店,1998.

78.陶行知.陶行知教育文集.北京:教育科学出版社,1981.

79.［英国］维克托·迈尔·舍恩伯格,肯尼思·库克耶,大数据时代:生活,工作与思维的大变革.杭州:浙江人民出版社,2013.

80.高觉敏.中国心理学史.北京:人民出版社,1985.

81.孙正聿.简明哲学通论.北京:高等教育出版社,2005.

82.［美国］华勒斯坦.开放社会科学.刘锋译,北京:三联书店出版社,1997.

83.中国大百科全书.政治学卷.北京:中国大百科全书出版社1999.

后 记

本书是教育部人文社会科学研究规划基金项目（2011年：11YJA710058）"科学实践观视域中思想政治教育价值论"最终研究成果。从申请立项准备到成果付梓，历时五年多，数易其稿，更夹杂人事变换，其中冷暖，如鱼饮水。

本书从申请立项到全书的撰写完成，得到华东师范大学思想政治教育专业资深教授邱伟光的指导，邱老不辞辛苦，为本书作序，给予了极大的关心和支持。记得在2009年论证课题时，我数次在电话里向邱老请教有关问题、面对面的磋商，小到概念的界定，大到难点和创新方向的探讨，恩师不厌其烦，指导点拨，受益匪浅，终身难忘，对此，深表感谢。

英国科学家卢瑟福说过："科学家不是依赖于个人的思想，而是综合了几千人的智慧，所有的人想一个问题，并且每人做它的一部分工作，添加到正建立起来的伟大知识大厦之中。"本书的成果得来正是团队不畏困难，精诚合作的成果。单单大纲的构思就历时一年，又五易其稿。从大纲之初的《科学实践观视域中思想政治教育价值论纲》到如今的《科学实践观视域中思想政治教育价值论》，全书去除了芜杂的支线，升华出核心，使得整体内容上有诸多突破。具体完成情况如下：第一章武步成，第二章梅月平，第三章王海建，第四章蔡小梅，第五、六、七、八、九章王海建；邢力婵、尚萌萌负责搜集了大量的文献资料，并做了技术性的准备工作；全书由武步成、王海建统稿、定稿。

如今回望本项目完成的历程，虽不一帆风顺，但这见证了项目核心团队齐心合力、并肩奋战的精神。

回忆往事，2009年，同事们与我商量，要我牵头申请国家社科项目，虽然当时我正参与另外两项教育部项目的研究，加上爱人身体不适，精力上有些勉强，但还是答应了。当时我们申项论证的题目是"马克思主义人学视域中思想政治教育价值研究"，结果因准备时间仓促，论证不够周密未能成功。2010年再次申项时我们换了一种思维方式，把题目改为"科学实践观视域中思想政治教育价值论"，主题不变，但研究视角变了，有幸被批准立项。

申项历时三年，研项也不是一帆风顺。在项目研究进行了一年以后，也就是2012年冬天，原来的研究队伍总体发生了变化，有的同志因工作繁忙而放弃退出，有的同志因……项目阶段性成果也只是几篇不成熟的论文，这让项目的如期完成面临着巨大的挑战。在这种严峻态势下，为了保证项目的顺利完成，得到了华东师范大学信息科学技术学院崔海英副教授的支持，组织了王海建、梅月平、蔡小梅一起投入研究工作，特别是王海建克服了家庭的困难，不畏酷暑，全力以赴，承担了主要的写作任务，而且及时与我进行沟通联系，我们一起磋商完成了书稿的任务。这不仅保证了整个项目未因时间短而搁浅，更用良好的学科素养为项目的完成做出了贡献。

宝剑锋从磨砺出，本书的正式出版，凝聚着许多人的关怀和支持。感谢大同大学校、院、部各级领导的支持，感谢所有帮助过我的同事、朋友们；感谢学界同仁们长期研究的诸多成果为我们提供了思路或为我们直接吸取；感谢华东师范大学崔海英副教授的热心帮助和支持。

本书是对思想政治教育价值研究领域的一次积极探索，其成果也需要更多的时间和实践来检验，再加上时间仓促，内容上难免存在不完善之处，欢迎专家和广大读者朋友提出批评指正。

作者写于广州南沙
2014 年 12 月